Der große Thermenführer

Doris Maier
Horst-Günther Fiedler

Der große Thermenführer

Wellness und Badespaß in Österreich
und den benachbarten Regionen

Bildnachweis:
Covermotiv: Österreich Werbung

Die Bilder auf Seite 16, 17, 21, 23, 25, 26, 27, 30, 31, 32, 35, 37, 65, 73, 86, 87, 92, 103, 106, 108, 110, 115, 117, 127, 130, 133, 134, 135, 146, 152, 154 stammen von den Autoren, alle anderen Motive wurden von den Thermen zur Verfügung gestellt.

Bibliographische Information Der Deutschen Bibliothek
Die Deutsche Bibliothek verzeichnet diese Publikation in der Deutschen Nationalbibliographie; detaillierte bibliographische Daten sind im Internet über http://dnb.ddb.de abrufbar.

© 2004 by
Niederösterreichisches Pressehaus
Druck- und Verlagsgesellschaft mbH
NP BUCHVERLAG
St. Pölten – Wien – Linz

www.np-buch.at
verlag@np-buch.at

Alle Rechte vorbehalten.
Grafische Gestaltung: typic®/wolf, Wien
Gesamtherstellung: Obersteirische Druck- und VerlagsgesmbH., Leoben

ISBN 3-85326-357-7

Inhaltsverzeichnis

Vorwort	7
Geschichte der Thermen: Von römischen Legionären bis zum Wellness-Touristen	9
Vor dem Thermenbesuch: Was unbedingt in die Badetasche gehört	10
In der Therme: Damit sich alle wohlfühlen und entspannen können	12
Heilung und Wohlbefinden: Wie Thermalwasser wirkt	14
Thermalbad Oberlaa Wien	16
Römertherme Baden	21
Thermalstrandbad Baden	25
Thermalbad Bad Vöslau	30
Kristalltherme Bad Fischau-Brunn	35
Therme Laa	39
Sonnentherme Lutzmannsburg-Frankenau	45
Burgenland-Therme Bad Tatzmanndorf	52
Therme Stegersbach	58
Heiltherme Bad Waltersdorf	63
Rogner-Bad Blumau	69
Therme Loipersdorf	77
Kurtherme Bad Gleichenberg	85
Parktherme Bad Radkersburg	91
Therme Nova Köflach	98
Thermalbad Heilbrunn Bad Mitterndorf / Vital Baden in Bad Aussee	103
Tassilo Therme Bad Hall	108
Eurotherme Bad Schallerbach	115
Therme Geinberg	121
Kaisertherme Bad Ischl	127

Inhaltsverzeichnis

Thermalbad Vigaun	133
Alpen Therme Gastein – Bad Hofgastein	138
Felsentherme Gastein – Bad Gastein	141
Erlebnistherme und Thermalheilbad Warmbad Villach	146
Kristalltherme Bad Bleiberg	152
Therme St. Kathrein Bad Kleinkirchheim	157
Thermal-Römerbad Bad Kleinkirchheim	161
Aqua Dome – Tirol Therme Längenfeld	166
Deutschland	171
Bad Füssing	172
Wohlfühltherme Bad Griesbach	173
Rottal Therme Bad Birnbach	174
Watzmann Therme Berchtesgaden	175
Alpamare Bad Tölz	176
Kristall-Therme Oberstdorf	177
Waldsee-Therme Bad Waldsee / Schwaben-Therme Aulendorf	178
Therme Meersburg	180
Bodensee-Therme Überlingen	181
Schweiz	182
Tamina-Therme Bad Ragaz	183
Alpamare Zürichsee Pfäffikon	184
Ungarn	185
Györ	186
Bad Bük (Bükfürdö)	187
Sárvár	189
Héviz	190
Kehidakustány	191
Zalakaros	192
Slowenien	193
Gesundheitsbad Radenci / Therme Banovci	194
Therme 3000 in Moravske Toplice / Therme Lendava	195
Therme Ptuj	196
Therme Zreče	197
Therme Čatež	198
Rogaška Slatina / Therme Olimia	199
Dolenjske Toplice / Šmarješke Toplice	201
Laško	202

Vorwort

Österreich ist ein Thermenland, in dem jährlich hunderttausende in- und ausländische Gäste Erholung, Unterhaltung und natürlich auch Heilung in einem der über zwei Dutzend Warmbäder suchen. Trotzdem ist dies kein Buch über klassische Kuren oder Gesundheit – über dieses Thema informiert man sich ohnehin besser bei seinem Arzt, und Kuren haben auch nichts mit dem ungebrochenen Thermenboom zu tun. Es ist auch kein Führer über jene Luxus- und/oder Wellness-Hotels, die über eigene Thermallandschaften verfügen, welche aber nur den Hausgästen zur Verfügung stehen.

Der österreichische Thermenführer hat es sich zur Aufgabe gemacht, jene öffentlichen heimischen Thermalbäder eingehend zu beschreiben, die zum Zeitpunkt des Redaktionsschlusses bzw. des Erscheinens in Betrieb waren. Als Zusatz-Info für alle, die gerne über den Tellerrand hinausblicken, gibt es auch die wichtigsten Angebote aus den Grenzregionen des benachbarten Auslandes, und zwar aus Deutschland, der Schweiz, Ungarn und Slowenien.

Jene vier österreichischen Thermen, die beim Verfassen dieses Führers noch im (Um-)Bau waren (Therme Nova in Köflach, Aqua Dome – Tirol Therme im Ötztal, Felsentherme in Bad Gastein sowie die Therme Stegersbach) konnten wir natürlich nicht besuchen bzw. als Gäste testen. Hier mussten wir uns auf die Schilderungen und Pläne der Betreiber beschränken, werden diese Bäder aber für spätere Auflagen genauer unter die Lupe nehmen.

Ansonsten haben wir die beschriebenen Bäder in sehr langwierigen und intensiven Recherchen als ganz normale Tages- und Wochenendgäste höchstpersönlich aus der Mittendrin-Perspektive gecheckt.

Uns war dabei klar, dass die individuellen Anforderungen, die jeder an „seine" Wunschtherme stellt, völlig verschieden sind. Während für den einen beispielsweise eine turbulente Erlebnistherme für alle Altersgruppen der Himmel auf Erden ist, stellt so eine Melange aus Action und hohem Lärmpegel für den anderen, der nur Ruhe und Entspannung sucht, eine Unzumutbarkeit dar. Darum haben wir auch davon abgesehen, Punkte zu vergeben oder Bewertungen vorzunehmen, wie dies Kritiker so gerne tun.

Auch haben wir darauf verzichtet, genaue Preisangaben zu machen, und uns stattdessen auf eine grobe Klassifizierung (preiswert bis hochpreisig) beschränkt. Wir haben das nicht aus Bequemlichkeit getan, sondern weil wir unsere Leser nicht verärgern wollen. Die Tarife ändern sich nämlich sehr rasch; die genaue Angabe der Kosten etwa einer Tageskarte wäre bereits kurz nach Erscheinen dieses Führers unaktuell. Denn immer wieder lassen sich die Thermenbetreiber saisonale Aktionen einfallen. Daher hier an dieser Stelle der erste Tipp: Fragen Sie immer an der Kassa nach gerade gültigen Preisnachlässen. Es zahlt sich wirklich aus ...

Trotzdem werden alle Leser – das ist zumindest unser Wunsch und Ziel – nach der Lektüre wissen, was sie wo im Detail erwartet: die Stärken und Einzigartigkeiten, manchmal aber auch die kleinen Schwächen und Unzulänglichkeiten unserer Thermen. Auf jeden Fall aber hoffentlich viel Spaß und Erholung. Das wünschen Ihnen

Doris Maier & Horst-Günther Fiedler
Wien, im August 2004

P.S.: Für Anregungen und natürlich auch Kritik sind wir sehr dankbar. Schreiben Sie bitte ein E-Mail an: thermenfuehrer@chello.at.

Und noch ein Hinweis für die LeserInnen dieses Thermenführers: Die Autorin und der Autor diese Buches bitten um Verständnis, dass im Sinne der Lesbarkeit auf die doppelte Ansprache von Leserinnen und Lesern verzichtet wurde.

Geschichte der Thermen:
Von römischen Legionären bis zum Wellness-Touristen

Es mag vielleicht übertrieben klingen, aber seit die Menschen imstande sind, aufrecht zu gehen, werden sie von warmen Quellen wie magisch angezogen, egal wo. Es scheint, als hätten wir irgendwo in unserem Stammhirn seit Urzeiten den genetischen, über tausende Generationen weitergegeben Code abgespeichert: Warmes Wasser tut der Spezies gut, also hinein mit uns, sooft es geht!

Die ersten konkreten Warmbad-Überlieferungen finden sich in der klassischen Antike. Die alten Griechen zogen in den Sommermonaten nicht nur vorzugsweise an die Küste bzw. auf die Ägäischen Inseln – wer es sich leisten konnte und Blessuren zu kurieren hatte, pilgerte zu den berühmten heißen Quellen von Melos, Kathnos und Lesbos.

Einige Jahrhunderte später übernahmen die Römer die griechischen Erkenntnisse in Sachen Badekultur und führten diese zu einer Perfektion, die lange, lange unerreicht bleiben sollte. Vor allem aber verbreiteten die Römer diese Zivilisationstechnik mit ihren Eroberungsfeldzügen über ganz Europa, inklusive jener Provinzen, aus denen rund 2000 Jahre später einmal Österreich hervorgehen sollte: Von der Umgebung Vindobonas bis tief hinunter in den Süden, wo das heutige Villach liegt, badeten die römischen Soldaten und Verwaltungsbeamten – übrigens nur die Männer. Frauen und Sklaven durften in diese Warmbäder nicht hinein.

Mit dem Römischen Reich ging auch die Warmwasserkultur in Europa für beinahe 1000 Jahre unter. Nachdem sich im Mittelalter die Badehäuser als Hochburgen von Hurerei und Geschlechtskrankheiten profiliert hatten und geschlossen wurden, geriet das Wasser, an sich Reinigungs- und Heilmittel, als gefährlich und unsittlich in Verruf.

In Österreich dauerte es immerhin bis zum 14. Jahrhundert, bis erstmals wieder zaghaft ins Wasser gestiegen wurde: Gastein und Baden erinnerten sich wieder ihrer Quellen, nach und nach nutzten Bad Tatzmannsdorf (Entdeckung der Quellen anno 1650), die Solebäder des Salzkammergutes (Anfang 18. Jahrhundert), Bad Hall (1820) und viele weitere ihr besonderes Wasser.

In der k. u. k.-Monarchie kam es schließlich zur Blüte von Kurorten, Thermalbädern und Sommerfrische, die erst im ausklingenden 20. Jahrhundert eine Renaissance erfuhr: Durch den Wellnesstrend, der sich Anfang der 90er-Jahre zu etablieren begann – Hand in Hand mit einem Boom an Neueröffnungen, der ungebrochen anhält.

Vor dem Thermenbesuch:
Was unbedingt in die Badetasche gehört

Ein Besuch in einer Therme ist keine militärische Operation, die minutiös geplant sein muss. Aber wie bei allen Dingen, deren Gelingen hauptsächlich von äußeren Umständen abhängt, kann es nicht schaden, ein paar grundlegende Dinge zu beachten.

Wenn Sie aus dem Fenster schauen und spontan beschließen, in eine Therme zu fahren, schauen Sie auch auf den Kalender. Grundsätzlich gilt: An Wochenenden ist der Andrang naturgemäß groß, und je kühler die Jahreszeit, umso heftiger ist das Verlangen der Menschen nach warmem Wasser. Darum: Falls Sie aufs Geratewohl losfahren, noch dazu so getimt, dass Sie nach dem Mittagessen am Zielort eintreffen, dann wundern Sie sich nicht, wenn's vor der Kassa zugeht wie in der Fußgängerzone am letzten Weihnachts-Einkaufssamstag.

Wenn es also schon ein Wochenende sein muss, dann machen Sie es wie bei einer Wanderung: früh aufstehen, bald wegfahren und zusehen, dass Sie spätestens um 9.00 Uhr am Eingang stehen.

In diesem Führer wird immer explizit darauf hingewiesen, wenn eine Therme Internetservices wie Online-Reservierung oder -Kartenkauf anbietet – nützen Sie diese. Wir haben sie getestet, und es klappt tatsächlich. Und unter uns: Es macht leises Vergnügen, wenn sich an der Kassa die betretenen Gesichter der vorläufig abgewiesenen Besucher häufen und man selbst unter deren neidischen Blicken die reservierten Tickets abholt. Und noch ein Grund, warum sich ein Anruf vor der Abreise lohnen kann – alle Thermen haben einige Tage im Jahr, zu denen die Anlage teilweise oder auch ganz wegen Revisionsarbeiten und Überprüfungen gesperrt ist; bei vielen Bädern laufen Umbauarbeiten. Stellen Sie sich vor, Sie fahren eineinhalb Stunden mit dem Auto, um dann vor einem „Heute wegen Beckenreinigung geschlossen"-Taferl zu stehen.

Auf jeden Fall vorher reservieren sollten Sie geplante Anwendungen (von der Pediküre bis zur Massage), um sich eventuelle Enttäuschungen zu ersparen.

Ein anderer Tipp, wenn Sie nichts gegen spätes Heimkommen haben: Nutzen Sie die Abendstunden der Thermen. Auch an kritischen Wochenenden oder Feiertagen (Thermenklassiker sind der Nationalfeiertag oder die Tage rund um Allerheiligen) halbieren sich die Besucherzahlen auch in der vollsten Warmwasseranstalt, wenn es Zeit fürs Abendessen ist. Ein abendliches Bad unter Sternen oder im Mondlicht kann ungeahnte Qualitäten haben. Der einzige Nachteil: Wer einen weiten Heimweg hat, braucht dann wohl vor der Fahrt einen starken Espresso oder das Gemüt eines trainierten Fernfahrers. Thermalwasser kann sehr erschöpfend wirken – und das sollte man im Sinne einer sicheren Heimkehr (übrigens auch bei einem Besuch tagsüber) unbedingt mit einkalkulieren.

Aber bevor es soweit ist, gilt es, die richtigen Utensilien einzupacken und mitzunehmen. Das klingt banal, aber bei unseren dutzenden Thermenbesuchen, die wir im Rahmen der Recherche zu diesem Buch gemacht haben, ist uns eines immer wieder aufgefallen: andere Thermenbesucher, die den Standardsatz „Jessas, jetzt hab ich auf das ... vergessen!" jammern.

Was neben Badehosen, Badeanzügen und mindestens zwei Hand- oder Badetüchern pro Person (und noch mehr, wenn Sie auch einen Saunabesuch mit einplanen) zur Standardausrüstung eines Thermenbesuches gehört: ein Bademantel und vor allem Badeschlapfen. Letztere sind unverzichtbar. Zum einen aus Gründen der Hygiene, zum anderen wegen der Sicherheit. Die Fliesenböden aller Thermen sind bei Nässe (und die ist in so einem Warmbad manchmal stärker, manchmal schwächer, aber immer allgegenwärtig) für Barfüßige absolute Schleuderbahnen. Absolut verzichtbar hingegen in den Warmwasserwelten sind Goldschmuckbehang und sonstige Wertgegenstände. Zwar sind die Umkleidekabinen und Kästchen in den letzten Jahren um einiges sicherer geworden, aber warum unnötig ein Risiko eingehen?

Wenn Sie empfindlich am Kopf sind: Nehmen Sie sich, vor allem im Winter, eine Badehaube mit. Das sieht zwar nicht mehr ganz zeitgemäß aus, aber angesichts der vielen Schwallduschen etc. in den Thermen sind nasse Haare unvermeidlich. Das ist im Innenbereich kein Drama, aber draußen, bei Minusgraden können sich sensible Naturen Kopfschmerzen einfangen. Die in manchen älteren Thermen immer noch ausgehängte Badehaubenpflicht wird allerdings nirgends mehr exekutiert.

Auch wenn die meisten Bäder einen Thermenshop mit grundsätzlichem Zeitungsangebot haben: Nehmen Sie sich etwas zu lesen mit. Es gibt kaum einen besseren Platz für intensive Lektüre als rund ums Becken.

Und zum guten Schluss empfiehlt es sich fürs Heimfahren, immer ein simples Plastiksackerl in der Badetasche zu haben. In das kann die nasse Badekleidung gestopft werden, ohne das restliche Badezeug ebenfalls einzuweichen bzw. mit dem oft doch sehr markanten Geruch des Thermalwassers zu durchsetzen.

In der Therme:
Damit sich alle wohl fühlen und entspannen können

Wenn Sie zum ersten Mal in eine Therme kommen, nehmen Sie sich die Zeit und sehen Sie sich um. Nicht nur nach freien Liegemöglichkeiten (wie bereits hingewiesen, reservieren sich die Schlauen ihre Liegen im Voraus), sondern machen Sie sich mit den Gegebenheiten der Anlage vertraut: Was haben Café, Shop und Restaurant zu bieten, wo sind die ruhigen und wo die belebten Ecken, was spielt sich in den Becken ab, wo gibt es Ruheräume, wo ist besonders wenig los, was wird für die Kinder geboten etc.

Wie überhaupt grundsätzlich gelten sollte: Wer in eine Therme fährt, sollte ausreichend Zeit haben und keinesfalls in Eile sein. Es hat überhaupt keinen Sinn, einen hektischen Zwischendurch-Boxenstopp einzulegen, nur um rasch einmal quer durchs heiße Becken zu kraulen. Thermen sind Slowfood für Körper und Sinne, und dafür braucht man nun mal Zeit.

Nach einer solchen kleinen Inspektion haben Sie sich eine Ruhepause verdient. Und damit fällt auch das große Stichwort für einen Thermenbesuch: Ruhe.

Auch wenn es Thermen gibt, in denen der große Badespaß und die nasse Action im Vordergrund stehen – in allererster Linie haben die Besucher hier ihren oft recht happigen Eintritt bezahlt, um sich zu erholen und zu entspannen. Darum ist dieser Badebetrieb ein fragiles Gleichgewicht wechselseitiger Rücksichtnahme, was angesichts der unterschiedlichen Alters- und Interessenslagen oft nicht einfach ist.

Daher ein paar kleine Verhaltensregeln, die das Miteinander in einer Therme ein wenig erleichtern können:

Wenn Sie mit Kindern unterwegs sind, ist es okay, wenn sich die Kleinen in den Becken, in den Kinderzonen oder im Sommer im Freien nach Herzenslust austoben. In den Ruhebereichen hingegen können Sie sich als von allen geachtete Mustereltern erweisen, wenn Sie dafür sorgen, dass die JuniorInnen hier nicht fangen spielen und herumkreischen. Apropos Handy: Abgesehen davon, dass die extreme Luftfeuchtigkeit in einer Thermenhalle für Mobiltelefone das pure Gift ist – hier haben die Mobiles nichts verloren. Bitte beachten Sie das in den meisten Bädern überdeutlich ausgeschilderte Handyverbot.

Auch was das leibliche Wohl betrifft, läuft's in einer Therme einen Tick anders als im normalen Sommerbad. Es ist nichts dagegen zu sagen, an einem mitgebrachten Getränk zu nippen oder sich bei Appetit einen Schokoriegel oder ein Eis einzuverleiben (ebenso ist es, ganz nebenbei erwähnt, auch keine Peinlichkeit, das wertvolle Heilwasser, das in vielen Thermen auch aus den Wasserhähnen rinnt, in eine mitgebrachte bruchfeste Flasche abzufüllen und mit nach Hause zu nehmen). Aber in der Badehalle ein kleines Privatpicknick zu veranstalten, das ist etwas für den Strand – nicht jedoch für ein Thermalbad. Denn wer will schon in den Bröseln und Wurstsemmelresten seiner Nachbarn herumsteigen?

Darum haben alle Thermen ein (bis auf wenige Ausnahmen) sehr attraktives Angebot an Restaurants und Cafés – nutzen Sie es.

Dass eine kurze Dusche vor dem Eintauchen ins Wasser selbstverständlich ist, sollte eigentlich nicht weiter erörtert werden müssen. Tatsächlich jedoch „vergisst" rund die Hälfte der Badegäste trotz überdeutlicher Beschilderung auf diesen Liebesdienst den Mitbadenden gegenüber. Also: Es liegt bei Ihnen, ob Sie zur Fraktion „Ferkel" oder „Zivilisierter Mitteleuropäer" gehören wollen.

Damit Sie sich im Thermalwasser uneingeschränkt wohlfühlen, beachten Sie bitte die vorgeschriebene Maximalbadedauer. Das oft hochmineralische Thermalwasser belastet Körper und Kreislauf; die medizinischen Fachleute denken sich etwas dabei, wenn sie den Aufenthalt im Becken auf meist 20 Minuten beschränken. Darum sind meist die Kinderbecken mit Frischwasser gefüllt. Da gilt diese Zeitbeschränkung natürlich nicht, und hier kann auch nach Herzenslust getobt werden.

Eine besonders sensible Zone ist der Saunabereich. Hier haben Kinder in der Regel keinen Zutritt, und so sorgen mitunter ahnungslose Erwachsene für Reibung, wo eigentlich nur Entspannung sein sollte. Das fängt schon damit an, dass man nicht zu jenen Hektikern zählen sollte, die prinzipiell jede Türe aufreißen, um nachzusehen, ob Sauna/Dampfbad/Tepedarium/Ruheraum etc. frei ist. Immer wieder haben wir die Beobachtung gemacht, dass solche „Ist da noch frei?"-Lästlinge sich nicht die Mühe machen, zuerst durch die fast überall angebrachten Sichtfenster zu schauen, sondern sicherheitshalber erst einmal die Tür öffnen. Getoppt werden sie nur noch von jenen Ahnungslosen, die mit nasser Badehose, Badeschlapfen und unter Missachtung aller Rotlichter dieser Welt mitten in jeden Aufguss platzen – Saunaprofis können stundenlang Geschichten über solche Leute erzählen, die anderen mit tödlicher Präzision den Saunaspaß versauen. Und zu denen wollen Sie doch sicher nicht gehören, oder?

Heilung und Wohlbefinden:
Wie Thermalwasser wirkt

Was unterscheidet eigentlich physiologisch ein heißes Bad zu Hause in der Wanne vom Eintauchen ins warme Thermalwasser? Nun, im Grunde gar nicht einmal so viel.

Grundsätzlich passiert das Gleiche: Das warme Wasser erhöht die Durchblutung des Körpers und sorgt damit grundsätzlich für erhöhtes Wohlbefinden (und es macht müde – was in der Badewanne kein Problem ist; wenn man allerdings noch 150 Kilometer weit nach Hause fahren muss, sollte dieser Faktor zumindest mitkalkuliert werden).

Doch während zu Hause in der Badewanne vor allem Duftstoffe und Kosmetika zusätzlich auf den Körper wirken, sind es im Thermal- bzw. Heilwasser bestimmte Inhaltsstoffe, die vom Organismus über die Haut aufgenommen werden: z. B. Schwefel, Kohlensäure oder Radon, die in „normalem" Leitungswasser nicht vorhanden sind.

Durch die besonderen Reize dieses natürlich angereicherten Wassers – so muss Heilwasser beispielsweise eine Mineralisierung von mindestens 1 g/Liter aufweisen, um sich so nennen zu dürfen – kommt es an der Körperoberfläche zu chemischen und physikalischen Vorgängen, schlicht Reize genannt. Wobei Fachleute immer wieder darauf hinweisen, dass einmaliges Eintauchen in dieses Wasser zwar angenehm im oben beschriebenen Sinne ist. Um jedoch eine messbare gesundheitliche Verbesserung erzielen zu können, sind wiederholte Anwendungen notwendig, so genannte Reizserien. Das ist auch der Grund, warum echte Thermal- und Heilwasserkuren in der Regel drei Wochen dauern, damit der Körper ausreichend wiederholten Kontakt mit dem Wasser und genügend Zeit hat, sich entsprechend umzustellen.

Je nach Konzentration und Zusammensetzung dieser Spurenelemente im Wasser helfen Thermal- und Heilwasserbäder bei Behandlung und Prophylaxe von vielen unterschiedlichen Leiden. Das reicht von simplen Muskelverspannungen über Hautleiden bis zu Herz- und Kreislaufproblemen. Doch auch durchaus komplexere Diagnosen können mit dem richtigen Wasser nachgewiesenermaßen erfolgreich therapiert werden: Kopfschmerzen, Verdauungsprobleme, Schlafstörungen und Allergien – ebenso wie eher psychische Probleme wie Nervosität, seelische Verstimmungen und sogar Libidostörungen. Und natürlich ist das warme Wasser unverzichtbare Säule vieler Rehabilitations-Maßnahmen.

Heilung und Wohlbefinden: Wie Thermalwasser wirkt

Welche Quelle gegen welches Leiden hilft, wird in aufwändigen Studien und Analysen festgestellt, die Anwendungen und Kuren von FachärztInnen individuell erstellt. Denn jede Quelle ist so individuell wie ein Fingerabdruck; keine gleicht in ihrer mineralischen Zusammensetzung einer anderen.

Allerdings: Nicht allen tut das warme Wasser hundertprozentig gut. Vor allem Personen, die unter Krampfadern leiden, müssen die gefäßerweiternden Badegänge unbedingt meiden; Zeitgenossen mit Kreislaufproblemen sollten zumindest sehr vorsichtig sein.

Auch das Alter ist ein Faktor. Beachten Sie bitte unbedingt die in allen Thermen deutlich ausgeschilderte Maximaldauer pro Badegang. Vor allem für Kinder, die in vielen Thermen überhaupt erst ab dem Schulalter zugelassen sind.

Thermalbad Oberlaa

Für die kleine Thermal-Entspannung zwischen Oper und Prater muss der Wiener nicht weit in die Ferne schweifen, denn das Thermalbad Oberlaa liegt nah.

Auch Wien hat seine eigene Therme – schon seit 30 Jahren, und obendrein ist das Thermalbad Oberlaa die einzige Therme Österreichs, zu der die Besucher mit der Straßenbahn fahren können: Die Endstation der Linie 67 ist genau drei Gehminuten von der Kassenhalle des Thermalbades entfernt, das wegen seiner Schwefelquellen (die stärksten von ganz Österreich) bei günstigem Wind zuerst mit der Nase und erst dann mit den restlichen Sinnen geortet wird.

Fixgröße im Wiener Freizeitprogramm

Im Jahre 1974 wurde am Südosthang des Laaerberges im 10. Wiener Gemeindebezirk Favoriten auf einem ehemaligen Ziegel-Areal, einer riesigen „G'stätten" – wie man in Wien zu verwildertem Brachland sagt – die Wiener Internationale Gartenschau eröffnet; dazu gab es im

Thermalbad Oberlaa

Stil passende Infrastrukturbauten wie das Thermalbad, ein angeschlossenes Kurzentrum und ein Hotel. Dieser südöstliche Teil von Wien galt als Hoffnungsgebiet der Stadtentwicklung, entsprechend große Genossenschafts- und Gemeindebauten wurden hier auch hochgezogen. Während die künstlich wirkende WIG lange brauchte, um die Herzen der Hauptstädter zu erobern, entwickelte sich die Therme Oberlaa rasch zu einem Fixpunkt im Freizeitprogramm der Wiener. Im Juli 2003 konnte bei der Abhaltung der entsprechenden Feierlichkeiten der 20-millionste Besucher begrüßt werden; in der jährlichen Besucherstatistik rangiert Oberlaa unter den Top 3 von Österreich.

Und genau in dieser langen und intensiven Geschichte liegt ein kleiner Nachteil der Therme Oberlaa gegenüber den in jüngster Zeit eröffneten, topmodernen Warmbädern im Einzugsbereich von Wien. Zwar ist bei ihrer Planung Anfang der 70er-Jahre ein Wurf geglückt, der auch heute noch durchaus besteht. Zwei große Innen- und zwei Thermalaußenbecken (33 und 36 °C), eine Kinderplantscheke (30 bis 32 °C), sinnvolle Raumaufteilung (genügend Flächen für Liegen, ein zentrales Selbstbedienungsrestaurant samt „Schanigarten") und ein **ausreichend großes Freigelände** waren eine gute Ausgangsposition, aber die Betreiber haben alle Hände voll zu tun, um auf der Höhe der Zeit zu bleiben.

So ist in den letzten 20 Jahren viel Neues dazugekommen: Im Jahre 1988 ein **kühles Sportbecken** (26 bis 28 °C) im Außenbereich, ebenso

Thermalbad Oberlaa

und ebendort ein kunterbunter Kinderbereich. Apropos Kinder: Sie sind Nutznießer eines der neuesten Zubauten. 2001 wurde eine **eigene Kinderwelt** (mit neutralem Süß- statt schwefeligem Thermalwasser) eröffnet, inklusive langem Rutschtunnel und einem seichten Becken mit Minirutsche und kleinen Wasserspeiern. Doch die Kinder plantschen auch gerne in den beiden Hauptbecken herum; an manchen Tagen sieht man vor lauter orangefarbenen Punkten (die Schwimmflügel, die man beim Bademeister leihen kann) das Wasser kaum und der Lärmpegel ist dementsprechend hoch. Eines ist neben dem oft großen Andrang und lauten Betrieb auch schon fast zu einem Charakteristikum der Therme Oberlaa geworden: Irgendwo wird immer renoviert und umgebaut (von 2001 bis 2003 waren die Schwimmhallen und der Eingangsbereich dran). Dieses „Work in Progress" schafft eine Atmosphäre, an die sich die Wiener Stammgäste längst gewöhnt haben, die Oberlaa-Neulinge aber oft verwundert zur Kenntnis nehmen: An der einen Ecke glänzen hypermoderne Bauteile, während an der nächsten der Rost von drei Jahrzehnten rieselt und sich die überdeutlichen Nutzungsspuren von Millionen Besuchern finden. Und noch etwas: Durch die vielen Zu- und Umbauten ist es nicht immer leicht, den Überblick zu bewahren. An der Beschilderung liegt es allerdings nicht; die ist vorbildlich – wie übrigens auch jene Hinweisschilder im gesamten Wiener Straßenverkehr, die Autofahrer zur Therme Oberlaa weisen.

City-Wellness für Zwischendurch

Doch trotz dieser kleinen Unzulänglichkeiten lieben die Wiener „ihre" Therme. Wobei Wiener ein weit gefasster Begriff ist: Diplomaten und Geschäftsleute aus dem Nahen Osten und Osteuropa machen einen hohen Prozentsatz der Besucher aus. Trotz der Monopolstellung in Wien sind die Preise im mittleren Bereich angesiedelt, und durch laufende Aktionen (zum Beispiel wird im Sommer bei hohen Außentemperaturen der Preis für die Tageskarte gesenkt) findet sich immer wieder eine Möglichkeit, günstig zum **Thermenspaß** zu kommen. Zu diesem gehören in den Warmwasserpools Schwallduschen, Bodensprudel und Massagedüsen-Batterien, die sehr informativ beschriftet sind. Weiters bietet Oberlaa in einem der Außenbecken Unterwassermusik an: **„Liquid Sound"** nennt sich der Musikgenuss unterhalb der Wasseroberfläche hier. Sehr klug gelöst ist der Zutritt zu den drei Whirlpools, die separat von der Hauptschwimmhalle untergebracht sind. Ein digitales Zählwerk zeigt an, wie viele Personen viermal pro Stunde durchs Drehkreuz und in den warmen Sprudelwannen Platz nehmen dürfen – Überbelegung und Streit um die Plätze sind damit ausgeschlossen.

Die **Saunabenützung** ist etwas verwirrend: Da gibt es einmal Bereiche, die im Grundtarif inbegriffen sind, wie die zwei Biosaunarien

Thermalbad Oberlaa

(Damen und Herren getrennt) hinter dem Restaurant oder die Kräuterstuben (Eukalyptus, Heublume, Kamille) im 2. Untergeschoß. Auf den Ebenen dazwischen befinden sich die aufpreispflichtigen Saunabereiche – einerseits eine gemischte Abteilung (mit drei finnischen Saunen, Dampfbad, Tauchbecken und Freibereich) und andererseits eine getrennte Damen- und Herrensauna, die im Frühjahr 2004 völlig neu gestaltet wurde und als cool gestylter Designerschwitztempel zwar aussieht wie aus einer Architekturzeitschrift, bei den Stammgästen aber nicht so gut ankommen will.

Umgebaut wurde auch der Eingangsbereich und beim Anstellen an der Kasse wird man mit einer weiteren Neuheit konfrontiert: Jeder Besucher erhält eine Chipuhr und braucht damit sein Bargeld erst, wenn er die Therme wieder verlässt. (Erfreulich: Bei Konsumation im SB-Restaurant der Therme gibt es eine Zeitgutschrift von ½ Stunde.) Außerdem im Angebot: Eine Fitnesstrainerin animiert gratis zu Wassergymnastik (Montag bis Freitag tagsüber zu jeder vollen und halben Stunde); Friseur, Kosmetik und eine Massageabteilung stehen direkt in der Therme zur Verfügung. Zwar nicht direkt im Badebereich, doch gleich im danebenliegenden Kurmittelhaus wurde 2003 das so genannte Zentrum für Lebensenergie eröffnet, dessen Schwerpunkt auf der Erhaltung und Steigerung der Lebensqualität liegt. Mit verschiedensten Techniken (Aromatherapie, Shiatsu, Reiki, Farblichttherapie u. a.) wird hier versucht, die Selbstheilungskräfte des Einzelnen zu stimulieren und die Energie im Körper zum Fließen zu bringen.

FACTS

Information

Thermalbad Oberlaa, 1100 Wien, Kurbadstraße 14
Tel.: +43(1)680 09-9600; Fax: +43(1)680 09-9688;
 E-Mail: thermalbad@oberlaa.at; www.oberlaa.at.
Wasserfläche: 1700 m²; Badegarten 5700 m² mit Altbaumbestand;
 verbaute Fläche 7500 m²
Kapazität: 1400 Gäste gleichzeitig (Tagesfrequenz durchschnittlich 2000 Personen.
 Innen stehen 400 Liegen, außen 420 Liegen zur Verfügung, außerdem Sitz- und Liegetribühnen für ca. 200 Personen. Wenn alle Kästchen- und Kabinenschlüssel ausgegeben sind, müssen die Gäste auf den nächsten Schlüssel warten (trifft sehr selten zu).
Badeeintritt für Kinder unter 15 Jahren nur in Begleitung eines Erwachsenen!

Öffnungszeiten

Mo–Sa 8.45–22.00 Uhr; So & Fei 7.45–22.00 Uhr
Letzter Einlass ist 2 Stunden vor Betriebsschluss!
Am 24. 12. ist die Therme geschlossen.

Wasseranalyse und Indikation/Gegenindikationen

Calcium-Natrium-Sulfat-Chlorid-Schwefel-Therme
Das Schwefelthermalwasser bewirkt Heilerfolge bei Erkrankungen des rheumatischen Formenkreises, Abnützungs- und Alterserscheinungen des Bewegungsapparates, Weichteilrheumatismus, Nachbehandlung nach Knochenbrüchen und Sportverletzungen.

Gastronomisches

Nach einem kräfteraubenden Thermentag bietet sich ein Besuch der **Kurkonditorei Oberlaa** an. In diesem Paradies für Naschkatzen, von dem es in Wien weitere Zweigstellen gibt, steht man vor der süßen Qual der Wahl. Kurkonditorei & Restaurant Oberlaa, Kurbadstraße 12; Tel.: +43(1)68 009-9500;
E-Mail: kurkonditorei@oberlaa-wien.at; www.oberlaa-wien.at (Achtung: Nur bis 19.00 Uhr geöffnet!)

Natur & Freizeit

Der dem Thermalbad angeschlossene **Wellness Park Oberlaa** besteht aus einem höchst modernen Fitnesscenter, einem eigenen Entspannungsbereich mit Sauna, osmanischem Bad, Serail-Bad, Laconium und Aromagrotte, einem Healthcenter und einem Racketcenter mit 13 Tennis-Hallen-Plätzen, 5 Tennis-Frei-Plätzen, 10 Badmintoncourts, 14 Squashcourts. Die Anlage verfügt über einen direkten Zugang zum Thermalbad.
Wellness Park Oberlaa, 1100 Wien, Kurbadstraße 16; Tel.: +43(1)680 09-9700;
Fax: +43(1)680 09-9788; E-Mail: wellnesspark@oberlaa.at; www.oberlaa.at
Vor beziehungsweise nach dem Thermenbesuch bietet sich auch ein Streifzug durch den rund 860 000 m² großen **Kurpark mit Streichelzoo und zahlreichen Themengärten** an. Wie der Park bei der Gartenschau 1974 ausgesehen hat, die damals 2,6 Millionen Menschen besuchten, wird auf 30 Tafeln illustriert. Von der ursprünglichen Gartenanlage ist nur noch der Japanische Garten erhalten. Dafür gibt es eine Reihe neue Angebote wie einen Allergiegarten mit Informationen für Pollenallergiker und ein Blumenlabyrinth.

Baden

Römertherme Baden

Schwefeliges Thermenbad mit einem gelungenen Mix von k. u. k.-Ambiente und moderner Architektur, in dem es manchmal ganz schön laut hergeht.

Wer in der nostalgischen Biedermeierstadt Baden 30 km südlich von Wien nach den lokalen Badeattraktionen sucht, braucht nur seiner Nase zu folgen. Die berühmten Schwefelthermalquellen des Kurortes, die schon von den Römern genutzt wurden, sind nicht zu überriechen und bilden die Grundlage sowohl von Badespaß als auch von Badener Kur. Eine dieser Heilquellen sprudelt seit 1999 in der neu errichteten Römertherme, in der Groß und Klein dem nassen Vergnügen nachgehen kann und die mit ihrem kleinen, aber feinen Saunabereich und dem Wellness-Center zeitgemäße Wohlfühlakzente setzt.

Schwefeliger Badespaß

Obwohl in Baden historische Bausubstanz den Ton angibt, ist die Römertherme eine höchst moderne und optisch ansprechende Konstruktion aus Stahl und Glas, in die auch geschickt einige noch bestehende

Römertherme Baden

Elemente einer alten Badeanlage integriert wurden. Das Hauptgebäude der alten Mineralschwimmschule, erbaut von den Meisterarchitekten Sicardsburg und Van der Nüll (Architekten der Wiener Staatsoper), stammt aus der ersten Hälfte des 19. Jahrhunderts und bildet heute mit dem 77 x 33 m großen Glasdach (dem größten freitragenden Europas) eine spektakuläre Kombination aus Alt und Neu.

Dementsprechend imponierend ist auch der erste Eindruck, sobald man die Schwimmhalle betritt, denn hier ist der Begriff Halle mehr als angebracht: Ein lichtdurchfluteter, riesiger Raum, der eher wie ein Flugzeughangar denn wie ein herkömmliches Bad wirkt. In der Mitte teilt eine Brücke die Wasserlandschaft in zwei große Becken: Im ca. 30 °C warmen Vitalbecken finden sich Attraktionen wie Whirlliegen, Bodenblubber, Whirlsitzbank, Nackendüsen und Wasserspeier – außerdem ein Bereich speziell für Kleinkinder. Etwas kühler geht's im daneben liegenden Sportbecken (26 °C) zu, wo die Schwimmer ihre Bahnen ziehen. Ein Whirlpool (35 °C) ergänzt das Angebot. Die für Thermenverhältnisse eher niedrigen Wassertemperaturen machen in der Römertherme jedoch wenig aus, denn die Raumtemperatur in der Halle liegt auch an kalten Tagen im tropischen Bereich.

Natürlich gibt es auch zwei, allerdings nicht sehr große, Außenbecken. Das Kleeblattbecken erfrischt mit ca. 30 °C, ist an wirklich kalten Tagen also eher etwas für „Härtlinge". Das Schwefelbecken hingegen, aus dem 35 °C heißes Schwefelwasser sprudelt, heizt bei jeder Außentemperatur kräftig ein (für Kinder unter 6 Jahren nicht empfohlen). Hier frönen die Badegäste der uralten Tradition der Badener Schwefelthermalbäder in Gemeinschaftspiscinen, wo es sich gemütlich mit Gleichgesinnten plaudern lässt.

Da die heilende Wirkung der Schwefelbäder den Körper angenehm ermüdet, haben die Betreiber der Römertherme für Liegestühle in ausreichender Zahl gesorgt, die sich wie Zuseherreihen rund um das wie eine ovale Laufbahn designte Innenbecken gruppieren. Sollte die Liegestuhlkapazität rund ums Wasser nicht ausreichen, zieht man sich auf die Rundum-Galerie der zweiten Ebene der Schwimmhalle zurück, wo weitere Liegen warten. Außerdem gibt's dort oben noch einen kleinen Extra-Ruheraum und drei Solarien.

Für Kinder wird neben einem eigenen Kleinkinder-Plantschbecken eine Kinderspielecke, eine Fläschchenwärmstation im SB-Restaurant und ein eigener Wickelraum im Garderobenbereich geboten.

Fluchtpunkt Saunalandschaft

Was allerdings nach bereits wenigen Minuten Aufenthalt in der Halle etwas unangenehm auffällt: Durch die sehr hohe, großflächige und glatte Stahl-Glas-Konstruktion hat die Römertherme eine bessere

Römertherme Baden

Akustik als das Stadttheater Baden. Selbst bei moderater Besucherdichte bauscht sich die Melange aus Stimmengewirr und Wasserrauschen zu einem Soundteppich auf, der lärmempfindliche Naturen leicht in die Flucht schlagen kann.

Bester Zufluchtsort ist die übersichtliche, erfreulich gestaltete Saunalandschaft – doch auf diese Idee kommen viele. Neben zwei finnischen Saunen (95 °C), einer Bio-Sauna (60 °C) und einem sehr großen Tepidarium (40–45 °C) mit Tageslicht schwitzt sich's trefflich in einem der drei tollen Dampfbäder (Aroma-Dampfbad, Osmanisches Dampfbad, Eukalyptus-Dampfbad, 40–48 °C). Weiters vorhanden: ein kleines Tauchbecken, ein Freiluftbereich, Erlebnisduschen, Trinkbrunnen und Saftbar. Direkt mit der Therme verbunden ist ein Wellnesscenter, dessen Besuch mit einer Thermenkarte kombiniert werden kann. Es bietet modernste Fitnessgeräte und ein Gymnastikprogramm, eine TCM-Ärztin sowie eine Massageabteilung, Kosmetik und Friseur. Für einen perfekten Urlaub zwischendurch eignet sich die Buchung eines Wohlfühltags, der neben dem Eintritt für Thermen- und Wellnesscenter auch eine Massage, Solarium, Kosmetikbehandlung und ein Wellnessmenü im Thermen-Restaurant beinhaltet.

Die Römertherme befindet sich in nächster Nähe des Hauptplatzes, direkt neben dem Grünen Markt, und ist auch mit öffentlichen Verkehrsmitteln (Bus, Badener Bahn) gut erreichbar. Wer mit dem Auto anrollt, stellt dieses vorzugsweise in der thermennahen Garage ab (350 Stellplätze). Keine Sorge wegen der Kosten: Thermenbesucher parken gratis und bekommen beim Auschecken aus dem Bad ein Ausfahrtsticket. Die Preise sind fair kalkuliert; die Mindestbesuchszeit beträgt zwei Stunden, jede Stunde darüber hinaus kostet für Erwachsene EUR 1,50 (Preisstand 1. Quartal 2004). Für die obligaten Chiparmbänder, die den Eintritt ins Bad und in den Saunabereich ermöglichen, wird kein Pfand eingehoben. Allerdings sperren die elektronischen Heinzelmännchen die groß dimensionierten Garderobenkästchen nicht, daher trägt jeder Badegast ein zweites Band mit dem Kästchenschlüssel.

Nostalgische Kur-Reminiszenzen

Mit so innovativen Projekten wie der Römertherme will der Nobelkurort etwas weg von seinem Bieder-Image, das ihm seit Generationen anhaftet. Doch neben einem Besuch im größten Casino Europas, das auch jüngere Klientel anzieht, und der Fußgängerzone rund um den Hauptplatz sind die meisten anderen Attraktionen eher für gesetzte Kurgäste interessant: das Operettenfestival in der Sommerarena, der historische Kurpark, in dem verschiedene Denkmäler an bedeutende Gäste erinnern, und der Doblhoffpark mit seinen 20000 Rosenstöcken. Die Badener Rosentage oder die Trabrennbahn versetzen die Besucher in nostalgische Kur-Zeiten.

Denn die Kombination von Wasser und Wein, ergänzt durch das fast mediterrane Klima der Thermenregion, hat schon von jeher Gesundheitsbewusste und Genießer angezogen. Maler und Musiker wie Mozart, Beethoven und Lanner waren regelmäßig zu Gast in Baden. Städter und Adelige bauten sich hier ihre Sommerresidenzen und Palais, die heute noch das Stadtbild prägen. Sie vergnügten sich beim Heurigen, genossen die kulinarischen Köstlichkeiten der umliegenden Weinbaugemeinden und entdeckten die landschaftlichen Reize des Wienerwalds – derlei Unterfangen sind bis heute empfehlenswert.

Information

Römertherme Baden, 2500 Baden bei Wien, Brusattiplatz 4
Tel.: +43(2252)45 030; Fax: +43(2252)45 030-304;
  Wellnesscenter: +43(2252)45 030-352; www.roemertherme.at.
Gesamt-Wasserfläche: 900 m²; Anzahl der Liegestühle: 413; Anzahl der Sessel: 180
In der Therme ist für 550 Personen Platz. Wenn diese Zahl erreicht ist (kommt in der
  Ferienzeit gelegentlich vor), muss für weitere Gäste gesperrt werden.
Der Eintritt ist für Kinder jeden Alters gestattet. In die Saunalandschaft dürfen Kinder bis zum 12. Lebensjahr nur in Begleitung eines Erwachsenen.

Öffnungszeiten

Therme und Sauna: tägl. 10.00–22.00 Uhr
Betriebssperre: Revisionssperre in den letzten beiden Wochen der Sommerferien
Weitere Facts siehe → Thermalstrandbad Baden

Thermalstrandbad Baden

Die altehrwürdige, sommerliche Outdoor-Alternative zur modernen Römertherme, die neben gesundem Schwefelwasser über Österreichs größten Sandstrand verfügt.

In Baden kommen neben trendigen Wellnessfreaks, die in der Römertherme bestens bedient werden, auch Nostalgiefreunde unter den Wasserratten voll auf ihre Kosten. Denn die Kurstadt bietet eine zweite, weit traditionellere Badeanstalt mit ganz besonderem Charme: Das Thermalstrandbad, das man auch die „letzte Bastion der Badehaube" bezeichnen könnte, ist zwar wie jedes Freibad nur in den Sommermonaten geöffnet, erfüllt aber durch seine heißen, mit der Nase erkennbaren Schwefelwasserquellen alle Anforderungen, um eine echte Therme zu sein.

Stilecht thermen im Jugendstilbad
Wer das Thermalstrandbad (gegen höchst moderaten Eintritt) besucht, findet sich in einer anderen Epoche wieder. Errichtet wurde die An-

Thermalstrandbad Baden

lage in den späten 20er-Jahren, quasi als Ersatz für die den Österreichern durch den 1. Weltkrieg verloren gegangenen Nobelbäder an der Adriaküste. Hier in Baden sollte für die Mittel- und Oberschicht ein kleines Grado entstehen, mit Sandstrand und weiten Wasserflächen. Ein bereits vorhandenes Palais wurde in die Pläne integriert und als das Bad 1926 eröffnet wurde, war das 100 m lange Freibecken das größte ganz Europas. Als Eintritt verlangte man für Gäste 2 Schilling (Kabine) und 1,20 Schilling (Kästchen); Einheimische zahlten die Hälfte und am zweiten Öffnungstag zählte man bereits 15 000 Besucher.

Und noch heute atmet das ursprünglich 25 000 m² große Areal, das 1930 durch den Anschluss an den Weilburgpark auf 42 000 m² erweitert wurde, den Geist jener Jahre. Zwar wurde das 100-m-Becken in zwei 50-m-Bassins geteilt, dafür gibt's zusätzlich zwei Schwefelwandl (34 °C) mit Massagedüsen, ein Kinderbecken sowie eine Wasserrutsche. Die Thermalwasserbecken werden mit Schwefelwasser aus der Marienquelle beschickt, die Sportbecken mit Normalwasser. Im Jahre 1993 wurden die Art-Deco-Fassade und die Eingangshalle originalgetreu renoviert, 1996 wurden Elemente eines modernen Erlebnisbades (Massageliegen, Strömungskanal, Bodengeysire) sanft integriert, was jedoch dem historischen Flair keinen Abbruch tut.

Denn allein die Prozedur in dem uralten **Umkleidekabinentrakt,** der herrlich nach Holz duftet, ist eine Zeitreise: Der Besucher bekommt keinen Schlüssel, sondern ihm wird von einer „Wärterin" (so heißen die Damen gemäß den alten Hinweistafeln tatsächlich!) ein Kästchen zugewiesen. Dann flüstert man dieser einen Buchstaben zu, den sie mit Kreide an die Innenseite des Kästchens schreibt. Nur wer

Thermalstrandbad Baden

zur Kästchennummer auch diesen „Losungsbuchstaben" weiß, dem sperrt sie die Tür bei Bedarf wieder auf. Wer zum ersten Mal hier ist und nur ein wenig Gefühl für Geschichte hat, würde sich nicht wundern, wenn ihm in der Garderobe Sigmund Freud oder Arthur Schnitzler entgegenkämen, so stilecht geht's hier zu.

Urlaubsstimmung am Sandstrand

Die Sandfläche zwischen dem Hauptgebäude und den Wasserbecken, die täglich frisch gerecht wird und ca. 30 cm hoch aufgeschüttet ist, bietet ausreichend Platz für einige hundert Wasserratten – allerdings empfiehlt es sich unbedingt, eigene Liegen mitzubringen. Der Sand dieses Strandes wurde aus einer Donaubucht bei Melk gewonnen. Dabei handelt es sich um echten Meeressand, eben Ablagerungen des Tertiär-Meeres.

Wer nicht im Sand liegen mag, weicht auf die Wiesenplätze bzw. über eine Brücke aus, welche die nebenan fließende Schwechat überquert und in den abgesperrten und nur den Badegästen zur Verfügung stehenden Weilburgpark mit reichlich Altbaumbestand führt. Hier stehen für sportlich Aktive Tischtennistische, Beach-Volleyball-, Basketball- und Badmintonplätze und ein Kinderspielplatz zur Verfügung. Freunde der nahtlosen Bräune werden die Sonnenterrassen zu schätzen wissen. Neben einem Restaurant und einer Eisdiele verfügt das Thermalstrandbad über eine weitere Besonderheit, die ihre Wurzeln in der Epoche ihrer Errichtung hat: Statt in ein Café setzt man sich hier in die Milchtrinkhalle bzw. den Schanigarten davor – das Frühstück dort ist übrigens empfehlenswert.

Da nimmt man schon in Kauf, dass es rund um das Thermalbad nicht wirklich viele Parkflächen gibt und man zuvor ein paar Runden um den Art-Deco-Bau gefahren ist ...

Thermalstrandbad Baden

FACTS

Information

Thermalstrandbad Baden, 2500 Baden bei Wien, Helenenstraße 19
Tel.: +43(2252)48 670; www.baden-bei-wien.at.
Gesamtfläche: 42 000 m²

Öffnungszeiten
1. Mai bis Anfang Oktober.

Wasseranalyse und Indikation/Gegenindikationen
Calcium-Natrium-Magnesium-Sulfat-Chlorid-Schwefelwasser aus 14 Quellen mit Temperaturen zwischen 30 und 36 °C, 4 Millionen Liter tägliche Schüttung.
Das Schwefelthermalwasser wird über die Haut und Schleimhäute in den Körper aufgenommen. Es greift in verschiedene Stoffwechselvorgänge ein und entfaltet dadurch seine heilende Wirkung. Die seit Jahrtausenden bewährte Schwefeltherapie hilft bei zahlreichen rheumatischen Krankheiten, bei „Abnutzungserscheinungen" der Wirbelsäule und bei Gelenkserkrankungen. Bewährt ist die Heilkraft des Schwefels auch bei der Rehabilitationsbehandlung nach Sport- und Unfallverletzungen, nach orthopädischen Operationen und zur vorbeugenden Behandlung.

Übernachtungsmöglichkeiten

Gediegene Hotels und familiäre Pensionen beherrschen das Stadtbild. Besonders hervorzuheben ist das **Grand Hotel Sauerhof**, ein Biedermeierpalais, das von Josef Kornhäusel 1820 wiedererbaut wurde, mit haubengekröntem Restaurant, eigener Kurabteilung und einer Marbert-Beauty-Farm. (2500 Baden, Weilburgstraße 11–13; Tel.: +43(2252)41 251-0; Fax: +43(2252)41 251-43 626; E-Mail: sauerhof@sauerhof.at; www.sauerhof.at. Weitere Infos: Tourist Information, 2500 Baden, Brusattiplatz 3; Tel.: +43(2252)22 600-600; Fax: +43(2252)22 600-80 733; E-Mail: info@baden.at; www.baden.at bzw. www.thermenregion.com.

Gastronomisches

Falls das Glücksspiel im Casino von Erfolg gekrönt war, darf man sich standesgemäß mit einem exquisiten Dinner in einem der Do&Co-Casinorestaurants verwöhnen lassen (**Do&Co Baden**, Kaiser-Franz-Ring 1; Tel.: +43(2252)43 502; Fax: +43(2252)43 502-430; baden@doco.com; www.baden.casinos.at).
Zu einem Baden-Bummel gehört ein Besuch in einem traditionellen Kaffeehaus, wie dem **Café Zentral** am Hauptplatz, in dem adrette Damen mit einem Kuchentablett ihre Kreise drehen und zum Mehlspeisenkonsum verlocken. (Hauptplatz 19; Tel.: +43(2252)48 454).
Und da man sich ja in einer historischen Weinkulturlandschaft befindet, sollte auch ein Ausflug zum Heurigen oder der Besuch der **Badener Hauervinothek** (Brusattiplatz 2; Tel.: +43(2252)45 640; www.hauervinothek.at) nicht fehlen.

Thermalstrandbad Baden

Noch ein Tipp für Besucher des Thermalstrandbades: Ein empfehlenswertes Restaurant mit Terrassen-Blick auf den Sandstrand des Bades ist die **Villa Nova** (1 Haube), Helenenstraße 19; Tel.: +43(2252)20 97 45; Fax: +43(2252)20 97 94; E-Mail: gut.essen@villanova.at; www.villanova.at. Küchenzeiten: Di–Sa 17.30–23.00 Uhr.

Natur & Freizeit

Sportliche Spannung verspricht ein Besuch der Badener Biedermeier-**Trabrennbahn**, dessen Gründung auf das Jahr 1893 zurückgeht (19 Renntage von Anfang Juni bis Ende August, Infos: Trabrennverein Baden, 2500 Baden, Wiener Straße 8; Tel.: +43(2252) 88 773; E-Mail: btv@trabenBN.co.at; www.trabenbn.co.at).

Veranstaltungen und Ausflugsziele

Kulturelles Highlight ist das **Badener Operettenfestival** in der Sommerarena, das alljährlich von Juni bis September drei verschiedene Operetten im Repertoire hat (Stadttheater Baden, 2500 Baden, Theaterplatz 7; Tel.: +43(2252)48 547; Fax: +43(2252)48 338-50; E-Mail: ticket@stadttheater-baden.at; www.stadttheater-baden.at).

Ein etwas skurriles Kunsterlebnis bietet das **Figurenkabinett Koryphäum,** in dem bedeutende Gemälde der Kunstgeschichte als Szenen mit lebensgroßen Figuren neu geschaffen wurden (Koryphäum im Haus der Kunst, 2500 Baden, Kaiser Franz Ring 7; Öffnungszeiten: Sa, So, Fei 10–12 und 14–18 Uhr).

Thermalbad Bad Vöslau

Die original erhaltene historische Badeanlage macht das Schwimmen in reinem Mineralwasser besonders reizvoll.

Bekannt ist das 30 km südlich von Wien gelegene Bad Vöslau durch sein marktbeherrschendes Mineralwasser. Dass man in diesem auch schwimmen kann, weiß jedoch nicht jeder. Doch schon die alten Römer hatten seinerzeit die Kunde vernommen, dass südlich von Vindobona heilendes Wasser aus der Erde kommt. Ein echter Kurort mit Brief und Siegel ist Vöslau allerdings erst seit genau 100 Jahren. Als 1904 die Bezeichnung nach langer Wartezeit endlich verliehen wurde, zählten Zelebritäten wie Adolf Loos, Peter Altenberg oder früher noch Johann Strauss zu den Stammgästen. Und noch heute begeistert die Badeanlage im Herzen der Stadt durch ihr historisches Ambiente und die ausgedehnten Parkanlagen.

Thermalbad Bad Vöslau

Plantschen im Mineralwasser-Jungbrunnen

Und genau das nostalgische Flair vergangener Zeiten ist es auch, was einen sommerlichen Besuch im Thermalbad Bad Vöslau zu einem Erlebnis macht. Sommerlich deswegen, weil in Vöslau zwar Thermalwasser, aber solches mit erfrischenden 24 °C aus den Quellen sprudelt und die Freiluftanlage daher nur zwischen Ende April und Ende September geöffnet ist.

Eröffnet wurde das Bad in seiner heutigen Form 1926, und – abgesehen von dem etwas mitgenommen wirkenden Zubau des Kurmittelhauses aus den Sechzigerjahren – genauso sieht es heute auch noch aus: vom halbrunden Portal mit Arkadengang, in dem die Schritte so richtig schön hallen, bis zu den wunderbar altmodischen Gebäuden für Kästchen und Kabinen.

Trotz des großbürgerlichen Ambientes sind die Eintrittspreise familienfreundlich. Kinder haben vor allem im vorderen, ca. 1000 m² großen Bassin, dem so genannten Blauen Becken, das auf 26 Grad ge-

Thermalbad Bad Vöslau

Eine Vöslauer Spezialität: die Kabanen

wärmt wird, viel Spaß. Die gesetzten Herrschaften wandern – vorbei an vier beeindruckenden Prügelduschen – eine Treppe höher auf die zweite Ebene zum Grünen Becken. Hier fließt reines Mineralwasser aus der 660 m tiefen Ursprungsquelle ohne jeden chemischen Zusatz in ein wunderbares, großes Naturbassin mit Kieselboden und einer kleinen Insel in der Mitte, das von alten Baumriesen umrahmt wird. In dieser vor allem an brütend heißen Sommertagen paradiesischen Schwimmoase leben Relikte aus der Tertiärzeit (70 Millionen bis 600 000 v. Chr.) – nein, nicht die vielen Pensionisten-Stammgäste, die hier offensichtlich einen Jungbrunnen gefunden haben, sind gemeint, sondern die kleine Schwimmschnecke „Theodoxus prevostianus", die sonst nirgends mehr vorkommt. Schwimmer und Schnecken koexistieren prächtig, letztere auch als Beweis für die fantastische Wasserqualität.

Eine weitere Einzigartigkeit des Bades sind die in mehreren Etagen errichteten **Kabanen,** die über dem Naturbecken thronen. Diese insgesamt 90 liebevoll in kleine Wochenendrefugien umgebauten Dauerkabinen sind 10 bis 20 m² groß und verfügen über Strom, Wasser und Terrasse. Die Wohnfläche ist zwar winzig, doch diese Kleinstwohnungen sind heiß begehrt, denn wer hat schon einen Mineralwasserpool aus Kaisers Zeiten vor der Haustüre?

Oase der Ruhe im Föhrenwald

Fantastisch ist auch das weitläufige Gelände, der so genannte **Marienpark,** der den Löwenanteil des insgesamt 45 000 m² großen Areals ausmacht. Dieser sich über den Kabinen- und Kabanenhäusern erstreckende Föhrenwald, der im Sommer mit herrlichem Duft betört, bietet auch bei großem Besucherandrang genügend Platz für alle, die sich eine ruhige, grüne Ecke suchen wollen.

Außerdem verfügt der Park über zwei Tennisplätze, eine Minigolfbahn, einen Beachvolleyballplatz, eine Bocciabahn, Tischtennistische und ein Waldbuffet. Von hier aus hat man zwischen den Bäumen einen wunderbaren Blick auf das sich unten erstreckende Wiener Becken. Wer nicht so weit in den Wald hinaufsteigen will, um sich etwas Gutes zu tun, der kann unten, direkt am Grünen Becken, im Restaurant, in einem kleinen Café oder einem Saunastüberl zuschlagen. Hier kommt schnell Urlaubsstimmung auf – wobei gesagt werden muss, dass manche Preise für das Gebotene doch ein wenig kühn sind.

Weiters bietet das Thermalbad im angeschlossenen Kurmittelhaus auch Massagen und eine Sauna an, was jedoch hauptsächlich von Stammgästen und Kabanenbesitzern in Anspruch genommen wird.

Ein eigener Kleinkinderbereich oberhalb des Naturbeckens mit Plantschbecken und Spielplatz runden das Bade-Angebot ab.

Wasser, Wald und Wein

Doch nicht nur Wasser und Wald prägen das Städtchen an der Thermenlinie, auch der Wein hat hier schon immer eine große Rolle gespielt. In zahlreichen Heurigenbetrieben kann man unter anderem den Vöslauer Roten probieren. Dieser Wein kommt eigentlich von der blauen Portugieserrebe, wird aber auch Vöslauer genannt, weil er hier so intensiv ausgepflanzt wurde.

Auch die österreichische Sektverarbeitung nahm in Vöslau ihren Ausgang, als im Jahre 1842 hier die Firma Schlumberger gegründet wurde. Wer sich intensiver darüber informieren will, dem sei der Besuch des Heimat-, Wein- & Sektmuseums empfohlen (2540 Bad Vöslau, Kirchenplatz 8; Tel.: +43(2252)761 35). Spaziergänge durch den Kur- und Schlosspark, Wanderungen durch die die Stadt umgebenden Föhrenwälder, Touren auf dem Thermenradweg entlang des Wiener Neustädter Kanals oder eine Mountainbikefahrt rund um den Harzberg sind als Freizeitbeschäftigungen zu empfehlen. Auf dem Harzberg steht die Kaiser-Franz-Josephs-Aussichtswarte, ein beliebtes Ausflugsziel, von dem man das gesamte Wiener Becken bis zum Leithagebirge und zum Schneeberg überblicken kann.

Doch das gemütliche Bad Vöslau befindet sich heute, 100 Jahre nach seine Ernennung zum Kurort, wieder in einer Phase entscheidender Entwicklungen. Der Bau des neuen Kurzentrums in der Nähe des alten Thermalbades als wesentlicher Impuls für die Zukunft ist voll im Gang.

Thermalbad Bad Vöslau

FACTS

Information
Thermalbad Bad Vöslau, 2540 Bad Vöslau, Maital 2
Tel.: +43(2252)762 660; www.thermalbad-voeslau.at
Wasserfläche: ca. 2000 m²; Gesamtfläche 45 000 m²

Öffnungszeiten
Ende April bis Ende September tägl. 8.00-19.00 Uhr; im Hochsommer bis 20.00 Uhr
Sauna: Di-Do 13.00-21.00 Uhr; Fr 10.00-21.00 Uhr; Sa 9.00-21.00 Uhr;
So 9.00-19.00 Uhr (Mo Ruhetag).

Wasseranalyse und Indikation/Gegenindikationen
Akrathotherme mit an die 600 mg Mineralien pro Liter und 24 °C
Indikationen: Übermüdungs- und Erschöpfungszustände, Herz- und Kreislaufstörungen, leichte rheumatische Erkrankungen, Regeneration, reversible Altersbeschwerden, Vorbeugung von Kreislaufschäden, Wiederherstellung im Bewegungsapparat, Vorbeugung und Nachbehandlung des Herzinfarkts, Verdauungsstörungen.

Übernachtungsmöglichkeiten
Informationen bei der **Kurverwaltung Bad Vöslau**, Tel.: +43(2252)707 43 oder im Internet unter www.badvoeslau.at. Zahlreiche Übernachtungsmöglichkeiten findet man auch im wenige Kilometer entfernten Baden bei Wien (siehe dort!).

Gastronomisches
Bei der großen Fülle von gemütlichen **Heurigen** eine Auswahl zu treffen ist ein schwieriges Unterfangen. Jeder Betrieb hat seine Spezialitäten und jeder Weinbeißer schwört auf sein Lieblingslokal. Stellvertretend für alle sei einer genannt: Beim **Fischer in Sooss** sitzt man in einem stilvoll gestalteten Garten in mediterraner Atmosphäre. Neben ausgezeichneten Barrique-Rotweinen gibt's hier die beste Ente weit und breit! Heuriger Fischer, 2500 Sooss, Hauptstraße 33; Tel.: +43(2252)87 130; E-Mail: christian@weingut-fischer.at; www.weingut-fischer.at (Aussteck-Zeiten beachten!).

Veranstaltungen und Ausflugsziele
Wer Bad Vöslau von oben sehen möchte, hat die Möglichkeit, mit einem Flugzeug vom Vöslauer Flugplatz abzuheben (**Flugplatz Vöslau**, 2540 Bad Vöslau; Tel.: +43(1)7007 9200; E-Mail: p.tiefbrunner@via.at; www.loav.at). Weitere Tipps siehe Kapitel → Baden!

Kristalltherme Bad Fischau-Brunn

Prickelnd kühles Badeerlebnis für die ganze Familie im denkmalgeschützten Jahrhundertwende-Ambiente.

Gut möglich, dass Sie die Kristalltherme Bad Fischau schon einmal gesehen haben, ohne je dort gewesen zu sein. Denn dieses 40 Autominuten südlich von Wien und 5 km westlich von Wiener Neustadt versteckte Kleinod sieht noch immer so aus wie bei seiner Eröffnung im Jahr 1900 und dient daher immer wieder als Kulisse für Filmproduktionen – zum Beispiel der „Comedian Harmonists". Trotz einer Generalsanierung im Jahr 2001, in deren Zuge ein modernes, auch im Winter benutzbares Wellnesscenter angebaut wurde, verbreitet das Freibad den nostalgischen Charme vergangener Sommerfrischetage.

Baden wie in der k u. k Monarchie

Das direkt im Ortszentrum von Bad Fischau hinter einer lang gestreckten Mauer bzw. einer unauffälligen Einfahrt gelegene historische Bad wartet mit einigen Besonderheiten auf: Zuerst einmal muss gesagt werden, dass es hier **Thermal- (natürliches Magnesium, Eisen, Mangan und Kalk), aber kein Warmwasser** gibt.

Denn das große, achteckige Naturbecken („Herrenbecken") mit feinem Kiesboden wird von einem Bach (die Quelle ist ein wenig weiter oben) gespeist und hat sommers wie winters 19 °C – an heißen Sommertagen ein Hit.

Der Beckeninhalt wird alle drei bis vier Stunden komplett erneuert, was natürlich eine unschlagbare Wasserqualität ohne ein Gramm Chemie ergibt. Und wirklich: In den Zu- und Abflussbereichen schwimmen launige Forellen, die sich pudelwohl fühlen. Das zweite große Becken, ein kreisrundes, ist ebenfalls ein Relikt aus der guten alten, aber sittenstrengen Zeit: Es ist das genauso 19 °C kühle „Damenbecken", denn seinerzeit hatten sich Frauen und Männer nicht im gleichen Bassin herumzutreiben.

Erwähnenswert ist auch die erfrischende „Quelldusche": Zwölf glitschige Stufen steigt man in eine mystische Höhle hinab, um sich dann unter einen eiskalt prickelnden Wasserfall zu stellen – der perfekte Genuss bei hochsommerlichen Außentemperaturen! Außerdem gibt es für Kinder ein kleines Bassin (ebenfalls nicht geheizt, aber ohne jegliche Chemie!), einen eigenen Spielplatz und einen Beachvolleyball-Platz. Altösterreichische Nostalgie (wenn man an heißen Tagen den Duft des alten Holzes atmet und die Augen schließt, spürt man, wie sich einst Schnitzler und Freud bei der Sommerfrische gefühlt haben müssen) und familiengerechte Ausstattung sind also kein Widerspruch.

Unter alten Kastanienbäumen lässt es sich auf den Kieswegen zwischen den Becken und den detailgetreu restaurierten Holzkabinen trefflich lustwandeln. Hinter den alten Holzgebäuden finden sich weitläufige, aber nicht endlose Liegewiesen. Wer selbst kein Klappbett mitgebracht hat, kann sein Badetuch auf einer der zahlreichen alten Holzpritschen ausbreiten.

Imperiales Wellnessvergnügen
Während der Freibadbetrieb naturgemäß auf die Sommersaison beschränkt ist, haben die modernen, aber den nostalgischen Gesamteindruck keineswegs beeinträchtigenden Wellnesseinrichtungen und das Café-Restaurant ganzjährig offen. Zu ersteren gehören finnische Sauna, Biosauna, Dampfbad, Solarium und Massageangebote. Ein ganz besonderes Erlebnis ist es, im Winter nach der Sauna das große Schwimmbecken mit seinem 19 °C „warmen" Quellwasser als Tauchbecken zu benutzen.

Das Café-Buffet bietet eine gute Auswahl an Speisen, Salaten und Imbissen – besonders nett ist ein Start in den imperialen Badetag mit einem vorzüglichen Frühstück inklusive Blick auf das langsam einsetzende Badetreiben. Während der Freibadesaison steht auch ein Pavillon mit Restaurantbetrieb mitten im Thermalbad zur Verfügung.

Kristalltherme Bad Fischau-Brunn

Obwohl das Wasser mit seiner kühlen 19 °C nicht jedermanns Sache ist, so ist es doch für Viele ein Segen: Menschen, die zu allergischen Hautreaktionen neigen, Venenbeschwerden haben oder unter hoher Stressbelastung leiden, fühlen sich hier ganz besonders wohl.

Und das schon seit langer Zeit: Die Thermalquellen, die die Schwimmbecken speisen und schon von den Römern genutzt wurden, hatten bereits ab dem 14. Jahrhundert große Bedeutung. 1872 wurde dann ein Freibad errichtet, das 1858 in den Besitz von Erzherzog Rainer kam. Dieser gestaltete das Bad mit Hilfe stilsicherer Architekten und unter Einsatz durchaus nennenswerter finanzieller Mittel zu einer der romantischsten Bäderlandschaften der Jahrhundertwende um. Bei seiner Eröffnung im Jahre 1900 gehörte es noch den Habsburgern, während es sich nun im Besitz der Gemeinde Bad Fischau-Brunn befindet. Es präsentiert sich jedoch heute noch genauso wie damals – ein Glücksfall für nostalgische Gemüter.

FACTS

Information

Kristalltherme Bad Fischau-Brunn, 2721 Bad Fischau-Brunn, Hauptstraße 10
Tel. und Fax: +43(2639)22 22; E-Mail: info@kristalltherme.at;
  www.kristalltherme.at
Wasserfläche: 850 m²; Gesamtfläche 14 000 m²

Öffnungszeiten

1. Mai–30. September tägl. 9.00–19.30 Uhr; 15. Juni–15. August tägl. 9.00–20.00 Uhr

Kristalltherme Bad Fischau-Brunn

Wasseranalyse und Indikation/Gegenindikationen
Heilwasser mit Magnesium, natürlichem Chlor, Eisen, Mangan und Kalk.
Für Menschen mit Hautallergien, Venenleiden und Regenerationsbedarf geeignet.

Gastronomisches

Direkt in Bad Fischau gibt es den rustikalen **Hubertushof** der Familie Fromwald, die auch Komfortzimmer anbietet. Hubertushof, 2721 Bad Fischau-Brunn, Wiener Neustädter Straße 20; Tel.:+43(2639)22 09; Fax: +43(2639)22 09-4; E-Mail: hubertushof@fromwald.com; http://members.aon.at/hfromwal/.
Den Idealfall eines Landgasthauses mit gemütlichem Schankraum und schönem Garten findet man im nur 6 km entfernten Winzendorf. Der **Schmutzer** ist mit zwei Hauben gekrönt und so nebenbei Käse-Affineur 2003. Landgasthaus Schmutzer, 2722 Winzendorf, Hauptstraße 12; Tel.: +43(2638)222 37;
Fax: +43(2638)222 37-4; www.gasthaus-schmutzer.at.

Natur & Freizeit

Ein Ausflugziel für die ganze Familie ist der **Naturpark Hohe Wand** (Mautstraße!), der neben Wanderwegen und Klettersteigen auch andere Attraktionen bietet. Wildgehege, Spielplatz, Streichelzoo, Alpin- und Heimatmuseum, Kohlenmeiler, ein Aussichtsturm und der Skywalk, eine in den Fels gebaute Aussichtsterrasse, von der man fast senkrecht in die Tiefe blickt – das sind Ziele für gleich mehrere Ausflüge. 15 Betriebe, von denen auch einige Gästezimmer anbieten, sorgen fürs leibliche Wohl. Infos: Gemeinde Hohe Wand, 2724 Hohe Wand; Tel.: +43(2638)88 348-1; Fax: +43(2638)88 348-2; www.naturpark-hohewand.at.
Abenteuer pur erlebt man bei der Besichtigung des Naturdenkmals **Eisensteinhöhle.** Während der einstündigen Führung wird mit beigestelltem Overall, Helm und Gummistiefeln in der Schachthöhle auf festen Eisenleitern bis zur Thermalquelle abgestiegen. Zur Beleuchtung dienen Karbidlampen. Führungen von 1. 5. bis Ende Oktober an jedem 1. und 3. Wochenende im Monat (Kinder erst ab 10 Jahren). Infos: Gerhard Winkler, Tel.: +43(2639)75 77; www.schauhoehlen.info/eisenstein.html.

Veranstaltungen und Ausflugsziele

Der Verein FORUM im **Schloss Bad Fischau** ist Impulsgeber in Sachen Kunst und Kultur. Die Kulturwerkstätte und die Blau-Gelbe Viertelsgalerie bieten ein ideenreiches kulturelles Programm mit Ausstellungen, Lesungen, Musikabenden und Kunsthandwerksmärkten. FORUM Bad Fischau-Brunn, 2721 Bad Fischau-Brunn, Wiener Neustädter Straße 3; Tel.: +43(2639)23 24; Fax: +43(2639)23 29; E-Mail: art@schloss-fischau.at; www.schloss-fischau.at.
Wild-West-Romantik für Groß und Klein versprechen die **Karl-May-Festspiele**, die jeden Sommer im ehemaligen Kalksteinbruch in Winzendorf stattfinden. Karl May Westernstadt Winzendorf, 2722 Winzendorf, Kalkmetzen 51; Tel.: +43(2638)220 00; www.karlmayfestspiele-winzendorf.at.

Therme Laa

Architektonisch gelungenes Wellness-Aushängeschild des nördlichen Weinviertels, das familienfreundliches Badevergnügen und Entspannung für Jung und Alt unter eine Badehaube bringt.

In Laa an der Thaya, eine Autostunde nördlich von Wien nahe der tschechischen Grenze, liegt die im Oktober 2002 eröffnete „Therme der Sinne" – ein Vorzeigeprojekt, das der strukturschwachen Grenzregion zu großer Aufwertung verhalf. Der Besucherandrang ist enorm; immerhin zählt die Therme zu den architektonisch am besten durchdachten und ästhetisch anspruchsvollsten Badetempeln Österreichs, der durch allerlei Besonderheiten wie trendige Licht- und Toneffekte, einen asiatischen Ruheraum oder ein Thermen-Kino zusätzlich punktet.

Spaßiges sowie sinnliches Warmwasservergnügen

Die Laaer Therme ist modern, ohne modisch zu sein. Sie wirkt durch die Verwendung von Braun- und Terracotta-Tönen sowie Holz und die angenehmen Beleuchtung sehr warm und heimelig, trotz des vielen Glases und mattierten Edelstahls. Obwohl die Anlage nur durchschnittlich groß ist, haben es die Planer geschafft, vielen verschiede-

Therme Laa

nen Ansprüchen gerecht zu werden und den Raum perfekt zu nutzen, ohne dessen Großzügigkeit einzuschränken: Für die **aktive Klientel** gibt es (abgesehen von einem Sportbecken im Freien, das aber nur in der warmen Jahreszeit in Betrieb ist) ein großes Innenbecken (34 °C) mit Wildwasserkanal und Massagebänken, ein Massagebecken im Freien (34 °C) sowie eine tolle **Kindererlebnislandschaft**. Hier wird kostenlose Kinderanimation mit pädagogisch geschulten Mitarbeiterinnen angeboten. Volle Action garantiert die beinahe 90 m lange Wasserrutsche Fantasia mit ihren Sound- und Lichteffekten, die von Groß und Klein auch gerne angenommen wird. Sehr positiv: Das märchenhafte Kinderland ist räumlich und akustisch von der Thermenhalle getrennt.

Wer es ruhig liebt, der taucht in das 36 °C warme **Solebecken im Außenbereich** ein. Besonders lauschig ist es hier am Abend: Das Wasser ist in wechselnden Farben beleuchtet, leise Musik erklingt – auch unter Wasser. Aufgrund des hohen Salzgehalts können die Badegäste wie im Toten Meer problemlos auf dem Rücken treiben, die Entspannungsklänge genießen und hinauf in den Sternenhimmel schauen – ein einmaliges Erlebnis, bei dem die von den Betreibern angestrebte Vision vom „Baden in Licht und Musik" tatsächlich Wirklichkeit wird.

Gut gelöst ist auch die Liegen-Frage. Da über der Schwimmhalle noch zwei offene Ebenen eingebaut sind, ist hier Platz für reichlich Liegestühle. Allerdings kann es an Hochbetrieb-Tagen schon einmal vorkommen, dass trotzdem alles belegt ist. Bei unserem Besuch war dies der Fall, doch das Thermenmanagement erwies sich als erfreulich flexibel und wandelte den Gymnastikraum (für den am Sonntag keine turnerischen Aktivitäten vorgesehen sind) kurzerhand in eine weitere Ruhezone um. Wer jedoch rechtzeitig kommt, sollte sich auf jeden Fall einen Platz im **asiatischen Ruheraum** sichern: In 18 Kojen mit anatomisch geformten Liegen und eigenem Leselämpchen lauscht man entspannender Musik – wirklich ein Genuss! Eine weitere Attraktion stellt das **Thermen-Kino** (das allerdings trocken betreten werden muss) dar: Auf bequemen Fernsehsesseln kann man hier aktuelle TV-Sportübertragungen oder familiengerechte Filme auf einer Leinwand samt Top-Sound genießen.

Asiatisches Wellnessfeeling

Exklusiv und einfallsreich ist auch der 1500 m² große **Saunabereich** gestaltet, der für bis zu 200 Gäste konzipiert ist. Wer durch das Drehkreuz schreitet, klinkt sich in eine mitunter sehr dicht besuchte, dennoch intime und ruhige Schwitzwelt ein, die alles bietet, was es an heißen (und kalten) Attraktionen gibt: diverse Saunen (Burgsauna mit 90 °C, finnische Sauna, Aroma-Tempel mit 40 °C), ein Dampfbad und

Therme Laa

ein Soledampfbad mit Gradierwerk und Sole-Vernebler, ein Eisiglu und ein Eisbrunnen, Sprudelbecken und Kneipp-Gang. Überall duftet es herrlich nach heißem Saunaholz, und auch hier ist die schlichte, äußerst ästhetische architektonische Gestaltung hervorstechend – vor allem der Außenbereich ist sehr gelungen. Mit seinem in einen Teich eingebetteten Tauchbecken erinnert er an einen japanischen Garten.

Im ersten Stock des Saunaturms kann die ausgeschwitzte Flüssigkeit an einer kleinen, aber feinen Bar ergänzt werden. So gestärkt, kann sich der rechtschaffen erschöpfte Gast der nettesten Ruheattraktion des Saunabereichs stellen: den beiden **Panta Rhei Ruheräumen.** Das sind höhlenartig gestaltete und mystisch ausgeleuchtete runde Zimmer, in denen je sieben Wasserbetten stehen. Panta Rhei heißt „alles fließt", und wer sich nach zwei Minuten auf den körperwarmen, sanft schaukelnden Matratzen nicht wie im Siebten Himmel fühlt, ist entweder aus Stein oder bereits scheintot.

Doch in Laa sollen nicht nur die Sinne belebt werden, sondern auch der Körper, weshalb in der stimmungsvollen Vital-Oase Kosmetikbehandlungen, Massagen, Hydrobäder und Schönheitspackungen im Wasserbett auf dem Programm stehen (für jede konsumierte Leistung in der Vital-Oase erhält man übrigens eine Zeitgutschrift). Vier Solarien, eine WATSU-Therapeutin und das Aktiv-Center, in dem Entspannungs- und Gymnastikübungen angeboten werden, ergänzen das Angebot. Zudem werden die Thermengäste mehrmals täglich zur kostenlosen Wassergymnastik aufgefordert. Und damit auch der Geschmackssinn nicht zu kurz kommt, bietet das Selbstbedienungsrestaurant Toscanino leichte Küche und regionale Spezialitäten.

Therme Laa

Andrang auch im Sommer

Aufgrund ihrer vielfältigen Angebote und wohl auch weil sich weit und breit keine Konkurrenz befindet, hat sich die „Therme der Sinne" schnell zum Publikumsmagneten ersten Ranges gemausert, zu dessen Besuch nicht einmal ein Auto erforderlich ist, denn der Bahnhof liegt ganz in der Nähe. Wer schon vor Anreise wissen möchte, ob ihn Menschenmassen erwarten, kann auf der Homepage der Therme Laa (siehe unten) stets aktuell nachlesen, wie viele Besucher bereits da sind.

Möglich wird das durch ein durchgängiges Computersystem: Der Gast erhält an der Kasse sein Chipband, auf dem Badezeit, Konsumationen und etwaige Mehrleistungen (zum Beispiel die einmalige Aufzahlung, sobald man den Saunabereich betritt) gespeichert sind. Bezahlt wird erst beim Verlassen des Bades. Ist die Sicherheitsgrenze von 930 Badegästen erreicht, werden nur so viele Besucher eingelassen, wie die Therme verlassen. Das kommt vor allem in Ferienzeiten vor, doch auch hier hat sich die Thermenleitung ein optimales Service einfallen lassen: Jeder wartende Gast kann sich mit seiner Handynummer im Computer eintragen. Wenn er dann an der Reihe ist, bekommt er eine automatische SMS und hat die Möglichkeit, innerhalb von 30 Minuten seinen reservierten Platz wahrzunehmen.

Eine weitere Besonderheit tritt im Sommer in Kraft. Die so genannte Sommer-Lagune (1. Juni bis 31. August) wird als Freibad in der Therme geführt und verfügt über einen eigenen Eingang, Umkleidekabinen, Liegestühle, Sonnenschirme und ein großes Sommerbecken. Dem Sommer-Thermen-Gast werden dabei nicht nur verschiedene Aktivitäten und Events im Freien, sondern auch ein eigener Sommer-Badetarif geboten.

Therme Laa

Zusätzlich wurde ein Gesundheits- und Ärztezentrum eröffnet, das durch einen Bademantelgang mit der Therme verbunden ist und medizinische Vorsorgeuntersuchungen in den Mittelpunkt stellt, aber auch Ernährungsberatung, kosmetische Chirurgie und vieles mehr anbietet. (Gesundheits- und Vitalzentrum Laa; Tel.: +43(2522)840 84; www.gesundheitszentrumlaa.at).

Das Land um Laa

Laa an der Thaya scheint trotz seiner Lage im Weinviertel unübersehbar vom Bier geprägt zu sein – keine Ecke ohne Werbetafel für das hier gebraute Hubertusbräu; es gibt sogar ein eigenes Biermuseum. Doch das ist nicht alles, was die seit dem Bau der Therme erst so richtig bekannt gewordene Grenzstadt und ihre Umgebung zu bieten haben. Laa selbst, das von den Babenbergern 1230 als Festung angelegt und zur Stadt erhoben wurde, verarmte im 30-jährigen Krieg völlig und erlebte erst durch die Thayaregulierung im 19. Jahrhundert eine neue Blüte, die jedoch nach dem Zweiten Weltkrieg wegen seiner Lage am Eisernen Vorhang wieder zunichte gemacht wurde. Erst mit der Beseitigung der Stacheldrahtsperren 1989 und der gleichzeitigen Öffnung für den Radtourismus ging es wieder aufwärts.

Mit seinen mittelalterlichen Bauten wie dem Alten Rathaus (Weinmarkt, Tourismusinformation), der Mariensäule, dem Bürgerspital oder der Burg ist es jedenfalls einen historischen Rundgang wert. Und gut ausgeschilderte Wander-, Rad und Reitwege sowie eine Anzahl von Burgen, Ruinen und Naturdenkmälern und allerlei verträumte Kellergassen laden die ganze Familie zur Entdeckung der Umgebung ein.

Dem einzigen Manko, dem Fehlen geeigneter Übernachtungsmöglichkeiten in Thermennähe, wird auch bald Abhilfe geschaffen: Im März 2004 hat der Bau eines Vier-Sterne-Hotels mit direktem Zugang zur Therme begonnen, das Ende 2005 fertig sein soll.

FACTS

Information

Therme Laa, 2136 Laa an der Thaya, Thermenplatz 1
Tel.: +43(2522)847 00-260; Fax: +43(2522)847 00-109;
  Vital-Oase: +43(2522)847 00-400; www.therme-laa.at.
Gesamtfläche 60 000 m²; Wasserfläche: ca. 2000 m²; 890 Liegestühle, im Sommer zusätzlich 500
  Babys dürfen auch in die Therme, müssen aber wasserdichte Schwimmwindeln tragen. Kinder unter 14 Jahren haben keinen Zutritt zu den Saunen, Zutritt zur Therme nur in Begleitung eines Erwachsenen.

Therme Laa

Öffnungszeiten
Therme und Sauna: tägl. 9.00–22.00 Uhr
Vital-Oase: tägl. 9.00–19.00 Uhr
Betriebssperre: 24. 12.

Wasseranalyse und Indikation/Gegenindikationen
Natrium-Chlorid-Jod-Mineral-Quelle
Die Therme Laa ist keine Kuranstalt. Ihre Ausrichtung zielt auf die Faktoren Erholung vom Alltag, Entspannung und Sich-Verwöhnen-Lassen. Die proaktive Förderung von Gesundheit steht dabei im Vordergrund. Bei Kreislaufproblemen ist es eventuell notwendig, sich vor dem Besuch einer Therme beim Arzt zu informieren.

Gastronomisches
Martin Weiler, der als Toni Mörwalds Küchenchef in Feuersbrunn den Kochlöffel schwang, hat das elterliche Gasthaus übernommen und zu einer vorzüglichen Einkehrstation gemacht (**Gasthof Weiler**, 2136 Laa/Thaya, Staatsbahnstraße 60; Tel. & Fax: +43(2522)23 79; E-Mail: martin.weiler@direkt.at).

Natur & Freizeit
Vom **Buschberg** (492 m) inmitten des 40 km² großen Naturparks Leiser Berge genießt man einen herrlichen Rundblick über das Weinviertel. Infos über den Naturpark im Naturparkbüro im Gemeindeamt Gnadendorf (2152 Gnadendorf, Tel.: +43(2522)640 41 (8-12 Uhr); Fax: +43(2522)70 70-20;
E-Mail: naturpark.leiserberge@aon.at; www.naturparke.at).
Ein weiteres Highlight für Naturfreunde ist der ca. 50 km entfernte **Nationalpark Thayatal** an der österreichisch-tschechischen Grenze. Die Flusslandschaft der Thaya, 40 Jahre am Eisernen Vorhang gelegen, ist als ein nahezu unberührtes Naturgebiet erhalten geblieben. Auskünfte: Nationalparkhaus Thayatal (2082 Hardegg; Tel.: +43(2949)70 05-0; Fax: +43(2949)70 05-50;
E-Mail: office@np-thayatal.at; www.np-thayatal.at).

Veranstaltungen und Ausflugsziele
Im Land um Laa gibt es zahlreiche geheimnisvolle **Weinkeller,** die am besten bei einer professionellen Kellergassenführung oder einem der zahlreichen Kellergassenfeste zu entdecken sind. Genannt seinen die Keller am Galgenberg von Wildendürnbach, die Loamgrui bei Unterstinkenbrunn oder die romantischen Kellerviertel in Falkenstein oder Ameis. Infos beim Tourismusverein „Das Land um Laa" (2136 Laa/Thaya, Stadtplatz 17; Tel. & Fax: +43(2522)25 01-29;
E-Mail: tourismus@laa.at; www.laa.at und www.landumlaa.at).

Sonnentherme Lutzmannsburg-Frankenau

Perfekter Thermenspaß für Familien mit Babys und Kindern aller Altersgruppen – aber auch Erholungsbedürftige kommen nicht zu kurz!

Nur einen Steinwurf von der ungarischen Grenze entfernt, eingebettet in die sanfte Landschaft des Mittelburgenlands ist in den letzten zehn Jahren ein modernes und ständig wachsendes Thermal- und Hoteldorf entstanden. Eine Autostunde von Wien bzw. Graz entfernt, liegt Österreichs führende Baby- und Kindertherme, die Sonnentherme Lutzmannsburg-Frankenau.

Der Name kommt nicht von ungefähr – die meteorologische Statistik weist an 300 Tagen im Jahr Schönwetter in dieser Region nach. Sonne und Wein bestimmen hier das Lebensgefühl, das Gebiet ist die Heimat des Blaufränkischen. Diese unberührte Erholungslandschaft lässt sich am besten im Rahmen von Rad- oder Inline-Skating-Touren erkunden.

Großer Thermenspaß selbst für die Allerkleinsten

Passiert der Besucher den idyllischen Ort Lutzmannsburg Richtung ungarische Grenze, glaubt er, unvermittelt in der tiefsten Puszta zu

Sonnentherme Lutzmannsburg-Frankenau

landen. Doch nach ein paar hundert Metern trifft er auf die im Jahre 1994 eröffnete Thermalanlage, die zu einer der schönsten und innovativsten Ostösterreichs gehört und deren Konzept äußerst ansprechend ist: Hier wird nämlich nicht nur auf die Bedürfnisse der Erwachsenen eingegangen.

Bereits am Eingang ist für den Besucher unübersehbar: In der Sonnentherme Lutzmannsburg sind auch Babys willkommen! Hinter der Kasse warten Leih-Buggys und ein eigener, kinderwagentauglicher Lift führt in den Umkleidebereich (auch der eigene Kinderwagen kann mit Reifenschonern in die Therme mitgenommen werden). Dort gibt's dann eine Mutter-Kind-Garderobe, ausklappbare Wickeltische, Babychairs an den Wänden und Kinder-Toiletten – eine kinderfreundliche Bade-, Wellness- und Freizeitwelt, wie man sie hierzulande suchen muss.

Temperatur (36 °C) und Zusammensetzung des Thermalwassers machen das Plantschen für Säuglinge in Österreichs einziger **Babyworld** einzigartig. In dieser 1500 m² großen Badelandschaft ist für die Kleinsten mit sanft abgestuften Babypools, Kinderspielbecken, einer Babyrinne, Bubble Pool, Wickel-Dom, Still-Waben, einem Delphinarium, einem eigenen Kids-Dampfbad und einer Kids-Sauna (Temperatur von 35–45 °C) für Abwechslung gesorgt. Der Außenbereich bietet ein sonnengeschütztes Becken, einen schattigen Sandspielplatz, einen Erlebnisspielpark und weitläufige Grünflächen.

Größeren Kindern und jung gebliebenen Großen steht der **Aktivbereich Funny Waters** zur Verfügung: Hauptattraktion ist der Rutschturm mit Lift zu den längsten Indoor-Rutschen Europas, genannt Speedy und Twister (202 und 141 m lang). Ein Wellenbecken, der Wildwas-

serkanal, eine geheimnisvolle Grotte, die Sprungbrett-Brücke und ein Erlebnis-Außenbecken (35 °C, im Sommer 32 °C) sorgen für actiongeladenen Thermenspaß. Und wer lieber im Trockenen herumtobt, dem stehen im Freien ein Rasenfußballplatz und zwei Beachvolleyball-Plätze zur Verfügung. Durchdachte Annehmlichkeiten wie Gehschulen, Wippen, eigene Kinderliegen, ein Spielzimmer, ein Kinderschlafraum und Kinderbetreuung (Montag bis Freitag im Kinderspielzimmer) tragen dazu bei, den Badebesuch für die ganze Familie möglichst stressfrei zu gestalten. Und das ganzjährige Gratis-Programm für Babys und Kids wartet mit besonderen Ideen und Attraktionen wie Babymassage, Beauty for Kids oder einer Zirkusschule auf.

Entspannungsbereich für Ruhe Suchende

Dass es in den angeführten Badebereichen bei vollem Haus ziemlich laut wird, liegt in der Natur der Sache. Daher gibt es eine Alternative: In die **Ruhetherme Body & Soul,** für die man allerdings einen Aufpreis zahlen muss, dürfen Kinder erst ab 16 Jahren hinein. Dafür erwartet den Besucher eine Liegestuhlgarantie (höchstens 260 Gäste) und eine unglaublich entspannende Atmosphäre: Die lichtdurchflutete, in harmonischen Farben gestaltete Halle lädt zum Lesen und Träumen ein. Das 400 m² große Thermalbecken (Wassertemperatur 35 °C) verfügt über einen Innen- und Außenbereich und ist mit Massagedüsen und Schwallbrausen ausgestattet. Im Sommer kann man in einem schönen Thermengarten inmitten von Rosen- und Lavendelbüschen relaxen, Riesenschach, -mühle und -dame oder Boccia spielen (Bocciakugeln gegen Kaution beim Bademeister erhältlich!).

Die **Saunawelt** der Sonnentherme spielt alle Stückerln: Drei finnische Saunen (zwei Außen- und eine Innensauna), ein Dampfbad, ein Aromadampfbad, eine Kräuter- und eine Lichtsauna erfüllen alle Wünsche der Profischwitzer. Eine besondere Attraktion sind die Erlebnisaufgüsse (Honig-, Meersalz-, Vitamin- bzw. Frischeaufguss), die am Wochenende in der großen finnischen Außensauna gratis stattfinden. Achtung: Wegen des großen Andrangs muss man sich für diese Aufgüsse einen Kupon beim Badepersonal holen!

Die erforderlichen Ruhepausen zwischen den Schwitzgängen können in der kalten Jahreszeit vor dem Saunakamin oder im Ruheraum verbracht werden – im Sommer laden die Sonnenterrasse oder der Saunagarten zur Erholung ein. Das Angebot der Saunawelt wird durch ein Tauchbecken, einen großen Outdoor-Whirlpool, einen Indoor-Whirlpool und einen Kneippgang abgerundet. Steht dem nun entspannten Badegast der Sinn jedoch nach Aktivität, kann er ein paar Längen im großen Outdoor-Sportbecken abspulen oder am Animationsprogramm der Therme teilnehmen (Aqua Fitness, Aqua Jogging).

Sonnentherme Lutzmannsburg-Frankenau

Das Massageangebot umfasst von der klassischen bis zur Akupunkturmassage alles, was gut tut. Ebenfalls vor Ort: eine Kosmetikabteilung mit einem kompletten Angebot an Schönheitsprogrammen, ein Friseursalon sowie vier Solarien.

Auch **Hungrige** kommen in der Sonnentherme voll auf ihre Kosten. Im Sunny Side Restaurant, dem großen Selbstbedienungsbereich mit Nichtraucherzone, können auch mitgebrachte Speisen verzehrt werden – was durchaus nicht in allen Thermen üblich ist. Auch hier ist man auf die kleinsten Gäste gut vorbereitet: Breie und Säfte aus dem Gläschen, aber auch frische Babykost werden angeboten; Hochstühle und eine Wärmstation stehen zur Verfügung. Eine moderne Wok-Küche, Grillplatz und Eisinsel, täglich frische Salate, Säfte und Kuchen sorgen bei den ausgewachsenen Essern für kulinarische Abwechslung.

Im Bedienungsrestaurant Pizza & Pasta stehen hauptsächlich Nudelgerichte und Salate auf der Speisekarte. Weiters gibt es das Café Pavillon, das speziell für die Gäste der Ruhetherme errichtet wurde, und eine Saunabar. Alle gastronomischen Bereiche können nur von den Gästen des Thermalbades besucht werden.

Durchs Mittelburgenland rollen und radeln

Auch was die Angebote außerhalb der Therme betrifft, ist die Gegend in und um Lutzmannsburg innovativ. So wurde mit der **Rolling Area** eine Attraktion für Skater geschaffen. Auf drei verschiedenen, feinst asphaltierten Routen (alle starten bei der Sonnentherme – die längste erstreckt sich über 17 km) kann ordentlich Gas gegeben werden. Abseits des Straßenverkehrs, auf größtenteils völlig ebenen Wegen, rollt man entlang des Flusses Rabnitz durch Weingärten, Felder und Wiesen, wobei auf die Sicherheit der Strecken großer Wert gelegt wurde. Ein eigenes Leitsystem weist den richtigen Weg, Stopp-Tafeln und Bodenmarkierungen entschärfen Kreuzungen, und Straßenkehrmaschinen halten die Wege sauber. Eigene Karten (gratis im Infobüro der Therme erhältlich) helfen bei der Routenplanung; die Skaterwirte entlang der Strecke laden zu stärkenden Boxenstopps ein. Und im Winter 2004/2005 soll sich der Skater-Park neben der Therme erstmals in einen Eislaufplatz verwandeln.

Auch **Radfahrern** wird einiges geboten, denn verschiedenste Routen durchqueren das Mittelburgenland. Ob flache Wege, anspruchsvolle Touren, Strecken entlang kultureller Sehenswürdigkeiten oder Cross-Country-Strecken – für jeden Biker ist etwas dabei (Radkarten im Infobüro der Therme).

Wer lieber per pedes unterwegs ist, der hat die Qual der Wahl zwischen zahlreichen markierten Wanderwegen: Der grenzüberschreitende **Naturpark Geschriebenstein-Iröttkö,** mit dem „höchsten"

Sonnentherme Lutzmannsburg-Frankenau

Die längsten Indoor-Rutschen Europas

Berg des Burgenlandes, dem Geschriebenstein (884 m), ist eines der größten zusammenhängenden Waldgebiete Ostösterreichs. Die Wanderwege im **Naturpark Landseer Berge** führen meist zur Ruine Landsee (Infos: www.burgenland.at/naturparke). Die gewaltige Burgruine samt Aussichtsturm erinnert an die einst größte Wehranlage Mitteleuropas und stammt aus dem 12. Jahrhundert. Für botanisch Interessierte lohnt sich ein Abstecher zu den Uralt-Kastanienbäumen von Liebing (Großgemeinde Mannersdorf), die Maria Theresia vor 250 Jahren pflanzen ließ.

Zahlreiche **Burgen und Burgruinen** zeugen von vergangener Macht und Stärke. Erwähnt sei im Besonderen die sagenumwobene Burg Lockenhaus, der letzte Zufluchtsort der Ritter des Templerordens. Heute dient sie als Rahmen für zahlreiche Veranstaltungen, beliebt sind die Ritteressen und die Greifvogelstation mit Flugvorführungen. Auch **Kirchen und Klöster** sind besuchenswert, allen voran das Kloster Marienberg, das bereits 1194 gegründet wurde. Allerlei kleine, liebevoll zusammengetragene **Sammlungen** gilt es zu entdecken, wie das Liszt-Museum in Raiding oder das Korbflechtmuseum in Piringsdorf. Wie überhaupt das Mittelburgenland über eine lange Handwerkstradition verfügt. Davon zeugen auch die Töpfer-Kunst in Stoob und der textile Blaudruck in Steinberg.

Sonnentherme Lutzmannsburg-Frankenau

Entdeckungen im Blaufränkischland

Auf eine jahrtausendealte Tradition blickt in dieser Region die Zunft der Winzer zurück. Schon die Illyrer, Kelten und Römer betrieben hier Weinbau und legten den Grundstock für die heutige Hochburg des österreichischen Rotweins. Die Rebsorte Blaufränkisch dominiert heute die Gegend – im österreichischen Weingesetz wird das Weinanbaugebiet Mittelburgenland als Blaufränkischland bezeichnet.

Von den hervorragenden Qualitäten des fruchtigen **Rotweins** sollte man sich am besten bei der Verkostung in einer Vinothek oder bei einer Buschenschank überzeugen („Die Vinothek" direkt am Thermengelände; Buschenschenkenführer in der Sonnentherme erhältlich). Um das leibliche Wohl der Gäste kümmert sich neben den urigen Buschenschenken vor allem die Vereinigung der mittelburgenländischen Schmankerlwirte. Diese Betriebe kredenzen vor allem traditionelle Speisen, wobei jedes Gasthaus sein besonderes Hausschmankerl bietet. Als Beispiele seien hier nur der Supperwirt in Oberloisdorf oder das Gasthaus der Familie Hutter in Rattersdorf erwähnt. Doch auch in Lutzmannsburg selbst wird man auf der Suche nach guter Verpflegung fündig.

FACTS

Information

Sonnentherme Lutzmannsburg Frankenau, Thermengelände 1, 7361 Lutzmannsburg
Tel.: +43(2615)87 171; Fax: +43(2615)87 171-20; Kosmetik: +43(2615)87 171-165;
Massage +43(2615)87 171-166; Friseur: +43(2615)87 908
E-Mail: info@sonnentherme.at; www.sonnentherme.com.
Wasserfläche 2200 m²; Gesamtfläche ca. 44 000 m²

> Die Therme verfügt über ca. 1600 Liegen und 500 Parkplätze. Wenn alle Liegen im Innenbereich vergeben sind, wird vorübergehend gesperrt, was an ca. 50 Tagen im Jahr passiert (Feiertage, Wochenende, Fenstertage vor allem bei Schlechtwetter). Kinder dürfen in die Badebereiche Babyworld und Funny Waters ab 0 Jahren, in den Bereich Body & Soul ab 16 Jahren. Erwachsensenaunawelt ab 16 Jahren, eigene Kindersauna und -dampfbad ab 3 Jahren.

Öffnungszeiten
Babyworld: Mo bis So 9.00–20.00 Uhr
Funny Waters (Erlebnistherme): Mo-Do, So 9.00–21.00 Uhr; Fr & Sa 9.00–22.00 Uhr
Body & Soul (Ruhetherme): Mo-Do, So 9.00–21.00 Uhr; Fr & Sa 9.00–23.00 Uhr
Saunawelt: Mo-Do 10.30–22.00 Uhr; Fr & Sa 10.30–23.00 Uhr; So 10.30–21.00 Uhr
Für die Ruhetherme Body & Soul ist ein Aufpreis zu bezahlen!
Geschlossen: Alljährliche Revision kurz vor Weihnachten (ca. 17. bis 25. Dezember).

Sonnentherme Lutzmannsburg-Frankenau

Wasseranalyse und Indikation/Gegenindikationen
Natrium-Calcium-Hydrogencarbonat-Wasser, bis 34 °C
Indikationen: Erkrankungen des Bewegungsapparates, funktionelle Herz- und Kreislauferkrankungen, Weiter- bzw. Nachbehandlung nach bestimmten Erkrankungen des Nervensystems, chronische Erschöpfungs- und Ermüdungszustände und Rekonvaleszenz, bestimmte gynäkologische Erkrankungen (Zyklusstörungen, Klimakterium).

Übernachtungsmöglichkeiten

Im Eingangsbereich der Sonnentherme befindet sich die Sonnenland-Information, die bei der Suche nach einer Unterkunft gerne behilflich ist
(Tel.: +43(2615)87 171-210; www.sonnenland.at).
Hotels mit direktem Verbindungsgang zur Therme: **Apartment-Hotel Semi, Thermenhotel Vier Jahreszeiten.**
Im April 2004 wurde das topmoderne 240-Betten-Familien-**Gesundheitshotel Sonnenpark** eröffnet (4 Sterne), das spezielle Familienzimmer und -apartments anbietet und über einen oberirdischen Glasgang mit der Therme verbunden ist.
Hotel Sonnenpark, 7361 Lutzmannsburg, Thermengelände 2;
Tel.: +43(2615)87 171-119; Fax: +43(2615)87 171-20;
E-Mail: info@sonnenpark.at; www.sonnenpark.at.
Neu ab Herbst 2004: **All in©lusive Red** – eine topdesignte Hotelanlage (dominierende Farbe ist Rot) vis-à-vis der Sonnentherme (Verbindungsgang) mit einem All-inclusive-Konzept, Kinderbetreuung und hauseigener Bade- und Saunalandschaft (kein Thermalwasser!). E-Mail: hotel@allinred.at; www.allinred.at.

Gastronomisches

Informationen über die zahlreichen Buschenschenken und Weinfestivals im Buschenschenkenführer (in der Therme erhältlich) bzw. beim **Verband Blaufränkisch Mittelburgenland:** Tel.: +43(2610)42 040 oder im Internet unter www.winzer.at.
Auch beim Zugang zur Therme weisen viele Gastronomiebetriebe der Umgebung auf ihre Angebote hin. Traditionelle burgenländische Küche gibt es bei den zahlreichen **Schmankerlwirten** (www.schmankerlwirte-mitte.at).

Veranstaltungen und Ausflugsziele

Lohnend ist der Besuch der **Burg Lockenhaus**, wo auch alljährlich das internationale **Kammermusikfest Kremerata musica** mit dem weltberühmten Geiger Gidon Kremer stattfindet. (www.lockenhaus.at und www.kammermusikfest.at). Im romantischen **Schloss Kobersdorf** gehen jeden Sommer Komödienfestspiele über die Bühne. (www.kobersdorf.at).
Ausführliche Informationen beim Verband Sonnenland Mittelburgenland
(Tel.: +43(2615)87171210; Fax: +43(2615)87947; E-Mail: info@sonnenland.at;
www.tiscover.at/sonnenland).

Burgenland-Therme Bad Tatzmanndorf

Wohlige Wärme mit herrlichem Ausblick – überschaubare Genießertherme, bei der sich Action auf Massagedüsen und Unterwassermusik beschränkt.

Dass das Burgenland nicht mehr nur mit dem Neusiedlersee und Rotwein gleichzusetzen ist, ist auch ein Verdienst der Thermenwelt. Seit im Jahre 1995 im altehrwürdigen Kurort Bad Tatzmannsdorf, 120 km von Wien und 90 km von Graz entfernt, die so genannte Burgenland-Therme aufgesperrt wurde, geht die touristische Entwicklung zügig voran und fast jedes Jahr wird ein neues Thermenressort eröffnet. Innovative Infrastruktur wie die Lauf- & Walkingarena – ein Aushängeschild des Lauflandes Österreich – oder die David Leadbetter Golf Academy ziehen neben den typischen Kurgästen vermehrt jüngere Fitness- und Wellness-Aficionados an.

Burgenland-Therme Bad Tatzmanndorf

Entschleunigung statt Action

Der erste Eindruck, wenn man von den ausreichend großen und gut beschilderten Parkplätzen Richtung Rezeption schlendert: In diesem überschaubar großen Badetempel setzt man auf **Entspannung und Rekreation,** was vor allem bedeutet, dass Actionfreunde nicht auf ihre Kosten kommen werden. In der Planungsphase wurde seinerzeit erwogen, Attraktionen wie eine Wasserrutsche mitzuberücksichtigen, doch schließlich entschied sich die Kurbad AG dagegen. Lieber hoher Erholungswert statt großer Erlebniswert und Qualität vor Quantität, lautete die Überlegung.

Immerhin ist Bad Tatzmannsdorf mit seinem Kurzentrum eine klassische Anlaufstelle für Wiederherzustellende aus halb Österreich. Trotzdem liegt in der Burgenland-Therme keineswegs der Geruch von Rekonvaleszenz oder Geriatrie in der Luft – höchstens der Küchendunst aus dem Selbstbedienungsrestaurant im ersten Stock, das direkt und offen über der Schwimmhalle untergebracht ist und dessen Düfte manchmal bis an die Wasseroberfläche hinunterwehen. Im Gegenteil – offenbar schätzt auch Burgenlands Jugend gelegentliches Eintauchen in Ruhe und Entschleunigung; der Altersdurchschnitt – zumindest an Wochenenden – ist trotz der fehlenden Gaudi-Einrichtungen überraschend niedrig.

Die insgesamt 1100 m² Wasserfläche sind auf **fünf Thermalbecken** verteilt: ein großes Innen- und ein Außenbecken (jeweils 34 °C warm), ein Sportaußenbecken mit 28 °C und ein Nichtschwimmerbecken (30 °C), sowie ein Massage- und Entspannungsbecken (36 °C). Es fehlen auch nicht die üblichen Goodies wie Massagedüsen, Luftsprudelliegen, Schwallbrausen und Bodensprudel. Besonders empfehlenswert ist das halbrunde Außenbecken. Es ist zwar nicht allzu groß, dafür jedoch überdacht und bietet im Stil eines Infinity Pools einen wunderbaren Ausblick auf die südburgenländische Hügellandschaft. Wer sich an der Umgebung satt gesehen hat und es lieber kontemplativ mag, lässt sich auf Schwimmhilfen wie schwerelos im warmen Thermalwasser treiben und genießt dabei die sanfte Unterwassermusik. Bei einer weiteren sinnlichen Attraktion, dem so genannten Duftsprudelbecken, wird das Wohlbefinden durch tausende nach Orangen oder Zitronen duftende Wasserbläschen gesteigert.

Die Burgenland-Therme ist zwar bewusst nicht auf Kinder ausgerichtet, ganz vergessen sind die Jüngsten aber nicht. In einer kleinen **Kinderecke mit Plantschbecken** (geringer Thermalwasseranteil) können sich auch die Junioren ein wenig austoben – das ist dann aber auch schon alles. Es gibt zwar nur einen eigenen Ruheraum (für den müssen die Liegen gegen Aufpreis reserviert werden), dennoch stehen insgesamt rund 750 Liegestühle zur Verfügung. Verteilt sind diese vor

Burgenland-Therme Bad Tatzmannsdorf

allem im Freibereich (der unmittelbar an das Freibad von Bad Tatzmannsdorf angrenzt; die beiden Anlagen sind jedoch nicht miteinander verbunden), rund um das Innenbecken und auf den Galerien im ersten Stock, von denen man einen guten Blick auf die Schwimmhalle hat. Doch Vorsicht: Bei Anwesenheit vieler Badegäste ist hier oben der Lärmpegel sehr hoch und der Bodenbelag oft nass und rutschig.

Verwöhnprogramm für Sie & Ihn

Die Saunalandschaft der Therme ist leicht überschaubar: Tepidarium, Kräutersauna (40–55 °C), Dampfbad, finnische Aufwärmsauna (80 °C), finnische Sauna und Blocksauna im Freien (beide 90–100 °C). Beim Sauna-Eiszauber werden Aromastoffe wie Orange, schwarze Johannisbeere, Zitrone oder Fichte in einen Eisblock eingehüllt, der auf die heißen Steine gelegt wird und so die Düfte verbreitet.

Es muss erwähnt werden, dass seit dem Bau des neuen Hotels direkt an der Therme der Sauna-Freibereich stark eingeschränkt wurde. Ein Manko, das jedoch spätestens nach der geplanten Erweiterung der Sauna im Frühjahr 2005 behoben sein sollte. Wirklich empfehlenswert ist ein Besuch der Kosmetik- und Massageabteilung der Therme, der so genannten Thermeninsel Berghofer, bei der ein sehr engagiertes Team zu einem guten Preis-Leistungs-Verhältnis um die Befindlichkeit und Schönheit seiner Klienten bemüht ist. Neben verschiedensten Verwöhn- und Beautypaketen werden auch spezielle

Kosmetikprogramme für Männer angeboten (Termine vorher reservieren! Öffnungszeiten: Mo–Sa 10.00–19.30 Uhr; So & Fei 10.00–17.00 Uhr; Tel.: +43(3353)88 68; Fax: +43(353)8130;
E-Mail: office@thermeninsel.com; www.thermeninsel.com).
Die Therme bietet auch ein kostenloses Gesundheits- und Vitalprogramm mit einer ausgebildeten Wellnesstrainerin an. Von Montag bis Freitag stehen mehrmals täglich Wassergymnastik, Wirbelsäulentraining, Meditation oder Bodystyling auf dem Plan. Ergänzt wird das Aktivitätsangebot durch ein Fitness- und Cardiocenter, wo es auch die Möglichkeit eines Body-Leistungschecks gibt.

Gesundes Mekka für Läufer und Walker
Wer schon von Wien aus rund eineinhalb Stunden Anreise in Kauf nimmt, sollte auf jeden Fall auch Bad Tatzmannsdorf selbst etwas Aufmerksamkeit schenken. Es ist ja nicht nur Thermenort, sondern in erster Linie Kurort, der gleich drei Heilvorkommen zu bieten hat: Thermalwasser, Kohlensäuremineralwasser und Heilmoor. Im 15 Hektar großen Kurpark schlägt das kurtouristische Herz: Das Kurzentrum ist auf klassische Kuren im medizinischen Sinn mit dem Schwerpunkt auf Herz-Kreislauf-Erkrankungen spezialisiert. Bereits im Jahre 1621 wurden die „Sauerquellen", die nachweislich schon in der Bronzezeit bekannt waren, erstmals urkundlich erwähnt. Aber erst der Erwerb der Baderechte durch die Grafen Batthyány 1752 markierte den Grundstein für den Aufbau eines florierenden Kurbetriebes, was schließlich dazu führte, dass Tatzmannsdorf im Laufe des 19. Jahrhunderts „Ungarisch Franzensbad" genannt wurde und prominente Gäste wie Adalbert Stifter und Franz Grillparzer beherbergte. (Mehr zur Geschichte von Bad Tatzmannsdorf erfahren Interessierte im kleinen Kurmuseum, 7431 Bad Tatzmannsdorf, Im Quellenhof/Am Kurplatz; Tel.: +43(3353)84 31.)

Die alten Kurvillen wurden jedoch zum Teil zerstört oder völlig verändert. Zu sehen sind hier aber Häuser der einfachen Menschen aus früheren Zeiten. Gleich unterhalb der Burgenland-Therme steht ein kleines Museumsdorf mit alten Bauernhäusern der Region und einem Heilpflanzengarten (Südburgenländisches Freilichtmuseum, 7431 Bad Tatzmannsdorf, Josef-Hölzel-Allee 1; Tel.: +43(3353)83 14).

Ein zweites Standbein hat sich der traditionelle Kurort mit der Lauf- und Walkingarena geschaffen. Für Laufbegeisterte und Fans der Trendsportart Nordic Walking ist diese einzigartige Einrichtung ein wahres Mekka: Durch eine Vernetzung der Wege mit den Nachbargemeinden stehen 138 km Laufwege und 280 km Walkingstrecken zur Verfügung. Ein Leitsystem informiert über Schwierigkeitsgrad und Weglänge, doch man sollte sich die Routenauswahl gut überlegen, da

Burgenland-Therme Bad Tatzmanndorf

das Auf und Ab in der hügeligen Umgebung für einen gewohnten Flachläufer ganz schön anstrengend sein kann. Spezialparcours wie eine sensomotorische Barfußbahn, ein Gesundheitspfad, eine auch im Winter benutzbare Kunstrasenlaufbahn, eine beleuchtete Laufstrecke oder Seminare von bekannten Laufgurus bzw. Nordic-Walking-Experten lassen diesen Ort zur Pilgerstätte der Runner und Walker werden (Lauf- & Walkingkarte und Infos: Lauf- & Walkingarena Bad Tatzmannsdorf, 7431 Bad Tatzmannsdorf, Joseph-Haydn-Platz 1; Tel.: +43(3353) 25 468; E-Mail: info@laufarena.at; www.laufarena.at).

Doch auch Golfjunkies oder solche, die es noch werden wollen, finden sich hier bestens versorgt: Bad Tatzmannsdorf ist Sitz der berühmten „David Leadbetter Golf Academy" an der 27-Loch-Anlage des Golf- & Country Club Bad Tatzmannsdorf. Hier befindet sich die größte Übungsanlage Österreichs (Golf & Country Club Bad Tatzmannsdorf, 7431 Bad Tatzmannsdorf, Am Golfplatz 2; Tel.: +43(3353)82 82; Fax: +43(3353)82 82-1735; E-Mail: golfclub@burgenlandresort.at; www.leadbetter.at).

FACTS

Information

Burgenland-Therme, 7431 Bad Tatzmannsdorf
Tel.: +43(3353)89 90-0; Fax: +43(3353)89 90-55;
E-Mail: info@burgenlandtherme.at; www.burgenlandtherme.at
Wasserfläche: 1100 m²

Die Therme hat eine Kapazität von 700 Badegästen. Ist diese Anzahl erreicht, wird gesperrt, was 2–3-mal im Jahr (meist im Herbst an Feier- oder Fenstertagen) vorkommt. 750 Liegestühle stehen zur Verfügung, für den Ruheraum „Amica" können sie telefonisch reserviert werden (Kosten EUR 2,–). Eigene Seniorentage und -monate. Für Kinder gibt es keine Einschränkungen (unter 6 Jahren freier Eintritt), in die Sauna dürfen sie ab 10 Jahren. Im Sommer gibt es Kinderbetreuung.

Öffnungszeiten

Tägl. 9.00–22.00 Uhr; Fr bis 23.00 Uhr; So bis 21.00 Uhr
Revisionssperre: Die Therme wird jedes Jahr in der letzten Woche vor den Schulferien (Ferienzeit Wien, NÖ, Burgenland) für fünf Tage gesperrt (2005: 27. 6.–1. 7.).

Wasseranalyse und Indikation/Gegenindikationen

Natrium-Hydrogencarbonat-Chlorid-Mineral-Thermalwasser

Die stark mineralisierte Therme eignet sich bestens zur Behandlung von Muskelverspannungen und Verletzungsfolgen, Beschwerden im Bereich der Gelenke und des Bewegungsapparates, vor allem der Wirbelsäule.

Burgenland-Therme Bad Tatzmanndorf

Übernachtungsmöglichkeiten

Der Therme angeschlossen ist das freundliche **Thermen-Wellness-Hotel AVITA**, das über einen eigenen Wellnessbereich (aber ohne Thermalbad) verfügt. Eine eigene Hoteltherme bieten das direkt am Golfplatz gelegene **Reiter's Burgenland Resort** (ehemals Steigenberger) mit dem All inclusive Avance (4 Sterne) und dem 5-Sterne-Supreme-Hotel (Reiter's Burgenland Resort, 7431 Bad Tatzmannsdorf, Am Golfplatz 1-4; Tel.: +43(3353)88 41-607; Fax: +43(3353)88 41-138; E-Mail: info@burgenlandresort.at; www.reitersburgenlandresort.at) und das **Gesundheitsressort Bad Tatzmannsdorf** mit dem 5-Sterne-Kur- & Thermenhotel und dem neuen 4-Sterne-Thermen- & Vitalhotel, dem auch das 3-Sterne-Parkhotel angeschlossen ist. Gesundheitsressort Bad Tatzmannsdorf, 7431 Bad Tatzmanndorf, Am Kurplatz 1; Tel.: +43(3353)85 81-7017; Fax: +43(3353)85 81-7018; E-Mail: info@gesundheitsressort.at; www.gesundheitsressort.at.
Infos über die zahlreichen weiteren Nächtigungsmöglichkeiten: Gästeinformation, 7431 Bad Tatzmannsdorf, Joseph Haydn-Platz 3; Tel.: +43(3353)70 15; Fax: +43(3353)70 15-14; E-Mail: info@bad.tatzmannsdorf.at; www.bad.tatzmannsdorf.at.

Gastronomisches

Wer seinen Tatzmannsdorf-Besuch mit Kaffee, Mehlspeise und einem trotzdem guten Ernährungsgewissen abschließen will, sollte die **Kurkonditorei Gradwohl** aufsuchen. Dieser burgenländische Pionierbetrieb für Bio- und Vollwertbackwaren, der auch in Wien und Umgebung einige Filialen unterhält, betreibt hier in einem alten Anwesen ein Café, dem auch ein kleines Brotmuseum angeschlossen ist. Gradwohl's Kurkonditorei, 7431 Bad Tatzmannsdorf, Josef Haydn-Platz 5; Tel.: +43(3353)85 15; www.biovollwert-gradwohl.at.

Veranstaltungen und Ausflugsziele

In der beeindruckenden Burg Schlaining, die 1271 erstmals urkundlich erwähnt wurde, ist neben dem Österreichischen Studienzentrum für Frieden und Konfliktlösung (ÖSFK) das **Europäische Museum für Frieden** mit einer umfassenden Darstellung der Probleme von Frieden und Gewalt untergebracht. Burg Schlaining, 7461 Stadtschlaining, Rochusplatz 1; Tel./Fax: +43(3355)23 06; E-Mail: Anmeldung: info@burg-schlaining.at; www.burg-schlaining.at.
In der Nähe der Burg Bernstein, die heute ein Hotel beherbergt, wird ein seltener Stein abgebaut: Edelserpentin. Man findet den grünlichen Halbedelstein nur an dieser einzigen Stelle in ganz Europa. Im unterirdischen **Felsenmuseum** kann man sich über dessen Gewinnung und Bearbeitung informieren. Felsenmuseum, 7434 Bernstein, Hauptplatz 5; Tel.: +43(3354)66 20; Fax: +43(3354)66 20-14; E-Mail: potsch@felsenmuseum.at; www.felsenmuseum.at.

Therme Stegersbach

Mitten im südburgenländischen Hügelland steht im Zentrum der größten Golfanlage Österreichs eine erst im September 2004 eröffnete Wohlfühltherme.

Bekannt ist Stegersbach im Burgenland als Thermenort schon seit der Eröffnung der so genannten Kumpf-Therme im Jahre 1998. Doch diese vom burgenländischen Künstler Gottfried Kumpf – berühmt für seine knolligen Figuren – gestaltete Badeanlage wurde bald zu klein, sodass man sich im September 2003 dazu entschloss, an Stelle des vormaligen Birdie Resorts Stegersbach (so der offizielle Name) eine neue Thermallandschaft zwischen die idyllischen burgenländischen Hügel zu setzen. Weg von der Massenabfertigung und hin zu mehr Ruhe und Erholung lautet hier das Motto, das vor allem **Wellness-Suchende ohne Kinder** ansprechen soll.

Therme Stegersbach

Schwimmen, schlemmen und verwöhnen lassen

Der brandneue Wasserpark, der zu Redaktionsschluss noch nicht fertig gestellt war, hat eine Gesamtwasserfläche von 2500 m² und besteht aus einem **großzügigen Thermeninnenbereich** mit einem neuen Wellenbecken (336 m²). Outdoor tragen **zwei Kaskadenbecken** mit 59 m² und 156 m² sowie ein neues Sportbecken (300 m²) zum wässrigen Angebot bei. Große Ruheräume und 1000 Liegen stehen zum Relaxen bereit, im Sommer wird diese Zahl durch Einbeziehung des Außenbereichs und der Liegewiese sogar auf 1500 Ruhebetten ausgeweitet.

Von der ursprünglichen Kumpf-Therme ist so gut wie nichts mehr zu sehen – auch das Dekor wurde völlig neu und modern gestylt. Neben dem Look haben sich auch die „inneren Werte" der Therme verändert: Setzte man früher auf Familien mit Kindern und Action, so sind heute erholungsbedürftige Erwachsene mit Schwerpunktprogrammen für Frauen ab 35 die Zielgruppe. Auch Golfer werden besonders umworben, was sich bei der Lage der Therme inmitten der Golfschaukel ja geradezu aufdrängt. Kinder jeden Alters dürfen die Thermenbecken zwar in Anspruch nehmen, doch sonst wird keinerlei Abwechslung für sie geboten. Bei Nachfrage verweist man gerne auf die besondere Kinderfreundlichkeit der Partnertherme im 65 km entfernten Lutzmannsburg (siehe → Sonnentherme Lutzmannsburg-Frankenau).

Das Stegersbacher Heilwasser, das aus zwei verschiedenen Quellen sprudelt, hat eine positive Wirkung bei trockener, gereizter oder juckender Haut und ist vor allem zur Bekämpfung von Hautkrankheiten wie Neurodermitis oder Psoriasis geeignet.

In der neuen 1500 m² großen **Saunalandschaft** erlebt man Hitze in verschiedensten Varianten: Innen- und Außensauna, eine urige Kellerstöckl-Sauna, ein original türkisches Hamam und verschiedene Dampfbäder mit Aromaölen heizen den Gästen ein.

Das so genannte **Refugium**, die neue Beauty- und Gesundheitsoase des Thermenresorts, wartet mit einer Reihe von Wohlfühlangeboten und Kosmetik-Packages auf: Massagen, Peelings, Ganzkörperbehandlungen mit frischen Zutaten aus der Region oder Spa Treatments mit Ligne St. Barth verwöhnen die Gäste; ästhetische Probleme wie Pigmentflecken, Couperose oder Blutschwämmchen werden schmerzlos entfernt.

Natürlich wurde auch das kulinarische Angebot der Anlage generalsaniert: Ein Thermenrestaurant serviert regionale Schmankerln, das Selbstbedienungslokal mit seinem Front-Cooking-Bereich bietet auch Snacks, Salatspezialitäten und hausgemachte Mehlspeisen an.

Direkt mit der Therme verbunden ist das 4-Sterne-Golf- und Thermenresort (Adresse und Auskunft siehe Therme Stegersbach), das aus

Therme Stegersbach

dem bereits bestehenden, revitalisierten Zimmer-Bereich der alten Birdie-Therme – jetzt das „Village" genannt – und einem neuen Teil, der „Residenz", besteht. Insgesamt 141 Wohneinheiten von Doppelzimmern über wohnliche Maisonetten bis hin zu Luxussuiten und eine hoteleigene Thermallandschaft werden auch gehobenen Relax-Ansprüchen gerecht. Weiters stehen überdachte Parkplätze, zwei neue Restaurants, eine Vinothek und drei modern ausgestattete Seminarräume bereit.

Idylle zwischen Golfplatz und Weingarten

Wein- und Golfliebhaber kommen zwischen den sanften Hügeln des Südburgenlands besonders auf ihre Kosten: Neben exzellenten Tröpfchen in Rot (Blaufränkischer) und Weiß (Welschriesling) sorgen auch spezielle Sorten wie der Uhudler oder der Bigala (Cuvée aus Uhudler und Most, der zu einem köstlichen Erfrischungsgetränk versektet wird) für hochklassige Geschmackserlebnisse; Golfspielern stehen mit der im Sommer 1998 eröffneten Golfschaukel Lafnitztal – übrigens die erste Golfschaukel Europas und größte Golfanlage Österreichs – auf einer Gesamtfläche von 190 Hektar 45 Löcher zum Abschlag zur Verfügung (zwei 18-Loch-Bahnen, ein 9-Loch-Kurs sowie zwei Driving Ranges, Pitching- und Putting-Greens, Chipping-Area, zusätzlich ein 5-Loch-Fun-Kurs für Golf-Schnupperer). Auch kleine Golfer kommen hier in Schwung: Eine eigene Kindergolfschule bietet neben Kindergolfcamps auch spezielle Schnuppertage an. Radler, Reiter und Wanderer sowie Zeitgenossen, die intakte Natur und Ruhe zu schätzen wissen, werden sich in dieser klimatisch begünstigten Region mit Sicherheit wohl fühlen. Der nahe Naturpark in der Weinidylle, den Rad- und Wanderwege durchkreuzen, zieht mit seinen kleinen Weingärten und versteckten Kellervierteln romantische Gemüter in seinen Bann.

Im Dreiländereck Österreich-Ungarn-Slowenien kann man bei interessanten Themenwanderungen, einer Dreiländerradtour oder einer Kanufahrt auf der naturbelassenen Raab den Naturpark Raab-Örseg-Goricko entdecken (Weitere Infos: Verband der Naturparke Österreichs, 8010 Graz, Alberstraße 10; Tel.: +43(316)31 88 48-99; Fax: +43(316) 31 88 48-99; E-Mail: office@naturparke.at; www.naturparke.at).

FACTS

Information

Therme Stegersbach, 7551 Stegersbach, Golfstraße 1
Tel.: +43(3326)500-0; Fax: +43(3326)500-800; E-Mail: info@dietherme.com; www.dietherme.com.
Wasserfläche: 2500 m²; Kapazität: 1000 Liegen (im Sommer 1500)
Der Badeeintritt für Kinder ist bis zum vollendeten 5. Lebensjahr frei. Die Mitnahme von Kindern unter dem 14. Lebensjahr ist die Sauna ist nicht gestattet!

Öffnungszeiten
Therme: tägl. 9.00–22.00 Uhr; Mi & Fr 9.00–23.00 Uhr
Sauna: tägl. 10.00–22.00 Uhr; Mi & Fr 10.00–23.00 Uhr

Wasseranalyse und Indikation/Gegenindikationen
Natrium-Hydrogencarbonat-Mineral-Thermalschwefelquelle
Indikationen: Hauterkrankungen verschiedener Art (Neurodermitis, Psoriasis, Akne, Ekzeme), Erkrankungen des Bewegungsapparates (chronisch entzündlich und degenerativ), Nachbehandlung von Verletzungen (nach Knochenbrüchen und Sportverletzungen), allgemeine Regeneration (Stress, chronische Erschöpfungszustände, Depressionen).

Übernachtungsmöglichkeiten

Seit Mai 2004 gibt es das **Golf & Spahotel „Das Gogers"**. Dieses erste ökologische Designhotel wurde speziell auf die Bedürfnisse von Golfern und deren Begleitung ausgerichtet und ist keine Bettenburg, sondern ein Hotel, das sich harmonisch in die Landschaft einfügt, wie geschaffen zum Entspannen und Wohlfühlen. Das Gogers, 8292 Neudau, Neudauberg 240; Tel.: +43(3326)55 222; Fax: +43(3326)55 222-15; E-Mail: office@dasgogers.at; www.dasgogers.at.
Auf einer sonnigen Anhöhe direkt über der Therme liegt das **Balance Resort Stegersbach**, das Mitte Dezember 2004 seine Pforten öffnet und mit einem 2000 m² großen hoteleigenen Spa-Bereich und einem neuen Wellness-Konzept

Therme Stegersbach

Die La Stone-Therapie

punktet, bei dem jeder einzelne Gast mit einem auf ihn persönlich zugeschnittenen Balance-Angebot verwöhnt wird. Balance Resort Stegersbach, 7332 Stegersbach, Panoramaweg 1; Tel.: +43(3326)55 155; Fax: +43(3326)55 150; E-Mail: info@balance-resort.at; www.balance-resort.at.
Weitere Übernachtungsmöglichkeiten: Tourismusverband Stegersbach, 7551 Stegersbach, Thermenstraße 8; Tel.: +43(3326)52 052; Fax: +43(3326)52 550; E-Mail: info@stegersbach.at; www.stegersbach.at.

Gastronomisches

Neben edlen Weinen erzeugen einige Bauern der Region auch hervorragende Edelbrände. Zentrum der Schnapsbrenner ist der kleine Ort Kukmirn – hier gibt es noch Brennrechte, die aus der Zeit Maria Theresias stammen. Im **Brennerei- und Wellnesshotel Lagler** (4 Sterne) kann man die hochprozentigen Erzeugnisse nicht nur verkosten, sondern auch gemütlich übernachten. Fam. Lagler, 7543 Kukmirn 137; Tel.: +43(3328)32 003; Fax: +43(3328)32 003-40; E-Mail: info@lagler.cc; www.lagler.cc.
Besondere regionale Spezialitäten wie Hoansterz oder Wuzinudeln gibt es im **Hotel-Restaurant Krutzler** zu verkosten (7522 Heiligenbrunn 16; Tel.: +43(3324)72 40; Fax: +43(3324)72 55; E-Mail: post@hotel-krutzler.at; www.hotel-krutzler.at).

Veranstaltungen und Ausflugsziele

Hoch über einem erloschenen Vulkan thront die **Burg Güssing**, die älteste Burg des Burgenlandes. Angeboten werden Burgführungen, Sonderausstellungen sowie ein ausgezeichnetes Restaurant und eine Vinothek. Bekannt ist die Burg auch für ihre Theateraufführungen und zahlreichen Kulturveranstaltungen im Rahmen des Güssinger Kultursommers. Burg Güssing, 7540 Güssing, Battyánystraße 10; Tel.: +43(3322)444 74; E-Mail: burgguessing@aon.at; www.burgguessing.at; www.kultursommer.net.

Heiltherme Bad Waltersdorf

*Stattliches Refugium mit einer großen Auswahl
an Zusatzangeboten für sportliche und gesetzte
Thermenschwimmer – jedoch ohne Kinderattraktionen.*

Die Heiltherme Bad Waltersdorf wurde im Dezember 1984 eröffnet und gehörte zu den ersten einschlägigen Warmbädern der heute als „Thermenland" bekannten, wunderschönen Ecke der Steiermark. Sie setzte nicht nur auf von der Krankenkasse verordnete Kuren und Anwendungen, sondern auf den damals noch unbekannten Begriff „Wellness" – eine Tradition, auf die man hier heute noch zu Recht stolz ist. Seit ihrer Inbetriebnahme erfuhr die Therme eine ständige Erweiterung – die kleine Anlage, die einst auf der grünen Wiese stand, ist heute von großzügigen Außenbecken, einem Wellness-Park und einigen Hotels umgeben.

Plantschen ohne Berührungsangst

Wie sehr sich Bad Waltersdorf als Trademark seit über zwei Jahrzehnten in den Köpfen der Konsumenten festgesetzt hat, ist an den Besuchern zu erkennen. Das Publikum rekrutiert sich zu einem überwie-

Heiltherme Bad Waltersdorf

genden Teil aus Stammgästen der „Silver Age"-Generation; der Altersdurchschnitt ist jedenfalls deutlich höher als bei der nur wenige Kilometer entfernten Hundertwasser-Therme in ➙ Bad Blumau.

Und da ist auch schon der erste Hinweis an Familien mit Kleinkindern fällig: Wirklich glücklich werden die Junioren hier nicht werden. Es gibt weder Kinderbecken noch einen Spielplatz, und allzu turbulenter Wasserspaß wird von der die Becken und Liegeplätze dominierenden Generation 50 Plus nicht wirklich gerne gesehen. Was dem regen Besucherandrang jedoch keinen Abbruch tut, denn nicht jeder will lärmige Wasserattraktionen wie ein Wellenbad oder Riesenrutschen. Dafür ist die Auswahl an Becken, die von der mächtigen Waltersdorfer Heilquelle gespeist werden, erfreulich: Im Innenbereich gibt es neben kleinen Bassins wie einem Römerbad (36 °C mit Massagedüsen) und einem Sprudelbecken noch ein rundes, nicht allzu großes Hauptbecken (auch 36 °C mit Massagedüsen).

Draußen ist das Angebot noch reichhaltiger. Das Thermal-Massagebecken (36 °C) verfügt über Sprudelbetten und eine Massagestrecke, das Thermal-Gymnastikbecken (36 °C) und das Thermalschwimmbecken (27–29 °C) nehmen auch größere Menschenmengen auf, ohne dass es zu dauerndem, ungewolltem Körperkontakt kommt. Das Sportbecken (27–29 °C) mit dem Aqua-fit-Bereich bietet Unterwassermusik, Gegenstromanlagen und die einzigartigen Unterwasserfahrräder, auf denen man (natürlich nur stationär) im warmen Wasser strampeln kann.

Berührungsängste sollte man dennoch nicht haben, da das Freigelände bei den Außenbecken relativ wenig Platz bietet. Hier stehen die Liegestühle nebeneinander wie die Autos auf dem Parkplatz eines Einkaufszentrums. Noch deutlicher ist das Gedränge drinnen. In der Nähe der Becken werden sogar die Durchgänge und Korridore als Liegestellen benutzt, was das subjektive Gefühl, dass die Badeanstalt bei Besucheransturm aus allen Nähten platzt, verstärkt. Wer im Inneren der Therme nach einem ruhigen Plätzchen sucht, wird daher eher an der Peripherie fündig werden. Im so genannten Wintergarten im ersten Stock, vis-à-vis vom Eingang zum Thermenrestaurant, finden sich ebenso stille Ecken wie gegenüber dem Römerbad. Hier wurden neue Entspannungszonen geschaffen, und die Minute Gehzeit zu den Becken ist die Ruhe allemal wert.

Entspannung im Wellness-Park und Saunadorf

Wer indes draußen nicht dicht an dicht liegen möchte, hat ebenfalls eine Alternative. Etwas hügelaufwärts, jenseits eines kleinen Baches, wurde 1999 der so genannte Wellness-Park mit interessanten Attraktionen eröffnet, wie einem Yin & Yang-Energiepfad, einem Wirbelsäulenparcours, einer Fußfühlstrecke und einem von duftenden Kräutern

Heiltherme Bad Waltersdorf

und Blumen bewachsenen Fußparcours. Hier schreitet der Gast barfuß über schmale, aber immer unterschiedlich geformte Stege. Der gesamte Fuß und das Gleichgewichtsgefühl werden dadurch sowohl sensibilisiert als auch gekräftigt. Dehnstationen, eine Laufstrecke und ein Volleyball-Feld sowie jede Menge Platz zum Relaxen runden diese liebevoll und sehr ästhetisch gestaltete Erweiterung des Heilthermen-Areals ab.

Beim Besuch im Komfort-Saunadorf, das zuletzt im Jahre 2001 erweitert wurde, fallen die großzügigen und auch wirklich ruhigen Liegeräume und Nacktliegeterrassen auf, die die Entspannung nach vollbrachtem Schwitzbad leicht machen. Zwei finnische Saunen, die Felsensauna, eine Biosauna, eine Römersauna, ein Soledampfbad und drei Kräuterdampfbäder entschlacken und entgiften den Körper, die Kaltwasserbecken und erfrischende Kneipp-Güsse wecken die Lebensgeister.

Sehr positiv ist auch das Thermen-Restaurant zu beurteilen. Zwar trägt die Einrichtung optisch den Stempel ihrer Eröffnung im Jahre 1988, doch die Hauptsache – nämlich Service, Speisen und Getränke – sind überdurchschnittlich. Zu Recht trägt es eine so genannte Grüne Haube, die von der Organisation Styria Vitalis an Gastronomen verliehen wird, die ihren Gästen ausgezeichnete Naturküche anbieten. Vom Styriabeef bis zu hervorragenden regionalen (auch vegetarischen) Spezialitäten wird auf Herkunft und biologische Gewinnung der Produkte geachtet – was man auch durchaus schmeckt, und die moderate Preisgestaltung verdirbt die Mahlzeit beim abschließenden Ansichtigwerden der Rechnung nicht nachträglich.

Der Therme angeschlossen ist ein Therapiezentrum mit sechs Kur- und Fachärzten, dessen Kurangebot von Stressabbau- und Rege-

Heiltherme Bad Waltersdorf

nerationskur bis zur Vital- oder Rheumakur reicht, und ein Beauty- und Vitalcenter nach Feng Shui, das neben Schönheitsprogrammen und Massagen aller Art auch energetische Behandlungen anbietet, die Blockaden lösen und die Lebensenergie wieder zum Fließen bringen. Ein weiterer Pluspunkt: Das Heilbad bietet das beste und umfangreichste Wellness- und Aktivprogramm, das großteils kostenlos und mehrmals täglich angeboten wird und neben der auch andernorts üblichen Wasser-Gymnastik auch Meditation, Qi Gong, Aqua-Jogging und Gesundheitsvorträge umfasst.

Aktivitäten im Hügelland

Die bäuerliche Gegend um Bad Waltersdorf, die schon zur Römerzeit besiedelt war und im Laufe ihrer Geschichte immer wieder unter feindlichen Überfällen aus dem Osten zu leiden hatte, erfuhr seit der Erschließung der Thermalquelle im Jahre 1975 und dem Bau der Therme eine äußerst positive wirtschaftliche Entwicklung: 1981 ging die 1. Geothermie-Heizung Österreichs in Betrieb, die mit der Abwärme des Thermalwassers Schulen und Hotels beheizt, und im Bau von zahlreichen neuen Hotels, Pensionen, Lokalen und Buschenschenken manifestiert sich die touristische Aufbruchstimmung. Dennoch ist dieses sanfte Hügelland eine stille Region ohne Hektik und fern vom Alltagsstress.

Eine Vielzahl von Freizeitaktivitäten steht zur Auswahl: Golf, Tennis, Reiten, Angeln, Radfahren auf 140 Kilometern markierten Radwanderwegen, Wandern (200 km Wanderwege), Laufen oder als Besonderheit das Ballonfahren sorgen für ausreichend sportliche Abwechslung. Bei den gemütlichen Buschenschanken mit ihren steirischen Schmankerln dürfen die verbrauchten Kalorien dann wieder ordentlich aufgetankt werden.

FACTS

Information

Heiltherme Bad Waltersdorf, 8271 Bad Waltersdorf
Tel.: +43(3333)500-0; Fax: +43(3333)500-940; Therapie: +43(3333)500-2; Beauty: +43(3333)500-963; E-Mail: office@heiltherme.at; www.heiltherme.at
Insgesamt 25 000 m² Wellnesslandschaft mit 1250 Liegen.
Kinder dürfen erst ab 2 Jahren ins Thermalwasser.

Öffnungszeiten

Therme: tägl. 9.00–22.00 Uhr; Fr bis 23.00 Uhr; So bis 21.00 Uhr
Therapie: Mo–Fr 8.00–18.00 Uhr; Sa, So & Fei bis 15.00 Uhr
Beauty: Mo–Sa 9.00–17.00 Uhr; So & Fei bis 15.00 Uhr

Heiltherme Bad Waltersdorf

Betriebssperre: ca. 10 Tage Betriebsurlaub/Jahr (wechselnder Zeitpunkt – bitte erfragen)

Wasseranalyse und Indikation/Gegenindikationen
Natrium-Hydrogencarbonat-Chlorid-Therme hypotonischer Konzentration
Thermalwasser zur unterstützenden Behandlung bei Veränderung, v. a. im Rahmen des rheumatischen Formenkreises, entzündlicher und degenerativer Rheumatismus, Weichteilrheumatismus, Bewegungstherapie, Schwimmtherapie, vegetative Erschöpfungszustände, Überwärmungstherapie zur Steigerung der Abwehrfunktion.

Übernachtungsmöglichkeiten

Das einzige Haus, das direkt mit der Therme verbunden ist, ist das **4-Sterne-Quellenhotel** (Quellenhotel Heiltherme Bad Waltersdorf, 8271 Bad Waltersdorf; Tel.: +43(3333)500-0; Fax: +43(3333)500-990; E-Mail: office@quellenhotel.at; www.quellenhotel.at).
Der Kurort verfügt weiters über zwei der besten Wellness-Hotels Österreichs, die eine eigene Thermalbadelandschaft bieten: **Hotel & Spa Der Steirerhof** (8271 Bad Waltersdorf, Wagerberg 125; Tel.: +43(3333)32 11-0; Fax: +43(3333)32 11-444; E-Mail: reservierung@dersteirerhof.at; www.dersteirerhof.at) und der **Thermenhof Paierl**, der mit seinem reduzierten, asiatischen Ambiente voll im Trend liegt (8271 Bad Waltersdorf, Wagerberg, Sonnenweg 120; Tel.: +43(3333)28 01-0; Fax: +43(3333)28 01-400; E-Mail: reservierung@thermenhof.at; www.thermenhof.at).
Jedoch kann man auch sehr gut in den zahlreichen Pensionen und Familienbetrieben der Umgebung unterkommen (Info-Büro: Thermenregion Bad Waltersdorf; Tel.: +43(3333)31 50-0; Fax: Tel.: +43(3333) 31 50-15; E-Mail: info@badwaltersdorf.com; www.badwaltersdorf.com).

Natur & Freizeit

Einfach abheben und die grenzenlose Freiheit genießen kann man bei einer **Ballonfahrt** mit dem Ballonclub Bad Waltersdorf (Kontakt: Gerhard Kindermann, 8271 Bad Waltersdorf 309; Tel.: +43(3333)37 30; Fax: +43(3333)37 31; g_kindermann@ballon1x1.at; www.ballon1x1.at).

Veranstaltungen und Ausflugsziele

Ein wunderschöner Tagesausflug führt auf die **Steirische Schlösserstraße** (www.schloesserstrasse.com), wo vor allem das **Schloss Herberstein** mit seinem Tier- und Naturpark einen Besuch wert ist (8222 St. Johann bei Herberstein, Buchberg 2; Tel.: +43(3176)882 50; E-Mail: office@herberstein.co.at; www.herberstein.co.at).
Ebenfalls sehenswert das Städtchen **Hartberg**, das neben Bad Radkersburg zu den am besten erhaltenen Altstädten der Steiermark zählt (Tourismusverband Hartberg, 8230 Hartberg, Rochusplatz 3; Tel.: +43(3332)665 05-0; E-Mail: tourismusverband@htb.at; www.hartberg.at).

Rogner-Bad Blumau

Im von Friedensreich Hundertwasser gestalteten Weltunikat **Rogner Bad Blumau** erwarten **Sie**: einzigartige Bade- und Saunalandschaft • Melchior Thermal- und Vulkania® Heilquelle • Europaweit führendes ganzheitliches Gesundheitszentrum Seminar • Beauty •Sport und Fitness • Bars • Restaurants und Vinothek

"FühlDichGut" 3 Nächte ab EUR 350,- p. P. im DZ • Gültig - 01. 01. 2005 Frühstück und Abendessen vom Schlemmerbuffet • 1 x Thalasso- oder Molkebad 1 x Ganzkörpermassage • Benützung der Thermal- und Saunalandschaft

"Midweek" 3 Nächte ab EUR 290,- p. P. im DZ • Son. - Fr. ausg. Feier- u. Fenstertage Frühstück und Abendessen vom Schlemmerbuffet • Benützung der Thermal- und Saunalandschaft

ROGNER BAD BLUMAU
Hotel & Spa

Details zu den Angeboten und Verlängerungsmöglichkeiten erhalten Sie unter: Tel.: 03383-5100-9449 • Fax: DW-808 • e-mail: spa.blumau@rogner.com
Rogner Bad Blumau, Hotel & Spa • www.blumau.com

Rogner-Bad Blumau

Eintauchen in ein Gesamtkunstwerk, konzipiert von Friedensreich Hundertwasser – es zählt zu den besten Spas der Welt und bietet eine Wellnesslandschaft wie im Märchen.

Die Landesstraße, die von der A2-Autobahnabfahrt Sebersdorf direkt ins oststeirische Hügelland mit seinen weitläufigen Obsthainen, Sonnenblumen- und Kürbisfeldern mäandert, führt auch den Thermen-Fan mitten ins Paradies: Zuerst lockt Bad Waltersdorf (alle Details → „Heiltherme Bad Waltersdorf"). Und fünf Kilometer weiter erwartet den Wellness- und Warmwasserfreund eine der in jeder Hinsicht herausragendsten Thermenanlagen Österreichs: das Rogner-Bad Blumau, Hotel & Spa, im Volksmund schlicht die „Hundertwasser-Therme" genannt.

Dieses Weltunikat, das nach dem gestalterischen Konzept des Künstlers Friedensreich Hundertwasser vom Bauunternehmer Robert Rogner errichtet wurde und bei der Weltmesse des Tourismus in Berlin 1998 den Tourismus-Oscar gewonnen hat, bietet alles, was selbst das verwöhnteste Wellness-Herz begehren kann. Der „Erholungsort für die Seele" verbindet in eindrucksvoller Harmonie Natur und Kunst und lockt Touristen aus aller Welt, hippe Weekend-Entspanner und zahlungskräftige Familien in die kleine, bis vor einigen Jahren noch völlig unbekannte Gemeinde Blumau.

Hundertwassers Thermentraum

Bereits der erste Blick auf das 40 Hektar große Areal ist atemberaubend, selbst wenn man kein erklärter Freund der Architektur des im Jahre 2000 verstorbenen Universalkünstlers ist. Wie ein **buntes Märchenland** schmiegt sich der riesige, aber harmonisch in die Landschaft integrierte (und das im wahrsten Sinne des Wortes, denn einige der Gebäudeteile sind teilweise in die Hügel der Umgebung hineingebaut) Komplex an einen Hang abseits der Straße. Schon von fern sind die Hundertwasser-typischen Formen zu sehen, blitzen die Kupfer-Beschläge pittoresker Zwiebeltürmchen im Licht der oststeirischen Sonne.

Thermalbad und Hotel wurden im Jahre 1997 eröffnet, entsprechend modern präsentiert sich die Anlage – und das beginnt bereits bei den Möglichkeiten der Kartenreservierung. Die Hundertwassertherme verspricht jedem Besucher einen eigenen Liegestuhl mit Geldzurück-Garantie, sollte einmal nichts frei sein. Bei Erreichen der Kapazität wird niemand mehr eingelassen, die Tickets können jedoch telefonisch oder per Internet vorgebucht werden.

Wir haben die Variante via E-Mail getestet: Gewünschtes Datum und Uhrzeit, ab der die Eintrittskarten gültig sein sollen, werden mittels eines Reservierungsformulars auf den Webseiten des Rogner-Bades eingetragen und online abgeschickt. Die Bestätigung kommt tatsächlich wenige Minuten später, wahlweise per Retourmail oder Telefonanruf. Und beim Eintreffen an der Kassa liegen die Karten schon bereit. Praktisch: Man erhält ein elektronisches Chiparmband, auf dem alle Konsumationen und sonstigen Ausgaben verbucht werden, bezahlt wird erst beim Verlassen der Therme.

Märchenhafte Poollandschaft

Das **Innere der Badeanlage** entspricht den Idealen von Hundertwasser, dessen Maxime bekanntlich lautete: „Die Gerade ist gottlos!" Dementsprechend verwinkelt präsentiert sich die Schwimmhalle, in der Blumau-Neulinge schon mal die Übersicht verlieren und sich wie in einer des Meisters Spiralen fühlen können: Brücken, Aufgänge, Inseln – doch nach ein paar Rundgängen, die mitunter in einer Sackgasse enden, ist alles halbwegs abgespeichert. Apropos rund: Natürlich gibt es kein einziges rechteckiges Bassin. Das 36 °C warme Heilwasser fließt quasi durch einen von zwei „Seen" geöffneten Kreisbahn-Kurs; die Floskel „Ich gehe mal ein paar Runden schwimmen" hat im Innen-

Rogner-Bad Blumau

beckenbereich von Bad Blumau durchaus ihre Berechtigung. Wasserfälle, Massagestrahlen und Whirlpools verleiten zu genussvollem Wasserspaß, den man allerdings auf Empfehlen der Betreiber auf maximal 20 Minuten beschränken sollte. Positiv: Für Kleinkinder gibt es zwei flache Becken, davor ist Platz für die Liegestühle der Eltern, die so ihre Sprösslinge aus nächster Nähe im Auge behalten können. Das Wasser in diesen Becken ist kein Thermalwasser (erst Kids ab sechs Jahren sollten sich in diesem aufhalten), sondern mindestens körperwarm temperiertes Süßwasser.

Das Thermal-Innenbecken leitet direkt in den **Außenbereich** über, der als eine Art riesiger Innenhof von den anderen Gebäuden der Therme bzw. den Hotelbauten umgrenzt wird. Hier kann man entweder in einem großen Becken, das alle thermenüblichen Annehmlichkeiten (Massagedüsen, Schwallbrausen, Whirlwanne) bietet, nach Herzenslust relaxen oder sich im Wellenbecken (Süßwasser mit etwas kühlerer Wassertemperatur) vergnügen. Sehr romantisch ist der Besuch der Außentherme allerdings bei Dunkelheit, wenn die umgebenden Hotelgebäude stimmungsvoll beleuchtet sind. Steigt dann auch noch in den kälteren Monaten der Nebel vom warmen Wasser auf, wirkt die Szenerie wie aus einem Märchen von 1001 Nacht und man träumt sich zu den (hier meist gut sichtbaren) Sternen ...

Einen wunderbaren Überblick über diese Poollandschaft und die ganze Anlage haben die Besucher übrigens vom Dach der Therme aus. Wie bei Hundertwasser üblich, ist dieser weitläufige Bereich zu einem baumbepflanzten und wiesenbegrünten, hügeligen Biotop ausgebaut worden und stellt in der wärmeren Jahreszeit einen idealen Platz für

Rogner-Bad Blumau

alle dar, denen es in der Halle zu eng und zu laut oder im Außenbereich zu belebt ist.

Vulkania – Das Wiesenstrandbad

Über einen Verbindungsgang geht es schließlich zum neuesten Teil der Anlage, dem erst 2003 eröffneten **Vulkania-Bereich,** mit dem die Badelandschaft auf rund 2500 m² Wasserfläche erweitert wurde. Im Innenbereich gibt es zusätzliche 1200 m² Ruhe- und Liegeflächen in einer architektonisch ansprechenden, ruhigen Raumumgebung, dazu ein weiteres Restaurant (Details über die umfangreiche Gastronomie in der Therme siehe unten) und modernste Solarien. Draußen wurde ein großes Heilwasserbecken mit Massage-Insel, das so genannte **Aphrodite-Bad,** in eine riesige Gartenlandschaft integriert, die mehr oder weniger nahtlos in die umgrenzenden Waldränder und Felder übergeht. Wundern Sie sich also nicht, wenn Sie sich bei Sonnenuntergang noch draußen aufhalten und plötzlich ein Fasan oder ähnliches Feldgetier Ihren Weg kreuzt! Wer ins 36 °C warme Wasser eintaucht, erlebt eine akustische Überraschung: Leise Unterwassermusik erfreut die Sinne ... Optisches Zentrum dieser höchst gelungenen Erweiterung ist ein künstlicher Vulkankegel, der hinter der zweiten nassen Attraktion aufragt: Der **„Vulkansee"** ist ein bis zu 180 cm tiefer Schwimmteich mit einem Schilfgürtel und Wasserpflanzen, der zu jeder Jahreszeit zugänglich und konstant zwischen 26 und 28 °C warm ist.

Abgesehen von viel Platz für die komfortablen Liegestühle und Holzliegen bietet Vulkania zwei Besonderheiten für den kleinen Schlummer nach dem Bad: So können sich erschöpfte Schwimmer auf

Rogner-Bad Blumau

Die Innengestaltung der Hundertwassertherme

grob behauenen Steinliegen niederlassen, um dort die Sonne aufzusaugen. Besondere Feinspitze werden sich jedoch eine der Hängematten sichern – eine Novität in der heimischen Thermenkultur, die zum Seele-baumeln-Lassen anregt.

Von den Hängematten sind es nur ein paar Schritte zu einem tollen Spielplatz samt kleinem **Indianerdorf,** wo sich die Kinder nach Herzenslust austoben können. Ein Baumkreis, ein Sandspielplatz und ein Klettergerüst bieten Abwechslung für die kleinen Thermengäste. In diesem „Garten der vier Elemente" ergänzen einander Wasser (= Vulkansee und Heißwasserbecken), Feuer (= der Vulkan „Strombolino", erhellt zu gewissen Anlässen die Sommernächte), Luft und Erde (= gemütliche Plätzchen zum Verweilen) zu einer Einheit, die alle Gäste anregen soll, zu Natur und Harmonie zurückzukehren und neue Kräfte zu tanken.

Rogner-Bad Blumau

„Achsoheiß" und „GönnDirWas"

Dem Saunafreund bieten sich im Bereich „Achsoheiß" verschiedenste Schwitzkabinen: Zwei finnische Außensaunen, eine Infrarotkabine, Kräuter- und Biosaunarium, türkisches Dampfbad, römisches Schwitzbad und ein Aroma-Raum bringen Abwechslung, ein Sprudelbecken und ein Kaltwasserbecken im Außenbereich runden das Angebot ab. Im Innenraum kann es bei guter Auslastung jedoch ganz schön eng zugehen (das Hotel verfügt leider über keinen eigenen Saunabereich, sodass hier Tages- und Hotelgäste gleichermaßen ins Schwitzen kommen), als erfreulich erweist sich jedoch der 800 m² große Saunagarten. Eine Saunabar und ein getrennter Ruheraum ergänzen das Angebot. Achtung: Ab 18.00 Uhr ist der Zugang für Kinder in den Sauna- und Dampfbadbereich ausnahmslos verboten!

Wer nach Heilwasser und Saunagängen Hunger verspürt, hat im Rogner-Bad Blumau die Qual der Wahl. Direkt im Badebereich befinden sich das Restaurant „NimmDirSelbst" und das Poolrestaurant „ObenDrauf", in dem man bis 10.30 Uhr seinen Thermentag mit einem gemütlichen Frühstück im Bademantel beginnen kann. Neben dem bereits erwähnten neuen Restaurant im Vulkania-Bereich wartet im Eingangsbereich das Café-Bistro „GönnDirWas", dessen Terrasse einen sehr schönen Blick auf Therme und Umgebung bietet und auch ohne Thermenbesuch frequentiert werden kann. Gesundheitsbewusst ist das Angebot in dem mit der Grünen Haube dekorierten A-la-carte-Restaurant „GenussReich", das besonderen Wert auf regionale Spezialitäten legt. Wer seinen Thermentag mit Gourmetküche krönen will, geht ins mehrfach ausgezeichnete „FeineSachen" (2 Hauben, Tischreservierung angeraten).

Die Preise sind der gehobenen Thermen-Hotelanlage angepasst, wobei größter Wert auf die Verwendung von Lebensmitteln aus kontrolliert biologischem Landbau gelegt wird. Kulinarische Selbstversorger beißen in Bad Blumau allerdings auf Granit. Höfliche, aber eindeutige Tafeln weisen darauf hin, dass der Verzehr selbst mitgebrachter Speisen und Getränke nicht gestattet ist. Abschließend sei noch die Vinothek „FeineWeine" erwähnt, in der man als Erinnerung so manches gute steirische Tröpferl oder Schnapserl erstehen kann.

Doch nicht nur kulinarische Bedürfnisse finden ihre volle Befriedigung: Im Beautyturm „Wunderschön" verwöhnen fachkundige Damen mit exklusiven Gesichts- und Körperanwendungen Sie und Ihn, das europaweit führende ganzheitliche Gesundheitszentrum „FindeDich" bietet ein fast unüberschaubares Angebot an traditionellen und fernöstlichen Massagen, Körperpackungen und Bädern, Ayurvedischen Anwendungen und ganzheitlichen Behandlungen (besonders erwähnenswert: die Klangtherapie und Behandlungen nach F. X. Mayr).

Und wer nach soviel Entspannung etwas für seine Fitness tun will, der hat die Möglichkeit unter Anleitung des LLOA (Long Life Optimal Activity)-Teams gezielte Bewegung mit und im Wasser zu machen. Weiters im Programm: Stressmanagement, Wirbelsäulengymnastik und Herz-Kreislauf-Training, Aerobic, Gruppenmeditation und verschiedene Vital-Checks.

Übernachten in Bad Blumau und Umgebung

Idealerweise sollte man nach so einem Wellnesstag jedoch nicht sofort wieder die Heimreise antreten, sondern gleich direkt im Märchenland übernachten: Komfortable Zimmer stehen im Stammhaus, Ziegelhaus oder Kunsthaus zur Verfügung, Appartements in den scheinbar unter der Erde liegenden Waldhofhäusern und den Augenschlitzhäusern.

Besonders familienfreundlich: Kinder bis zu 12 Jahren nächtigen kostenlos im Zimmer der Eltern oder Großeltern, werden im Spielraum „Freudichdrauf" gratis betreut (Montag bis Samstag) oder können – wenn sie zwischen 4 und 12 Jahre alt sind – im Rogner Abenteuerclub bei einer Fülle von Aktivitäten mitmachen. Doch auch in der näheren Umgebung der Therme gibt es zahlreiche ansprechende Quartiere und Privatpensionen.

Gemütliche Buschenschenken und Gasthöfe sowie ein reichhaltiges Angebot an Freizeit- und Sportmöglichkeiten machen die Umgebung der Therme zu einem attraktiven Urlaubsort für die ganze Familie. Gut beschilderte Rad- und Wanderwege, eine Lauf- und Inlineskatestrecke, ein Thermenreithof, Tennisplätze sowie Möglichkeiten zum Fischen und Ballonfahren sorgen für genügend Abwechslung. Für botanisch Interessierte sei die berühmte 1000-jährige Eiche in Bierbaumberg erwähnt, die mit ihrem Umfang von 8,75 m zu den bedeutendsten Naturwundern Europas gehört. Weitere Ausflugsziele sind die Einkaufs- und Kulturstadt Fürstenfeld, die steirische Schlösserstraße und der Tier- und Naturpark Herberstein (nähere Infos siehe → Heiltherme Bad Waltersdorf und Loipersdorf).

FACTS

Information

Rogner-Bad Blumau, Hotel & Spa, A-8283 Bad Blumau 100
Tel.: +43(3383)51 00-0; Fax:+43(3383)51 00-808; Beautyturm Wunderschön:
 +43(3383)51 00-9000; Gesundheitszentrum FindeDich: +43(3383)51 00-9700
E-Mail: spa.blumau@rogner.com; www.blumau.com.
Wasserfläche 2500 m²; Gesamtfläche der Anlage 40 Hektar

Rogner-Bad Blumau

Die Therme verfügt über 1000 Liegeplätze innen und über 600 Parkplätze für Tagesgäste. Jedem Gast wird ein Liegestuhl garantiert, sonst bekommt er das Eintrittsgeld zurück. Bei Erreichen der Kapazität wird die Therme gesperrt, Eintrittskartenreservierung ist jedoch telefonisch (Tel.:+43(3383)51 00-9600) oder per Internet möglich.

Ab 6 Jahren dürfen Kinder in die Thermalwasserbecken bzw. in den Saunabereich. Der Eintritt ist auch für Kinder unter 6 Jahren gestattet, jedoch dürfen nur die Kinder- bzw. Frischwasserbecken benutzt werden.

Öffnungszeiten
Tägl. 9.00–23.00 Uhr; Sauna ab 10.00 Uhr; Einlass bis 20.00 Uhr
Am 24. 12. bis 16.00 Uhr geöffnet; Einlass bis 13.00 Uhr
Am 31. 12. und am 1. 1. voraussichtlich geschlossen (bitte nachfragen).
Eintrittspreise: Basiseintritt für 3 Stunden, Tageskarten oder Abendkarten
 ab 17.00 Uhr; Familienkarten (Kinderkarte gültig von 6 bis 14 Jahren!)

Wasseranalyse und Indikationen/Gegenindikationen
Melchior-Quelle: Natrium-Hydrogencarbonat-Thermalwasser, 55 °C
Innerlich bei: Fastenkuren, Stoffwechselstörungen, Magen-Darm-Erkrankungen, Nieren- und Blasen-Funktionsstörungen. Äußerlich bei: Rheuma, Gelenkbeschwerden, Neurodermitis, Hals-, Nacken- und Schulterschmerzen, Frauenleiden.
Vermieden werden sollte das Thermalwasser bei Krampfadern und Herz-Kreislauf-Problemen.

Übernachtungsmöglichkeiten
Hotel Rogner-Bad Blumau, A-8283 Bad Blumau 100
Reservierung: Tel.:+43(3383)51 00-9449; Fax: +43(3383)51 00-804;
E-Mail: reservierung@blum.rogner.com.
Die Zimmer haben einen direkten Verbindungsgang zur Therme, der Zugang von den Appartements der Augenschlitz- und Waldhofhäuser erfolgt übers Freie. Zahlreiche Pensionen, wie zum Beispiel das gemütliche **Landhaus Dampf** (8283 Bad Blumau, Klein Steinbach 39; Tel.: +43(3383)25 32; www.dampf.at), und Ferienwohnungen in unmittelbarer Umgebung, wobei alle Zimmervermieter und der ganze Ort auf Familien eingestellt sind.
Infos im Büro des Tourismusverbands Bad Blumau, der sich direkt am Besucherparkplatz der Therme befindet (Tel.: +43(3383)23 77; Fax: +43(3383)31 00; E-Mail: info@tvbadblumau.at; www.blumau.com).

Veranstaltungen und Ausflugsziele
In unmittelbarer Umgebung befindet sich das ehemalige **Wasserschloss Burgau**, das sich als Kulturzentrum im Thermenland einen Namen gemacht hat.
Weitere Informationen über die **Steirische Schlösserstraße** erhalten Sie unter www.schloesserstrasse.com. Ausflugstipps siehe auch → Heiltherme Bad Waltersdorf und → Loipersdorf.

Therme Loipersdorf

Den Besucher erwartet eine richtige Thermenstadt mit vielerlei Angeboten für Groß und Klein und guter Infrastruktur, die an manchen Tagen ziemlich überfüllt ist.

Im Südosten der Steiermark, einige Autominuten von Fürstenfeld entfernt, steht eine der größten Wellness-Oasen Europas. Die Therme Loipersdorf ist eine in den letzten Jahren immer wieder ausgebaute kleine Wasser-Stadt, die auch jetzt noch Schritt für Schritt erweitert wird, quasi „Wellness in Progress".

Hier im Kürbiskernölland suchte man im Jahre 1972 nach Erdöl und fand nur warmes Wasser – ein Manko, das sich jedoch als die Geburtsstunde des österreichischen Thermentourismus entpuppte und die Erfolgsgeschichte einer Gegend begründete, in der sich damals noch Fuchs und Hase gute Nacht sagten und die heute über erstklassige Infrastruktur für Einheimische und Gäste verfügt.

Im Labyrinth der Wasserstadt

Vorweg ein kleiner Tipp für alle, die sich Loipersdorf mit dem Auto annähern: Fahren Sie langsam. Nirgendwo sonst in Österreich stehen auf

Therme Loipersdorf

ein paar hundert Straßenmetern so viele auffällige Radarboxen (übrigens ein Kunstprojekt). Und Sie werden Ihr Geld noch brauchen ...

Denn spätestens an der Kasse in der bahnhofshallengroßen Aula der Therme (die auch Geschäfte und einen Info-Point für die Gäste bietet) begreift der Besucher, dass sein Wellnesstag nicht billig wird – sofern er nicht gerade Geburtstag hat, denn dann ist der Eintritt gratis. Zwei Personen zahlen inklusive Schaffelbad rund 80 Euro, allerdings bekommen sie beim Verlassen des Bades 2 x 10 Euro Pfand für die obligate Chipuhr wieder zurück.

Der Loipersdorfgast sollte jedoch nicht nur gut bei Kasse, sondern auch gut zu Fuß sein. Durch die vielen Ausbauten seit der Eröffnung der Anlage im Jahre 1981 marschiert man von den Umkleideräumlichkeiten zu den neuesten Attraktionen mehrere Minuten lang treppauf und treppab, durch lange und zugige Gänge, quer durch intensiv riechende Selbstbedienungs-Restaurants, über offene Höfe (im Winter sehr erfrischend) und durch mehrere Drehkreuzsperren, die jedes Mal mittels besagter Chipuhr geöffnet werden wollen. Leider ist das die einzige Funktion dieses blauen Schmuckstücks. Weder sperrt sie die Garderobenkästchen – weshalb sich der Gast ein zweites Armband mit dem Schlüssel umschnallen muss –, noch lassen sich die Konsumationen in einem der Restaurants bzw. Cafés der Anlage aufbuchen. Folge: Wer sein Geld im Garderobenkasten deponiert, läuft jedes Mal, wenn etwas gekauft werden soll, einen Marathon quer durch die Therme – „Städtetouristen" brauchen eben eine gute Kondition.

Doch es gibt ansonsten nicht viele Minuspunkte, die man der Therme Loipersdorf ankreiden könnte. Diese „Wasserstadt" mit ihren drei Bezirken bietet für jeden Anspruch mehr als eine Lösung – aber wie bei einer richtigen Metropole braucht es mehrere Besuche, bis man alle Feinheiten und Wege kennt. Es ist keine Schande, sich beim ersten Mal in diesem Gewirr aus Hallen, Gängen, Treppen und Ruheräumen, die alle irgendwie miteinander verbunden sind, zu verlaufen. Das ist auch den thermenerprobten AutorInnen dieses Buches passiert ...

Bezirke mit unterschiedlichen Qualitäten

Bezirk Nummer 1 und quasi die Altstadt ist der ursprüngliche Thermenbereich aus den Achtzigerjahren. Ein großes Thermalaußen- und ein ebensolches Innenbecken (36 °C), ein Heißwasser- (38 °C) und ein Kaltwasserbecken (24 °C), umgeben von jeder Menge Liegestühle. Hier fühlen sich vor allem die älteren Besucher wohl. (Achtung: Kinder bzw. Jugendliche unter 16 Jahren dürfen hier nicht ins Wasser!) Im Nebentrakt ist die 1300 m² große Sonnensauna untergebracht. Sie bietet u. a. einen Saunahof mit Tauchbecken und Whirlpool, Kräutersauna, Dampfgrotte, Solarliegen und das Dampfsauna-Steinbad, in

Therme Loipersdorf

Die „Steirische Sauna" im Schaffelbad

dem für den Aufguss ein mit glühenden Steinen gefüllter Eisenkorb in ein Kaltwasserbecken getaucht wird. Die Benützung dieser attraktiven und deshalb oft überfüllten Einrichtungen ist im Standard-Eintrittspreis inbegriffen.

Der zweite, etwas jüngere Bezirk ist das **Erlebnisbad mit dem Eltern-Kind-Bereich,** mit seinen 23 000 m² Gesamtfläche auch gerne die „steirische Karibik" genannt. Da fehlt eine 101 m lange Wasserrutsche, die in ein großes Außenbecken mündet, ebenso wenig wie eine Wasserzentrifuge. Im Sommer rauschen im Wellenbecken kontrolliert die Brecher, im Acapulcobecken mit Breitrutsche und Sprungturm und im riesigen Freibereich mit Spiel- und Sportpark können sich die Kids nach Herzenslust austoben. Strandfeeling pur gibt es aber nur für die Kleinsten – dafür das auch im Winter. Am Baby-Beach dürfen sie in echtem Sand aus Florida wühlen und auf Muschelsuche gehen, während die Eltern vom Whirlpool aus den Überblick behalten. Von hier aus ist auch der Gäste-Kindergarten erreichbar, wo die Thermen-Minis während des Loipersdorfaufenthalts stundenweise betreut werden, sofern es die Eltern wünschen. Dass es in diesem Bezirk wuselt und lärmt, liegt in der Natur der kindlichen Sache.

Kleiner Wermutstropfen: Kinder, die dem Babyalter schon entwachsen sind, haben's im Loipersdorfer Winter etwas schwer: Das

Thermenbad dürfen sie noch nicht benutzen, Wellen- und Acapulcobecken sind zu, für den Babybeach sind sie schon zu groß – was ihnen bleibt, ist eine Mini-Grotte und das Außenbecken, wo es bei eisigen Temperaturen und kinder-langen Badezeiten dann doch manchmal zu kühl wird ...

Luxuriöses Wellnessparadies

Kinderlose und ruheliebende Thermengäste werden sich daher in den dritten und neuesten Bezirk der Therme Loipersdorf verkrümeln, ins ca. 8500 m² große, aufpreispflichtige Schaffelbad. Es wurde 1996 eröffnet, mehrmals erweitert und ist ein wahres Wellness-Paradies (Eintritt ab 16 Jahren). Auf mehrere Gebäude verteilen sich ein halbes Dutzend Ruheräume. Die Liegestühle hier sind so zahlreich, dass sie nicht – wie in den Bereichen außerhalb des Schaffelbades – erst mit einer aus einem Ticketautomaten gezogenen Liegestuhlkarte entsperrt und damit benutzfertig gemacht werden müssen. Insgesamt können die Gäste hier zwischen fünf verschiedenen Beckenanlagen wählen.

Im Saunabereich braucht selbst ein echter Saunaprofi zwei bis drei Besuche, um alle Attraktionen zumindest einmal auszuprobieren – von der Steirischen Sauna (Steirische Schwitzstube, Kräuter- und Teichsauna, Schwitzstadl) über die römische Saunawelt (Dampfbäder Laconium und Caldarium, vier Aromagrotten) bis zu den Holzblock-Saunen im Freien und zur Kräutersauna und den Infrarotkabinen im See-Pavillon. Letzterer ist ein komplett verglastes und deshalb lichtdurchflutetes Gebäude mit mehreren Etagen am Rande eines kleinen Naturteichs. Wer hier einen Liegestuhl belegt oder durch die Glasfront der Sauna auf die Enten des kleinen Sees blickt und sich dabei nicht entspannt, dem ist wohl nicht mehr zu helfen ...

Oder vielleicht doch? Schließlich gibt es noch mehrmals täglich und kostenlos energetische Körperübungen wie Qi Gong, Yoga und Meditationen bzw. Aquafitness und Relaxübungen und gegen Bezahlung darf man sich bei Watsu in die Schwerelosigkeit des Wassers fallen lassen. Weiters in den Schaffelbad-Bezirk integriert: der Bereich Oasia mit der Abteilung Body & Soul, in der alternative Massagen wie Lomi Lomi Nui (polynesische Massagemethode), Ayurveda-Anwendungen oder die La Stone-Therapie angeboten werden, und dem Beauty-Salon (Behandlungen sind auch ohne Thermeneintritt möglich).

Rushhour in der City

Damit das leibliche Wohl in der Thermenstadt nicht zu kurz kommt, sorgen in jedem Bezirk verschiedene Lokale für die notwendige kalorische Verpflegung. Ob im Selbstbedienungsbereich des Erlebnisbads oder im Schmankerl-Restaurant im Schaffelbad – für jeden Gusto ist was dabei, und meist kann man das Angebotene schon von weitem riechen. Doch selbst bei dieser Fülle von Ess-Stationen ist nicht sicher, dass jeder auch dort, wo er möchte, ein freies Platzerl findet.

Was wieder zu einem grundsätzlichen Problem der Therme führt: zum riesigen **Besucherandrang.** Zu Ferienzeiten muss man damit rechnen, keinen Liegestuhl zu bekommen – außer im Schaffelbad, wo dies garantiert wird. Es kommt auch vor, dass an der Kasse lange Schlangen stehen oder niemand mehr eingelassen wird, was vor allem nach einer langen Anreise ärgerlich ist. Also planen Sie Ihren Thermentag gut, kommen Sie zeitig in der Früh (Nächtigungsgäste dürfen übrigens schon ab 7.00 Uhr in die Therme, während Tagesgäste erst um 8.30 Uhr eingelassen werden) oder erkundigen Sie sich über die aktuellen Kapazitäten.

Nicht so turbulent geht es im letzten zu beschreibenden Bezirk unserer Thermenstadt zu: der **Therapieabteilung.** Denn obwohl die Therme Loipersdorf schon von jeher nicht auf Kurgäste fixiert war und sich verstärkt um Wellness-, Aktiv- und Erlebnisgäste bemühte, stehen all jenen, die ihre Beschwerden lindern wollen, eine Kuranstalt und ein physikalisches Institut zur Verfügung.

Was bieten die Außenbezirke?

Doch auch der größte Wasserratz hat einmal genug vom Pritscheln und will seine Nase über den Rand der Wasserstadt stecken. Die Gegend ist zwar in den letzten zwei Jahrzehnten aus ihrem Dornröschenschlaf erwacht und heute in ganz Österreich ein Begriff, bietet aber trotz des hohen Besucherandrangs alle Voraussetzungen für einen **erholsamen Aktivurlaub** inmitten von Wiesen und Weingärten. Rund um die Therme lockt die sanfte steirische Hügellandschaft zur Bewegung in freier Natur, sei es radelnd, reitend, laufend oder wandernd (Rad- bzw. Wanderkarten am Infostand in der Therme). Eine Besonderheit ist hiefür der megalithische Kraftwanderweg: Auf einem Selbsterfahrungsspaziergang zu 44 Steinen kommen die Energien ins Fließen. Freunde des Golfsports können ihrer Leidenschaft auf der rund 64 Hektar umfassenden Thermengolfanlage frönen, die auch Schnupperstunden oder Kurse für Kinder und Jugendliche anbietet (Tel.: +43(3382)85 33; www.thermengolf.at). Weitere Sportmöglichkeiten: Tennis (6 Frei- und 3 Hallenplätze), das Fitness-Studio direkt in der Therme und ein Aktivprogramm, mit dem man sich mit Hilfe von ausgebildeten Sportbetreuern in Form bringen kann. Zum steirischen Thermenfeeling gehört aber auch ein Besuch in einer der urigen Buschenschenken, z. B. entlang der Thermenland-Weinstraße (www.steirischerwein.at) oder der nahe gelegenen Apfelstraße, die im Frühling in eine weiß-rosa Blütenwolke eingehüllt ist (www.apfelstrasse.at).

Therme Loipersdorf

FACTS

Information   i

Therme Loipersdorf, 8282 Loipersdorf 152
Tel.: +43(3382)82 04-0; Fax: +43(3382)82 04-87; Oasia: +43(3382)82 04-2400,
E-Mail: info@therme.at; www.therme.at.
Wasserfläche: 3500 m²; Gesamtfläche der Anlage ca. 50 000 m²
Insgesamt stehen 1900 Liegen und über 1000 Parkplätze (inkl. Hotels) zur Verfügung. An absoluten Spitzentagen wie z. B. dem Nationalfeiertag muss die Therme wegen des großen Andrangs gesperrt werden.
Kindern bzw. Jugendlichen unter 16 Jahren ist der Zutritt ins Schaffelbad sowie ins Thermenbad untersagt. In die Sauna dürfen Kinder ab 6 Jahren, jedoch nur mit einer erwachsenen Begleitperson.

Öffnungszeiten

Therme: tägl. 8.30-21.00 Uhr (Nächtigungsgäste ab 7.00 Uhr); Mi & Fr bis 23.00 Uhr
Sauna: tägl. 9.00-21.45 Uhr
Schaffelbad: tägl. 9.00-21.00 Uhr; Mi & Fr bis 23.00 Uhr
Oasia: Mo-Sa 9.00-12.00 Uhr; 12.30-16.00 Uhr; So & Fei 9.00-12.00 Uhr
Therapie: Mo-Fr 8.00-17.00 Uhr.
Betriebssperre: meist am 24. 12., Teilbereiche sind meist 7 bis 10 Tage vor Weihnachten wegen Revisionsarbeiten geschlossen. Dies ist jedoch jedes Jahr verschieden.

Wasseranalyse und Indikation/Gegenindikationen

Natrium-Chlorid-Hydrogencarbonat-Therme
Indikationen: Zur unterstützenden Behandlung bei: entzündlichen und degenerativen Gelenk- und Wirbelsäulenerkrankungen, Weichteilrheumatismus, Nachbehandlung nach Verletzungen und Operationen, peripheren Durchblutungsstörungen, vegetativen Erschöpfungszuständen.

Gegenanzeigen: Dekompensierte Herzleiden, maligne Prozesse, ausgeprägtes Lungenemphysem, thromboembolische Erkrankungen, Ovarialtumore, Gravidität.

Übernachtungsmöglichkeiten

Insgesamt fünf Hotels verfügen über eine direkte Gangverbindung zur Therme, wobei das **Thermenhotel Stoiser** als Einziges eine eigene Badelandschaft besitzt: **Intercontinental Resort & Spa Loipersdorf, Thermenhotel Stoiser, Hotel Vier Jahreszeiten, Thermenhotel Kowald, Thermalhotel Leitner.**
Rund um die Therme gibt es eine Vielzahl von Hotels, Pensionen und Ferienwohnungen. Erwähnt sei das **Familienhotel Villa Kunterbunt** mit Thomas Brezinas kunterbunter Spielwelt, in dem Kinder und Eltern gleichberechtigt sind
(Villa Kunterbunt, 8380 Grieselstein, Therme 99; Tel.: +43(3329)48-502;
Fax: +43(3329)48-502-500; E-Mail: hotel@villakunterbunt.at;
www.villakunterbunt.at) und für Luxusgeschöpfe das exklusive **Landhaus**

Loipersdorf – die größte Therme Europas

Unser Erlebnisbad
Hier steht ein einzigartiges Bade-, Spiel- und Erlebnisareal für die ganze Familie zur Verfügung. Für Action sorgt die Multi-Media-Rutsche, hoch her geht es im Wildbach, Muscheln aus Florida kann man am Baby-Beach sammeln, großzügige Ruheräume laden zum Ausruhen ein ...

Die Beckenlandschaft
Sommerbecken, Acapulcobecken, Atriumbecken, Therapiebecken, Steirische und Römische Sauna, Kräuter- und Holzblock-Sauna, Kneippbach, weitreichende Ruheräume, Biotop, Seepavillon mit Naturteich und vieles mehr ...

Erholung im Schaffelbad
Jeder Mensch ist etwas Besonderes. Jeder Mensch ist eigen und hat seinen Weg, um sich zu erholen und abzuschalten. Deshalb bietet das Schaffelbad der Therme Loipersdorf viele Möglichkeiten zum Entspannen und Abtauchen im wohltuenden Thermalwasser.

Unsere Saunalandschaft
Unsere Sonnensauna gilt als das heißeste Wellness-Pflaster der Steiermark. Was hier auf insgesamt 1300 m² Körper und Geist zum Schwitzen, Dampfen, Abkühlen und Auftanken bringt, ist einzigartig in Österreich. Hier gilt das Motto: „Gut geschwitzt ist viel gewonnen".

Therme Loipersdorf

Römerstein (Golf & Relaxhotel Römerstein, 8282 Therme Loipersdorf; Tel.: +43(3329)467-77; Fax: +43(3329)462-90; E-Mail: roemerstein@netway.at; www.tiscover.com/roemerstein).
Auskünfte direkt beim Info-Stand in der Therme oder beim Tourismusverband Loipersdorf (Tel.: +43(3382)88 33; Fax: +43(3382)88 33-97; E-Mail: tv@loipersdorf-info.com; www.loipersdorf.com).

Gastronomisches

Die bodenständigen, kulinarischen Köstlichkeiten der Kernöl-Region sollte man unbedingt probieren – am besten in einer typischen Buschenschank. In einem monatlichen Kalender, der im Info-Büro aufliegt, informiert Loipersdorf über die Öffnungszeiten der Buschenschenken und über sonstige Veranstaltungen. Tipp: Mittwoch und Freitag findet von 15 bis 18 Uhr gegenüber dem Thermeneingang ein Bauernmarkt statt.
Am Ortsende von Riegersburg liegt die bekannte **Obstbrennerei und Essigmanufaktur Gölles**, der kulinarisch Interessierte einen Besuch abstatten sollten (Tel.: +43(3153)75 55; E-Mail: obst@goelles.at; www.goelles.at).
Und Naschkatzen werden um die **Schokoladenmanufaktur von Sepp Zotter** nicht herumkommen (8333 Riegersburg, Bergl 56 A; Tel.: +43(3152)55 54; Fax: +43(3152)55 54-4; E-Mail: schokolade@zotter.at; www.zotter.at).

Veranstaltungen und Ausflugsziele

Die Bezirks- und Einkaufsstadt **Fürstenfeld** verfügt nicht nur über eines der größten Freibäder Europas, sondern auch über ein interessantes Stadtmuseum mit dem Schwerpunkt „Kruzitürken und Tabak", das in der Pfeilburg – dem ältesten Gebäude Fürstenfelds, in dem 1691 die erste Tabakfabrik Österreichs errichtet wurde – untergebracht ist (8280 Fürstenfeld, Klostergasse 18; Tel.: +43(3382)514-00).
Den Zauber vergangener Tage erlebt man auf der **Riegersburg**, die weithin sichtbar auf einem 482 m hohen Vulkankegel thront und im Laufe ihrer Geschichte nie erobert werden konnte. Die „stärkste Burg der Christenheit" ist zu Fuß über einen steilen, durch sieben Tore gesicherten Felsenpfad zu erklimmen (seit 2003 gibt es jedoch auch einen Schrägaufzug). In der Burg befinden sich neben einer Ausstellung über die 900-jährige Geschichte der fürstlichen Familie Liechtenstein das Hexenmuseum und eine Greifvogelwarte (beides April bis Oktober geöffnet! Tel.:+43(3153)83 46; Fax +43(3153)74 38; E-Mail: office@veste-riegersburg.at; www.veste-riegersburg.at).
Wer Sinn für Skurriles besitzt, sollte einen Abstecher nach Edelsbach zu Franz Gsellmanns faszinierender **Weltmaschine** machen (www.weltmaschine.at).

Kurtherme Bad Gleichenberg

Die altehrwürdige Mineraltherme ohne Spaßanspruch im steirischen Vulkanland atmet den Geist einer großen Vergangenheit – und einer möglicherweise noch größeren Zukunft.

Bad Gleichenberg ist der älteste Kurort der Steiermark und zugleich eine Ortschaft der Gegensätze. Eingebettet in eine sanfte Hügellandschaft geben sich bei der hiesigen Architektur die unterschiedlichsten Stilepochen und Erhaltungszustände die Hand. Auf der einen Seite umgibt den Besucher der Flair von k. u. k.-Sommerfrische-Nostalgie pur, aufgelockert durch mediterrane Leichtigkeit. Auf der anderen Seite irritieren Bausünden der Sechziger- und Siebzigerjahre das Auge. Aufgebene Hotelbauten, deren bessere Zeiten Jahrzehnte zurückliegen und die auf die Auferstehung warten, stehen neben prachtvollen Herrschaftsvillen, heute noch schöner als bei ihrer Erbauung.

Dazwischen ein 20 Hektar großer Kurpark mit eindrucksvollem Altbaumbestand, eine Trink- und Wandelhalle, eine überdachte Konzertterrasse und immer wieder Heime und Beherbergungsbetriebe verschiedener Spezialkrankenkassen, die seit Jahrzehnten die rekonvaleszenten Beitragszahler ihre Kurschatten kennen lernen lassen.

Kurtherme Bad Gleichenberg

Erholsames Kurbaden ohne Schnickschnack

Genau diese Melange aus großer Vergangenheit, längst überkommener Modernisierung und zaghaft in Angriff genommener Zukunft findet sich auch in der 1972 errichteten Mineraltherme. Mit rund 600 m² Wasserfläche ist sie eine eher kleine Thermenanlage. Durchschnittlich 300 Badegäste kommen pro Tag hierher, nur an Wochenenden in der Spitzensaison wird das Maximum von 600 Besuchern erreicht. Und da die meisten der Gäste aus dem Ort bzw. aus den umliegenden Kurheimen kommen, war es bei unseren Besuchen nie ein Problem, einen Parkplatz nahe dem Thermeneingang zu finden. Die Preise sind moderat, der Weg von der freundlichen Dame an der einzigen Kassa in den Umkleidebereichen dauert keine 10 Sekunden. Hightech-Schnickschnack wie Chipschlüssel gibt es hier nicht.

Die Mineraltherme bietet innen ein 31 °C warmes Großbecken sowie in einem Nebenraum (aus jener Epoche, als Spiegelfliesen an der Wand und kugelige Laternenleuchten der letzte Schrei waren) drei Sprudelbecken (36 °C, Süßwasser) für jeweils sieben Personen. Draußen hat das Wasser 34 °C und vom Bassin aus blickt man auf die Hotels entlang der Zufahrtsstraße und den Kurpark. Ein Wasserpilz, Bodensprudel und ein paar Massagedüsen sind die Attraktionen – wer hier nach Riesenrutschen, Lichtorgeln und Animationsstress sucht, ist an der falschen Adresse.

Innen stehen rund um das Becken sowie im Whirlpoolraum einige Liegestühle; einen eigenen kleinen Ruheraum gibt's im Untergeschoß.

Allzu laut geht es in dieser Therme, die wie eine Zeitreise in die frühen Siebzigerjahre ist, aber sowieso nicht zu. Das Publikum, das sich hauptsächlich zu Kurzwecken hier aufhält, ist meist älter und gesetzter, für Kinder gibt es praktisch nichts, was außer Schwimmen irgendwie interessant wäre.

Therme zwischen gestern und morgen

Doch die Tage dieses Kurbad-Refugiums sind bereits gezählt. Noch Ende 2004 will man mit der Neugestaltung des Gesundheits- und Thermenresorts beginnen (Investitionsvolumen 50 Millionen Euro), dessen Eröffnung für Herbst 2006 geplant ist – ein kurzer Anruf, ob nicht gerade Großbaustelle herrscht, empfiehlt sich also dringend vor einem Besuch. Wie die Zukunft aussehen könnte, zeigt bereits jetzt der Durchgang zwischen den Umkleideräumen und der Schwimmhalle. Hier, wo auch die Toiletten untergebracht sind, wurde vor kurzem generalsaniert. Alles ist topmodern und cool gestylt wie in einem Fünfsternehotel – ein interessanter Kontrast zum Rest des Baus.

Dringend nötig ist dieser Umbau auch für den **Saunabereich.** Der ist zwar picobello sauber und gut geführt, aber einer der kleinsten, die

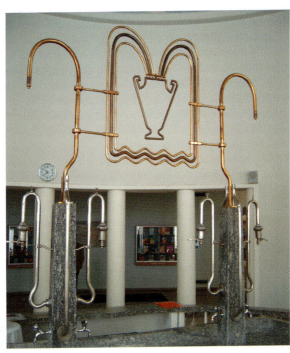

Der Trinkbrunnen im Kurzentrum

wir bei unserer Rundreise durch Österreichs Thermenwelt vorgefunden haben. Eine Finnsauna, ein Dampfbad und eine Infrarotkabine sowie ein kleiner Ruheraum (kein Außenbereich), mehr Angebot gibt es in diesem Nebentrakt nicht. Erfreulich sind jedoch die eigene Damensauna und das Tauchbecken, das fast so groß wie ein reguläres Bassin in anderen Hallenbädern ist. Wer etwas konsumieren möchte, kann im Sommer die Schirmbar am Rande des Außenbeckens aufsuchen. Oder man verlässt im Bademantel die Schwimmhalle und besucht das nette Thermenrestaurant, das jeden Tag neben A-la-carte-Speisen auch zwei preisgünstige Menüs anbietet.

Das der Therme angeschlossene **Kurzentrum** zählt zu den bekanntesten Österreichs und ist eine qualifizierte Anlaufstelle für viele Bereiche der gesundheitlichen Vorsorge, vor allem bei Erkrankungen des Bewegungsapparates, Atemwegserkrankungen und Herz-Kreislauf-Störungen. Eine spezielle Station für Psoriasis und Neurodermitis sowie die Möglichkeit von Kinderkuren zählen auch zum Programm. Die Thermeninfrastruktur wird durch ein umfangreiches Wellness- und Schönheitsangebot der Kosmetikabteilung ergänzt, die als echt steirische Besonderheit Behandlungen mit Kürbiskernprodukten anbietet (Kürbiskernölbad, Kürbiskernpeeling u. a.).

Tradition goes future

2004 wurde das 170-jährige Jubiläum der Gleichenberger Johannisbrunnen AG gefeiert, mit deren Gründung die Nutzung der Heilquellen in Bad Gleichenberg begann. Das Motto der Festivitäten lautete „Tradition goes future" – im Moment arbeitet man nämlich intensiv an einer Neuausrichtung des Kurortes, bei der jedoch die traditionsreiche Vergangenheit nicht in der Versenkung verschwinden soll. Auch in Zukunft will man sich vor allem dem **Gesundheitstourismus** widmen und weniger auf Action- und Spaßerlebnisse setzen – Stressabbau und seelische Entspannung sollen auch im neu zu errichtenden Thermenresort im Vordergrund stehen. Dass diese Werte hier hoch geschätzt werden, zeigt die Geschichte.

Die hiesigen Heilquellen, die schon die Römer nutzten, wurden 1834 vom damaligen Gouverneur der Steiermark, Mathias Constantin Capello Graf von Wickenburg, für jedermann zugänglich gemacht. Der „Curort" erlangte wegen seines milden Klimas und seiner landschaftlichen Schönheit schnell internationalen Ruhm. 1837 legte dann Gräfin Emma von Wickenburg den 20 Hektar großen **Kurpark** an, der heute zu den großen englischen Landschaftsgärten Österreichs zählt und dessen Besonderheit ein Mammutbaum von 50 Metern Höhe ist. „Gleichenberg ist eine weiche, blumenumwundene Sänfte, wo man sich in aller Behaglichkeit wohl einmal ein paar Wochen dem unge-

Kurtherme Bad Gleichenberg

störten Nichtstun und Nichtssein hingeben kann", schrieb der steirische Heimatdichter Peter Rosegger 1906 – eine Art von damaliger Wellness, von der heute viele stressgeplagte Menschen träumen.

Und dem hektischen Alltag zu entfliehen, ist hier nicht schwer: Auf zahlreichen Radwanderwegen oder Wanderrouten gilt es die liebliche Landschaft mit ihren Vulkankuppeln und -kegeln zu erkunden. Auch Themenwege wie eine Hexen- und Sagenwanderung oder eine Kernöl-, Schwammerl- und Weintour werden angeboten. Besonders schön ist der „Weinweg der Sinne", der in St. Anna am Aigen bei der (übrigens sehr empfehlenswerten) Gesamtsteirischen Vinothek seinen Ausgangspunkt nimmt. Golfern steht direkt in Bad Gleichenberg ein 9-Loch-Platz zur Verfügung (Tel.: +43(3159)37 17; E-Mail: gcgleichenberg@golf.at), acht weitere Anlagen befinden sich im Umkreis von 50 Kilometern.

FACTS

Information

Kurtherme Bad Gleichenberg, 8344 Bad Gleichenberg, Brunnenstraße 31
Tel.: +43(3159)22 94-0; Fax: +43(3159)22 94-22; E-Mail: office@kurtherme.at;
 www.kurtherme.at.
Wasserfläche: 600 m²; Gesamtfläche der Anlage ca. 5000 m²
Kapazität: ca. 600 Besucher. Wenn keine Kästchenschlüssel mehr vorhanden sind, wird die Therme bis auf Widerruf geschlossen, was an Feiertagen manchmal passieren kann.
Badeeintritt für Kinder ab 3 Jahren (keine Wickelkinder!), Sauna ab 6 Jahren mit Begleitperson, sonst ab 12 Jahren.

Öffnungszeiten
Mo-Sa 8.30-21.00 Uhr, So 8.30-20.00 Uhr
Schließzeiten: Am 24. 12 und 31. 12. ist die Therme nur bis 12.00 Uhr geöffnet. Bei Innenbeckenrevision ist die gesamte Therme ca. eine Woche geschlossen, bei Außenbeckenrevision ist das Hallenbecken benutzbar (Termin wird jedes Jahr neu festgesetzt).

Wasseranalyse und Indikation/Gegenindikationen
Natrium-Hydrogencarbonat-Chlorid-Therme
Indikationen: Herz- und Kreislauferkrankungen, rheumatischer Formenkreis, Schmerzzustände und Bewegungseinschränkungen bei Gelenksbeschwerden.
Gegenindikationen: Venenleiden.

Kurtherme Bad Gleichenberg

Übernachtungsmöglichkeiten

Stilvoll wohnen kann man im **Gleichenberger Hof** und der damit verbundenen Villa Gleichenberg (4 Sterne), einem Gründerzeit-Schmuckkästchen mit Blick auf den Kurpark. Gleichenberger Hof, 8344 Bad Gleichenberg 27; Tel.: +43(3159)24 24; Fax: +43(3159)29 55-6; E-Mail: office@gleichenbergerhof.at; www.gleichenbergerhof.at.

Das **Thermenhotel „Zur Emmaquelle"** (3 Sterne) bietet zwar keine großen Besonderheiten, ist jedoch als einziges Hotel durch einen Gang mit der Therme verbunden. Thermenhotel „Zur Emmaquelle", 8344 Bad Gleichenberg, Brunnenstraße 36; Tel.: +43(3159)22 41; Fax: +43(3159)22 41-9; E-Mail: thermenhotel-emmaquelle@scheer-tropper.at; www.scheer-tropper.at. Mehr Infos im Info-Büro, 8344 Bad Gleichenberg 11; Tel.: +43(3159)22 03; Fax: +43(3159)22 03-3; E-Mail: info@bad-gleichenberg.at; www.bad-gleichenberg.at.

Gastronomisches

Zum gastronomischen Genuss schwärmt man am besten in die umliegenden Hügel aus. Besonders zu empfehlen ist ein Besuch des auf einem Plateau liegenden, mit seinen drei Kirchen weithin sichtbaren Ortes Straden. Neben der **Saziani-Stub'n**, die mit ihren 3 Hauben und dem „Koch der Jahres 2004" Gerhard Fuchs das Blut jedes Gourmets in Wallung bringt (Saziani Stub'n des Weingutes Neumeister, 8345 Straden 42; Tel.: +43(3473)86 51; Fax: +43(3473)86 51-4; E-Mail: saziani@neumeister.cc; www.neumeister.cc), gibt es hier auch noch ein besonderes Landwirtshaus zu entdecken:

Der **Stöcklwirt** kocht nur mit regionalen Produkten von höchster Qualität. (Stöcklwirt, 8345 Straden, Neusetz 44; Tel. und Fax: +43(3473)70 46; E-Mail: office@stoecklwirt.at; www.stoecklwirt.at). Beide Lokale bieten übrigens auch Übernachtungsmöglichkeiten an.

Ein weiterer Treffpunkt für Weinkenner und Gourmets ist **Schloss Kapfenstein**. Diese auf einem erloschenen Vulkankegel thronende Anlage kam 1918 in den Besitz der Familie Winkler-Hermaden, die sie zu einem Hotel ausbaute. Hotel & Restaurant Schloss Kapfenstein, 8353 Kapfenstein 1; Tel.: +43(3157)300 30-0; Fax: +43(3157)300 30-30; E-Mail: hotel@schloss-kapfenstein.at; www.schloss-kapfenstein.at.

Veranstaltungen und Ausflugsziele

Im **Styrassic-Park** begegnet man Dinosauriern, die in Lebensgröße und originalgetreu nachgebaut wurden. Auf einem Areal von 5 Hektar erzählen die Urzeit-Monster ihre Geschichte von ihrem ersten Auftreten im Perm bis zu ihrem rätselhaften Aussterben in der Kreidezeit. Styrassic-Park, 8344 Bad Gleichenberg, Dinoplatz 1; Tel.: +43(3159)28 75-0; Fax: +43(3159)28 75-16; E-Mail: office@styrassicpark.at; www.styrassicpark.at. Weitere Tipps siehe auch die Kapitel → Loipersdorf und → Bad Radkersburg!

Parktherme Bad Radkersburg

In der südlichsten Therme der Steiermark fühlt sich Groß und Klein vor allem im Sommer im ausgedehnten Freibereich der Murauen wohl.

Die geteilte Stadt Bad Radkersburg, an der Grenze zum neuen EU-Nachbarn Slowenien im südöstlichsten Zipfel der Steiermark gelegen, lebt unübersehbar von ihren Thermalquellen, die zu den heißesten und mineralstoffreichsten der Steiermark gehören. Etwas mehr als eine Stunde von Graz, rund zweieinhalb Fahrstunden von Wien entfernt, hat sich dieser romantische Ort in den letzten Jahren ganz dem Thermentourismus verschrieben.

Rund um die direkt an der Mur gelegene Parktherme sind vom Viersternehotel bis zur einfachen, aber schmucken Frühstückspension massenhaft Beherbergungsbetriebe auf dem in grauer Vorzeit heiß umkämpften Boden errichtet worden, die allesamt auf erholungsbedürftige Wellnessfreunde hoffen.

Heiße Quellen und weitläufige Wiesen

Die radikale Verbauung und der dadurch erfolgte Zustrom an Besuchern in den letzten Jahren hat für den Badegast zunächst einmal

Parktherme Bad Radkersburg

Der Freibereich direkt an der Mur

einen Effekt: Er muss aufmerksam nach einem Parkplatz suchen. Zwar gibt es rund ums Bad Stellflächen – allerdings ist schon bei mittlerem Besucherandrang ein paar Mal Kreisen angesagt. Die Therme, die im Jahre 1988 an Stelle des seit 1963 bestehenden Parkbades eröffnet wurde, ist in letzten Jahren immer wieder erweitert und modernisiert worden. Der Haupteingang mit dem modern gestylten Café-Restaurant gehört zu den neuen Teilen und präsentiert sich hell und freundlich – ebenso die Damen an der Kassa, die gerne bei der Beratung helfen, welche der Eintrittsvarianten die beste ist.

Die Anlage teilt sich in zwei Hauptbereiche: das **Erlebnisbad** und die eigentliche **Therme.** Und ausgerechnet bei letzterer zeigt sich, dass die Anlage aus den Anfangszeiten des Thermenbooms stammt. In strenges Neonlicht getaucht, führen braun verfliste Gänge zu insgesamt drei Thermalbecken: einem runden Innenbecken, über das man auch in ein 34 °C warmes Außenbecken gelangt (für Kinder ab 6 Jahren), und einem großen Quellbecken im Freien (36 °C – erst ab 16 Jahren), das durch ein kleines Einstiegsbassin auch von innen geentert werden kann und mit Quellbucht, Whirlliegen und Massagedüsen aufwartet. Die Becken und die anderen Attraktionen wie die Inhalationsstube und der Aroma-Licht-Tempel sind zwar manchmal recht voll, aber durchaus angenehm.

Weniger gemütlich präsentiert sich allerdings die Liegestuhlsituation. Die Betreiber bemühen sich, jeden verfügbaren Quadratmeter zu nutzen. In jedem Durchgang, in jedem Eck stehen dicht an dicht die Liegebetten. Zwar gibt es Ruheräume (und im ersten Stock sogar wel-

Parktherme Bad Radkersburg

che in Reserve, die erst bei starkem Andrang geöffnet werden), aber entspannte Atmosphäre kommt bei dem andauernden Durchzugsverkehr, der hier herrscht, nicht wirklich auf. Die gibt's höchstens in jenen separaten Räumen, die nur den Gästen der angrenzenden Thermenhotels zur Verfügung stehen.

Dieser Kritikpunkt gilt allerdings ausschließlich für die kalte Jahreszeit, wenn sich alles im Inneren des Bades drängt. Im Sommer nämlich wartet die Parktherme mit einem der weitläufigsten und schönsten Freibereiche aller Anlagen von Österreich auf. Hier gibt es auf den Auwiesen zwischen den Außenbecken und der gemächlich dahinfließenden Mur nicht nur viele alte Bäume, die angenehmen Schatten spenden, sondern auch genug Platz für die Besucher. Und auf dem Hügel jenseits des Grenzflusses thront majestätisch und unübersehbar die bereits in Slowenien liegende Burg Oberradkersburg.

Weiters bietet das riesige Außenareal ein wettkampftaugliches 50-m-Sportbecken (ca. 25 °C), Tennisplätze, eine Boccia-Anlage, einen Beach-Volleyball-Platz, einen großen Spielplatz und ein Kinderbecken. Für die Kleinen wurde aber auch in der Therme ein eigener Erlebnisbereich mit Wildbach, Wasserfall und Kleinkinderbecken errichtet, eine offene Wasserrutsche mündet in ein zusätzliches Außenbecken.

Schwitzen mit Ein- und Ausblick

Die erst im Jahre 2002 sanierte und erweiterte Saunawelt bietet prinzipiell alles, was Saunafreunde mögen, scheint aber an manchem Schlechtwettertag schon wieder aus allen Nähten zu platzen. Bei der neuen Panoramasauna und der finnischen Sauna (beide im Außenbereich) muss man sich schon vor Einlass anstellen, um noch ein Schwitzplatzerl zu ergattern. Weiters im weitläufigen Freibereich: die schöne Murnockerl-Dampfgrotte, ein Kneippbecken, Erlebnisdusche und Außenbecken. Drinnen wird das Angebot durch eine Biosauna, eine Infrarotkabine und Solarium ergänzt. Dass Teile der Sauna von den oberen Stockwerken des gegenüberliegenden Hotels aus einsehbar sind, wird echte Freigeister weniger stören.

Irritierend ist vielleicht eher die Tatsache, dass es in den „Ruheräumen" nur so wuselt. Jeder, der ins Freie will, muss bei den Liegestühlen vorbei, und dieser Durchgangsverkehr sorgt für einige Unruhe in der sonst angenehmen Atmosphäre, die sich durch ihr freundliches Lichtdesign erfreulich von anderen Teilen der Anlage abhebt.

Das gastronomische Angebot der Therme umfasst ein Selbstbedienungsrestaurant, dessen Spezialität die überdimensionierten Torten und Strudel sind und in dem man mit Blick auf das Sportbecken quasi in der ersten Reihe sitzt. Einziger Wermutstropfen: Der Raucherbereich expandiert gerne (und vom Personal toleriert) tief in den Nicht-

Parktherme Bad Radkersburg

raucherbereich hinein. Wer auf Bedienung Wert legt, der wird eine Tür weiter im Restaurant Me(h)rblick oder im Restaurant Fontäne freundlich betreut.

Im Kindergarten können gestresste Eltern auf den Nachwuchs aufpassen lassen, ein Thermenshop versorgt die Gäste mit notwendigen Bade-Assessoires. Wie es sich für eine gute Therme gehört, bietet ein Vitalstudio Massagen und Beautybehandlungen an. Es werden auch Ernährungsberatung, Fitness-Check-ups und ein kostenloses Aktiv- und Vitalprogramm (Mo–Fr) angeboten. Das der Therme angeschlossene Kurzentrum ist auf Erkrankungen des Bewegungsapparates sowie der Nieren und der ableitenden Harnwege spezialisiert.

So präsentiert sich die Parktherme im Sommer als ideales Freibad mit Thermalbecken. Im Winter hier einen ganzen Tag eingepfercht zu verbringen, mag nicht jedermanns Sache sein. Wer aber beispielsweise in den kühleren Jahreszeiten den Tag dazu nutzt, die Radwege oder Weinattraktionen der Umgebung zu erkunden, und den Abend mit einem Thermenbesuch krönt (da ist der Andrang überschaubar), wird sich in dieser wunderschönen Gegend pudelwohl fühlen.

Historisches Städtchen mit südländischem Flair

Bad Radkersburg blickt auf eine äußerst bewegte, 700-jährige Geschichte zurück. Das schöne historische Städtchen mit seinen spätgotischen Torbögen, stillen Arkadenhöfen, alten Adelspalais und dem

Parktherme Bad Radkersburg

lang gestreckten Hauptplatz war für Jahrhunderte einer der wichtigsten Handelsplätze der Steiermark und musste sich immer wieder gegen Angriffe aus dem Osten zur Wehr setzen. Mit dem Ausbau neuer Transitrouten im 19. Jahrhundert kam es in eine Randlage, von der es sich nicht mehr erholte. Als dann im Jahre 1919 der Vertrag von St. Germain die Stadt entlang der Mur teilte und zur unmittelbaren Grenzstadt machte, war Bad Radkersburg endgültig der letzte Zipfel Österreichs und völlig ins Abseits gedrängt.

Erst der aufkeimende Thermentourismus rückte die Gegend wieder ins Blickfeld der Öffentlichkeit und die Kurstadt bemüht sich redlich, diese Chance zu nützen. Vorbildliche Orts- und Denkmalpflege, Veranstaltungen auf malerischen Plätzen und das südländische Flair locken immer mehr Besucher an und geben so der Region neuen Schwung. Auch die Öffnung hin zum neuen EU-Nachbarn Slowenien wird in Zukunft das Problem der Randlage wohl abschwächen.

Ein wahres Dorado ist die Gegend für Pedalritter: Drei Radkarten (erhältlich im Informationsbüro, Adresse siehe unten) erschließen auf markierten Themenwegen aller Schwierigkeitsstufen die Mur-Auen und das hügelige Weingebiet, sogar grenzenloses Radeln bis nach Ungarn und Slowenien ist möglich. Insgesamt umfasst das **Radwegenetz** fast 2000 km. Doch auch Läufer, Nordic Walker und Tennisspieler kommen auf ihre Kosten. Und da man sich ja mitten im südoststeirischen Weinparadies befindet, übt das Gebiet auch eine besondere Anziehungskraft auf Weingenießer aus.

Der kleine Ort **Klöch** ist das Zentrum des hiesigen Weinanbaus und nur 10 Kilometer von Radkersburg entfernt. Auf vulkanischem Boden

Parktherme Bad Radkersburg

gedeihen hier Prädikatsweine, allen voran der geschätzte Klöcher Traminer mit dem Duft der Rose. Doch auch Welschriesling, Morrillon, Sauvignon oder Zweigelt haben internationalen Ruf erlangt. Dessen versichern kann man sich bei Kostproben in der Urbani-Vinothek in Bad Radkersburg (Altstadtgasse, Tel.: +43(3476)29 59), die auch kommentierte Weinverkostungen mit Bauern der Region bietet, oder in der Vinothek in Klöch (Tel.: +43(3475)20 97).

FACTS

Information

Parktherme Bad Radkersburg, 8490 Bad Radkersburg, Alfred-Merlini-Allee 7
Tel.: +43(3476)26 77; Fax: +43(3476)26 77-503; E-Mail: info@parktherme.at; www.parktherme.at.
Wasserfläche: 2500 m²; Gesamtfläche der Anlage ca. 6 Hektar
Kapazität: im Sommer beinahe unbegrenzt, im Winter können Engpässe auftreten, an denen die Besucheranzahl beschränkt werden muss (war 2003 dreimal der Fall). Für den Innenbereich stehen rund 1000 Liegen, für den Außenbereich 1200 Liegen zur Verfügung.
Badeeintritt für Kinder: Keine Einschränkungen im Erlebnisbereich. In die Sauna dürfen Kinder nur mit ihren Eltern.

Öffnungszeiten

Mo-Do, Sa, So 9.00-21.30 Uhr; Fr 9.00-23.00 Uhr
Keine Schließzeiten. Zu bestimmten Zeiten stehen jedoch einzelne Becken wenige Tage wegen Revisionsarbeiten nicht zur Verfügung.

Wasseranalyse und Indikation/Gegenindikationen

Natrium-Hydrogencarbonat-Therme isotonischer Konzentration
Indikationen: Unterstützende Behandlung bei entzündlichem Rheumatismus, degenerativen Gelenks- und Wirbelsäulenleiden, chronischem Weichteilrheumatismus, Gelenkserkrankungen infolge von Stoffwechselstörungen, Rehabilitation nach Operationen und Verletzungen an Gelenken, Sehnen, Knochen, Muskeln und Nerven, vegetative Erschöpfungszustände.
Die Badedauer im Thermalquellbecken (es ist das heißeste und mineralstoffreichste) sollte höchstens 20 Minuten betragen. Personen unter 16 Jahren sollten es meiden.

Übernachtungsmöglichkeiten

Rund um die Therme befindet sich eine Vielzahl von Übernachtungsmöglichkeiten. Der **Radkersburger Hof** (hat auch ein eigenes Thermalbad) und das **Vitalhotel** sind durch einen Bademantelgang direkt mit der Parktherme verbunden.

Parktherme Bad Radkersburg

Als feinste Adresse gilt das **Kurhotel** im Park mit eigener Bade- und Saunalandschaft sowie einer Kosmetik- und Therapieabteilung. Kurhotel im Park, 8490 Bad Radkersburg, Kurhausstraße 5; Tel.: +43(3476)20 85-0; Fax: +43(3476)20 85-45; E-Mail: res@netway.at; www.kurhotel-im-park.at.
Auch außerhalb von Radkersburg bieten zahlreiche Quartiergeber idyllische Zimmer oft mitten in den Weinbergen an. Besonders empfehlenswert ist das **Hotel-Restaurant „Schöne Aussichten"** (Haubenküche!), 8493 Klöch, Hochwart 10; Tel.: +43(3475)75 45; Fax: +43(3475)300 72; E-Mail: schoene.aussichten@aon.at; www.schoeneaussichten.at.

Tipp für Campingfreunde: In unmittelbarer Nähe der Parktherme liegt der hervorragend ausgestattete **Campingplatz Bad Radkersburg**, Tel.: +43(3476)26 77-556; Fax: +43(3476)26 77-503; E-Mail: camping@parktherme.at; www.parktherme.at.
Weitere Infos: Informationsbüro Bad Radkersburg, 8490 Bad Radkersburg, Hauptplatz 14; Tel.: +43(3476)25 45; Fax: +43(3476)25 45-25; E-Mail: badradkersburg@aon.at; www.bro.at.

Gastronomisches

Ein in der Gegend besonders beliebtes Gericht ist das Steirische Backhendl. Bekannt dafür ist die sogenannte **„Backhendlstation" Palz** auf dem Klöchberg, die auch schon literarisch ihre Entsprechung fand: Im makabren Krimi „Der Knochenmann" von Wolf Haas werden Menschengebeine in einem Abfallberg aus Backhendlknochen gefunden. (Gasthof & Weingut Palz, 8493 Klöch, Klöchberg 45; Tel.: +43(3475)23 11-0; Fax: +43(3475)23 11-4; E-Mail: palz.kloech@aon.at; http://members.aon.at/palz/.
Eine weitere Spezialität, die man sich keinesfalls entgehen lassen sollte, ist ein „Moasterbradlbrot" – ein (meist riesengroßes) mit luftgetrocknetem Karree belegtes „Meister"-Werk, das man vorzugsweise in einer der vielen gemütlichen Buschenschenken mit einem guten Glaserl steirischen Wein genießt.

Veranstaltungen und Ausflugsziele

Das **Museum im alten Zeughaus** (Emmenstraße 9, Tel.: +43(3476)40 43; E-Mail: museum@stadtbadradkersburg.at), das 1588 erbaut wurde und über einen Innenhof mit zweigeschoßigen Arkaden verfügt, informiert über Kultur und Geschichte von Bad Radkersburg. Als Ausflug bietet sich ein Besuch bei den neuen EU-Nachbarn **Slowenien und Ungarn** an. Bis nach Maribor/Marburg, der neben Ljubljana zweiten Großstadt Sloweniens mit ihrem runderneuerten Hafenviertel Lent an den Ufern der Drau, sind es nur 42 Kilometer. Oder man macht einen Abstecher in das Herz der slowenischen Weinberge nach Jeruzalem, zu einem bekannten Weinbauort, der bereits die Kreuzritter von der Weiterreise abgehalten hat.
Weitere Tipps siehe auch ➞ Bad Gleichenberg!

Therme Nova Köflach

*In der weststeirischen Lipizzanerheimat gibt es
seit jüngster Zeit dank modernster Multimediatechnologie
ein völlig neues Badeabenteuer und Wellnesserlebnis zu entdecken*

Ab Mitte Oktober 2004 haben die steirischen Thermen neue Konkurrenz: In dem ehemaligen Industriegebiet und Kohlerevier Köflach öffnet die Therme Nova ihre Pforten – ein futuristischer Warmwassertempel, der als Zugpferd der ganzen Region zu touristischem Aufschwung verhelfen soll. Die Lipizzaner haben diese beschauliche Gegend schon lange zu ihrer Sommerfrische erkoren – jetzt sollen auch Baderatten diesen bis dato etwas im Abseits gelegenen Teil der Grünen Mark mit seinen zahlreichen Sehenswürdigkeiten und Freizeitangeboten für sich entdecken.

Tor in eine andere Thermenwelt

Zugegeben: Die Anreise ist etwas mühsam. Nur langsam kommt man auf der Bundesstraße B70 nach Abfahrt von der A2 bei Mooskirchen weiter. Doch hat man sein Ziel, das immerhin nur 40 km von Graz entfernt ist, erreicht, gerät man erst einmal ins Staunen: Rund fünf Gehminuten vom Stadtzentrum von Köflach liegt wie ein gestrandetes Schiff das Hauptgebäude der Therme in einer Geländemulde. Der Innenbereich besteht aus mehreren Ebenen, die in der Mitte über dem Thermalwasserbecken durch einen mehrgeschoßigen Raum verbunden

Therme Nova Köflach

sind, wobei darauf geachtet wurde, dass das natürliche Licht bestens genutzt wird und der Blick durch die gläsernen Wände ein besonderes Naturerlebnis bereitet.

Durch zukunftsweisende Multimedia-Technik (Großprojektionen, Lichtwände, Windskulpturen, leuchtendes Schilf aus Glasfaserstäben, Sonnenlichtturm) wird die Therme in eine virtuelle Welt aus Licht und Wasser verwandelt. Die Grenze zwischen Traum und Realität soll zu fließen beginnen - der Besucher kann sich so aus seiner gewohnten Umgebung loslösen, die Seele baumeln lassen und in andere Dimensionen vordringen. Ob dieser sehr hohe Anspruch der Betreiber im Badealltag tatsächlich eintrifft, kann hier leider nicht bestätigt werden, da die Anlage bei Druck dieses Buches noch nicht fertig war.

Die über 1000 m² Wasserfläche verteilen sich auf Thermalinnen- und -außenbecken, ein 25-m-Hallensportbecken, ein integriertes Wasserkino, Wasserfall und einen Kinderbereich, dessen Highlight ein zylindrischer, sechs Meter hoher Märchenturm ist. Das begehbare Terrassendeck des „Schiffes" ist von außen nicht einsehbar und gehört als Freiluftbereich zur Saunalandschaft, die neben zahlreichen Schwitzmöglichkeiten mit einer Kältekammer und einer Dampfsauna in der Höhle aufwartet. Sowohl Action- als auch Entspannungsangebote sollen die Bedürfnisse von Jung und Alt unter einen Hut bringen und jährlich über 250 000 Besucher anlocken.

Weiters bietet die Therme Sauna-Bar, SB-Restaurant, Coffee-Shop, einen Thermen-Shop und eine Kosmetikabteilung. Wohlfühlbehandlungen und Massagen werden im so genannten Merwell-Bereich der Therme verabreicht, einer Abteilung der Merkur-Recreation. Dieses auf Gesundheitsvorsorge und -erhaltung spezialisierte Unternehmen ist im angeschlossenen Thermenhotel angesiedelt und bietet seinen Patienten umfassende Vorsorgeprogramme.

Entdeckungen in der Lipizzanerheimat

Das Wasser der Therme kommt aus der Barbaraquelle im zwei Kilometer entfernten Piber, von wo es nach Köflach gepumpt wird. Piber beherbergt auch das Bundesgestüt der Spanischen Hofreitschule – die Heimat und Zuchtstätte der edlen Lipizzanerpferde, die hier auf ihren Einsatz in Wien vorbereitet werden. (Gestütsführungen: Tel.: +43(3144) 33 23; E-Mail: office@piber.com; www.piber.com. Zwischen April und Oktober kann man jeweils an Samstagen von 10.30 bis 12.30 Uhr beim Vormittagstraining zuschauen!) Die berühmten weißen Pferde (die schwarzen Fohlen bekommen übrigens erst nach zehn Jahren ihre markante Farbe) sind die älteste Kulturpferderasse Europas, deren Ursprünge auf das Jahr 1580 zurückgehen. Damals gründete Erzherzog Karl II. im Dorf Lipizza bei Triest ein Gestüt, in dem höfische Prunk-

Therme Nova Köflach

pferde gezüchtet wurden. Von Anfang Juni bis Mitte September befinden sich die wertvollen Tiere jedoch auf Sommerfrische auf der Stubalpe (Altes Almhaus), wo man sie besuchen kann.

Die knapp 12 000 Einwohner zählende Stadt Köflach mit ihrer Fußgängerzone, der südlichen Gelassenheit und den vielen alten Wirtshäuser musste in ihrer jüngsten Geschichte den schwierigen Wandel vom Industrie- zum Dienstleistungszentrum durchleben. Neben Metall verarbeitender Industrie (Erzeugung von Werkzeugen und Maschinen) und Glasindustrie gibt es hier seit 1766 Kohlebergbau – das derzeit bedeutendste Braunkohlevorkommen in Österreich, das im Tagbau großräumig abgebaut wird. Doch die einstige Industrielandschaft wird immer mehr zur Freizeitlandschaft. Die **Freizeitinsel Piberstein** (16 Hektar großer See aus ehemaligen Kohlegruben mit Wasserrutschen, Spielplätzen, Griechenland-Strand, Segeln, Surfen, 50 000 m² Liegewiese und Campingplatz) und die **Golfanlage „Erzherzog Johann"** im nach Mariazell zweitwichtigsten steirischen Wallfahrtsort Maria Lankowitz – einer der schönsten Golfplätze Österreichs – seien hier als Beispiele genannt.

Zu entdecken gibt es hier vieles – ein Abstecher auf die **Schilcher Weinstraße** sollte jedoch unbedingt dabei sein. Besonders im Herbst, wenn Sturm und Kastanien Saison haben und bei der Fahrt durch die idyllische Hügellandschaft an jeder Ecke angeboten werden, übt diese Gegend einen besonderen Reiz aus. Falls man nicht so viel Zeit für eine weinkulinarische Erkundungstour investieren will, empfiehlt sich ein Besuch in der **Vinothek „Schilcherstöckl"** in Rassach bei Stainz, in der man 40 verschiedene Schilchersorten verkosten kann. (8510

Therme Nova Köflach

Stainz, Rassach 25; Tel./Fax: +43(3463)43 33; E-Mail: schilcherstoeckl@utanet.at; Montag Ruhetag! Winterpause: 1. 1. bis 19. 3.) Mit der 1988 kreierten Schutzmarke „Weißes Pferd" wird der klassische weststeirische Schilcher geschützt, womit man einer durch die Beliebtheit denkbaren Inflation entgegentreten will. Eine weitere kulinarische Besonderheit ist das allgegenwärtige Kernöl und der dazu gehörige Kürbis: Kürbisgenuss und Kürbiskultur, Kürbisfeste und Kulinarische Wochen stehen entlang der so genannten Steirischen Ölspur im Mittelpunkt (Infos über Partnerbetriebe, Wirte und Veranstaltungen: +43(3465)70 38; www.oelspur.net).

FACTS

Information

Therme Nova Köflach, 8580 Köflach, An der Quelle 1
Tel.: +43(3144)70 100-0; Fax: +43(3144)70 100-99;
E-Mail: office@thermenovakoeflach.com; www.thermenovakoeflach.com.
Kinder dürfen ab zehn Jahren in die Sauna.

Öffnungszeiten
Therme: Mo-Fr 9.30-22.00 Uhr; Sa 9.30-23.00 Uhr; So & Fei 9.30-21.00 Uhr
Sauna: Mo-Fr 11.00-22.00 Uhr; Sa 9.30-23.00 Uhr; So & Fei 9.30-21.00 Uhr

Wasseranalyse und Indikation/Gegenindikationen
Calcium-Magnesium-Hydrogencarbonat-Sulfat-Thermalwasser
Indikationen: die Eignung des Wassers wird vor allem für die Bekämpfung von Osteoporose (Knochenkrankheit) und von verschiedenen Formen der Diabetes hervorgehoben.

Übernachtungsmöglichkeiten

Eine besondere Attraktion dürfen die Gäste des angeschlossenen 4-Sterne-Hotels benutzen: Eine Standseilbahn bringt sie bequem im Bademantel in die Therme - in 4,5 Metern Höhe über der Straße nach Piber. Das neue 132-Zimmer-Haus verfügt auch über einen eigenen Spa-Bereich mit Thermalbad, Sauna, Solarium, Fitnessraum und das Therapieprogramm der Merkur-Recreation (Kontaktadresse siehe Therme Nova). Über weitere Übernachtungsmöglichkeiten gibt der Tourismusverband Lipizzanerland Auskunft (8580 Köflach, Bahnhofstraße 6; Tel.: +43(3144)25 19-720; Fax: +43(3144)25 19-777; www.lipizzanerheimat.at).

Gastronomisches

Weit über die weststeirischen Grenzen hinaus bekannt ist das **Wirtshaus Jagawirt** am Reinischkogel. Mit seinen Produkten aus der eigenen Landwirtschaft,

Therme Nova Köflach

seinem umfangreichen Weinangebot, der urigen Wirtsstube und dem schattigen Gastgarten ist es der Inbegriff des gemütlichen Landgasthofes (Jagawirt, 8511 St. Stefan o. Stainz, Sommereben 2; Tel.: +43(3143)81 05; Fax: +43(3143)81 05-4; E-Mail: goach@jagawirt.at; www.jagawirt.at).

Gourmets dürfen sich im Wallfahrtsort Maria Lankowitz im kleinen Lokal **Zur Esse**, einer ehemaligen Schmiede, mit kulinarischen Köstlichkeiten überraschen lassen (Zur Esse, 8591 Maria Lankowitz, Hans-Jäger-Straße 14; Tel./Fax: +43(3144)67 22).

Veranstaltungen und Ausflugsziele

Im 6 km von Köflach entfernten Bärnbach steht die **St.-Barbara-Kirche**, die von Friedensreich Hundertwasser gestaltet wurde, der **Mosesbrunnen** des Malers Ernst Fuchs im Stadtpark und das **Stölzle-Glas-Center**, wo man die Glasbläser bei ihrer faszinierenden Arbeit beobachten kann (Tel.: +43(3144)706-800; Fax: +43(3144)706-804; E-Mail: glascenter@stoelzle.com; www.stoelzle.com). Eine Besonderheit für Eisenbahnromantiker stellt eine Fahrt mit dem Stainzer Flascherlzug, einer alten Dampf-Schmalspurbahn, dar (Mai bis Oktober, Abfahrt Bahnhof Stainz; Infos und Buchung: +43(3463)55 00; Fax: +43(3463)22 03-22; E-Mail: zug@stainz.steiermark.at; www.stainz.at).

Lipizzanergestüt Piber

Thermalbad Heilbrunn

Kleine öffentliche Hoteltherme mitten im Wald,
die nur für abgehärtete Thermalschwimmer geeignet ist.

Genug von lärmigen Großthermen mit schwer überschaubarem Angebot? Dann sind Sie hier richtig! Die Thermalanlage im letzten Winkel von Bad Mitterndorf am Fuße des Grimmings gehört zu den kleinsten Bädern Österreichs und ist nur für Ruhe Suchende zu empfehlen, die auf Thermenwellness nicht allzu großen Wert legen.

An diesem heilklimatischen Kurort wurde bereits um Christi Geburt thermalgebadet, wie ein Votivstein aus der Römerzeit beweist. Aus dem einstigen kleinen Holzhäuschen entstand in den frühen 70er-Jahren das heutige Vital Hotel Heilbrunn, das seine Therme neben den Hotelgästen auch der Öffentlichkeit zur Verfügung stellt.

Thermisches Basismodell

Wir haben lange nach einem passenden Vergleich gesucht, der diese Therme fair beschreibt. Sagen wir so: Wäre dieses Bad ein Auto, dann wäre es das schon seit Jahren unveränderte und kaum weiterentwi-

Thermalbad Heilbrunn

ckelte GL-Basismodell eines Kleinwagens: vier Räder, drei Türen, 40 PS-Motor, kein Schnickschnack, keine Zusatzausstattung, nur in Weiß lieferbar; Drehzahlmesser und rechter Außenspiegel gegen Aufpreis – aber es fährt und kostet nicht viel.

Betreten muss man das Bad über den Hoteleingang, der Eintritt wird an der Rezeption kassiert. Ein **Innenbecken,** ein **Außenbecken** und einige Whirlpools stehen zur Verfügung, die Wassertemperaturen von 30 °C (Innenbecken) bzw. 28 °C (Außenbecken) bringen den meist wärmeverwöhnten Thermenfreund zum Frösteln. Kein gemütliches Herumliegen im wohligen Nass ist einem hier vergönnt – und auch mit den Ruhebetten nach dem erfrischenden Bad schaut es eher schlecht aus. Die sind nämlich nur äußerst spärlich vorhanden, was jedoch auch daran liegen kann, dass schlicht und einfach kein Platz dafür da ist. Auch einen Ruheraum sucht man vergeblich.

Die vergleichsweise modern wirkende **Felsensauna** ist mit Dampfsauna, Trockensauna, Rotlichtsauna und Biosauna ausgestattet (erst ab 13.00 Uhr geöffnet), weiters gibt es ein Solarium. Kinder sollten lieber zu Hause bleiben, denn für kleine Wasserratten gibt es keinerlei Abwechslung. Nach dem Abspulen seiner Schwimmrunden kann man sich im so genannten Pool-Bistro eine weitere Erfrischung gönnen. Vorausgesetzt, man kommt nicht am Montag oder vor 13.00 Uhr – da ist nämlich geschlossen.

Das Vital Hotel, das sich dem sanften Urlaub verschrieben hat und bei den Kurgästen sehr beliebt ist, bietet auch klassische und Fußreflexzonenmassagen, Lymphdrainagen, Thermalkräuterbäder, Inhalationen, Kneipp-Freianlagen, eine Kurarztpraxis und auch traditionelle Moorbadekuren, da sich westlich von Bad Mitterndorf, in der Ortschaft Rödschitz, ein breiter Hochmoorstreifen befindet. Dem Hotel angeschlossen ist auch ein Friseur und ein Institut für Ganzheitskosmetik (Pflegeserie Maria Galland).

Herrliche Naturlandschaft

Wenn das Thermalbad auch nicht der Hauptanziehungspunkt für Bad Mitterndorf ist, gibt es dennoch gute Gründe, dieser Gegend einen Besuch abzustatten: die umfangreichen **Natur- und Freizeitangebote** in der idyllischen Landschaft des Salzkammerguts. Im Sommer kann man wandern (Themenwanderwege wie die Via Artis, Via Salis, die geologischen Trails oder der Erlebnisweg um den unter Naturschutz stehenden Ödensee), Rad fahren, angeln oder einen der nahe gelegenen Salzkammergutseen aufsuchen. Ein besonderes Erlebnis sind die Boots- und Kanufahrten am wildromantischen Salzastausee, der sich auf 5 Kilometern durch Wald und Fels Richtung Pass Stein schlängelt. Im Winter stehen Langlaufen (Einstieg in die Loipe direkte beim Vital

Thermalbad Heilbrunn

Hotel), Skifahren auf der Tauplitzalm, Eislaufen, Pferdeschlittenfahrten oder Wanderungen durch die verschneite Landschaft auf dem Outdoor-Programm. Bekannt ist Bad Mitterndorf auch wegen seiner Skiflugschanze am Kulm, der größten Naturskiflugschanze der Welt, auf der 2006 die Skiflug-WM stattfinden wird.

Vital baden in Bad Aussee

Nur 15 Kilometer von Bad Mitterndorf entfernt liegt Bad Aussee, das **bedeutendste Soleheilbad der Steiermark** und der Hauptort des steirischen Salzkammerguts. Das dortige Vitalbad darf sich zwar nicht als Therme bezeichnen, ist mit seinem so genannten **SalzWasserBergBad** und der angeschlossenen Vitaloase jedoch ein angenehmes Wellnessziel, das in den nächsten Jahren noch ausgebaut werden soll.

Das Sole-Mineral-Hallenbad (30 °C Wassertemperatur, 2 % Solezusatz, Unterwassermassagen und Wellensprudel), Sauna, Dampfbad und Massage-Abteilung laden zur Erholung ein, die Vitaloase bietet ein umfangreiches Beauty- und Body-Programm und im Vitalstudio kann man sich wieder in Form bringen. Die drei natürlichen Heilvorkommen Sole, Soleschlamm und die Glaubersalz-Quelle werden im Vital Bad Aussee für unterschiedliche Therapien eingesetzt.

Weitere Infos: Vital Bad Aussee, 8990 Bad Aussee, Chlumeckyplatz 361; Tel.: +43(3622)55 300-0; Fax: +43(3622)55 300-5;
E-Mail: info@vital.at; www.vitalbad-aussee.co.at.

Gesundes Ausseerland

Im Ausseerland treffen die natürlichen Heilfaktoren Wasser, Luft, Moor und Salz – einzigartig in Europa – zusammen. Österreichs geographischer Mittelpunkt rund um das altehrwürdige Bad Aussee bietet k. u. k-Nostalgie. Bereits vor 100 Jahren kam alles, was Rang und Namen hatte, zur Sommerfrische und die alten Kurlisten lesen sich wie ein Namensregister der österreichischen Kulturgeschichte: Schon Hugo von Hofmannsthal, Gustav Mahler und Sigmund Freud urlaubten hier.

Bekannt ist das steirische Salzkammergut auch für seine zahlreichen Brauchtumsveranstaltungen, allen voran das Narzissenfest, das größte Blumenfest Österreichs, das alljährlich Ende Mai wahre Besuchermassen anzieht (www.narzissenfest.at). Dennoch konnte sich das Ausseerland seinen ursprünglichen Charme erhalten. Besonders romantisch ist das Örtchen Altaussee mit dem gleichnamigen See und seinen historischen Villen und der Grundlsee, an dessen Ende der Toplitzsee auf abenteuerlustige Schatzsucher wartet.

Thermalbad Heilbrunn

FACTS

Information

Thermalbad im Vital Hotel Heilbrunn, 8983 Bad Mitterndorf, Neuhofen 108
Tel.: +43(3623)24 86-0; Fax: +43(3623)24 86-33; E-Mail: info@heilbrunn.at;
www.heilbrunn.at.

Öffnungszeiten
Thermalbad: 10.00–20.00 Uhr; Felsensauna: 13.00–20.00 Uhr

Wasseranalyse und Indikation/Gegenindikationen
Calcium-Magnesium-Sulfat-Hydrogencarbonat-Wasser mit 26,4 °C
Indikationen: Nicht akute, entzündliche und degenerative Erkrankungen des Bewegungsapparates, Rehabilitation nach Verletzungen und Operationen, Nachbehandlungen von entzündlichen Erkrankungen des peripheren Nervensystems, Vegetative Dystonie, klimakterische Beschwerden.
Kontraindikationen: Schwere Herz- und Kreislauferkrankungen.

Thermalbad Heilbrunn

Übernachtungsmöglichkeiten

Vom sehr engagiert geführten **Vital Hotel Heilbrunn** (4 Sterne), das vorwiegend von Sozialversicherungspatienten besucht wird, gelangt man direkt zum Therapiebereich und zu den Schwimmbädern und der Sauna, ohne ins Freie zu müssen (Adresse und weitere Angaben siehe oben).
Als erstes Gesundheitshotel der Umgebung gilt das **Hotel Erzherzog Johann** (4 Sterne) in Bad Aussee, das direkt mit dem Vitalbad verbunden ist. Neben einer feinen regionalen und gesundheitsbewussten Gourmetküche bietet das traditionelle Haus F. X. Mayr-Kuren, Kinderbetreuung und Persönlichkeitstraining für Frauen. Hotel Erzherzog Johann, 8990 Bad Aussee, Kurhausplatz 62; Tel.: +43(3622)52 507; Fax: +43(3622)52 507-680; E-Mail: info@erzherzogjohann.at; www.erzherzogjohann.at.
Weitere Infos: Tourismusverband Ausseerland-Salzkammergut, 8990 Bad Aussee; Tel.: +43(3622)540 40-0; Fax: +43(3622)540 40-7; E-Mail: info@ausseerland.at; www.ausseerland.at.

Gastronomisches

Haubenküche im **Restaurant Grimmingwurzn**, 8983 Bad Mitterndorf 354; Tel.: +43(3623)32 32; Fax: +43(3623)36 06; www.grimmingwurzn.com.
Wer deftige Regionalküche bevorzugt, dem seien die zahlreichen Hütten und Almen der Gegend empfohlen, wie z. B. die Knödl-Alm, 8983 Bad Mitterndorf 268; Tel.: +43 (3623)33 80; www.urig.at (Mo, Di Ruhetag).

Natur & Freizeit

Direkt von Bad Mitterndorf aus gelangt man über die 10 km lange romantische Tauplitzalm-Alpenstraße (mautpflichtig) auf das Hochplateau der **Tauplitzalm** (Infos: www.alpenstrasse.at). Neben zahlreichen Wanderungen und urigen Hütten ist hier die artenreiche Alpenflora bemerkenswert. Eine weitere Panoramastraße führt auf den **Loser** bei Altaussee (mautpflichtig), von wo man ein herrliches Panorama von den Gletschern des Dachsteins bis zum Großvenediger genießen kann (Infos: www.loser.at).

Veranstaltungen und Ausflugsziele

Ein interessanter Ausflug für die ganze Familie ist der Besuch der **Salzwelt Altaussee**, eines der schönsten und geschichtsträchtigsten Salzbergwerke der Welt: Stollen und Bergmannsrutschen führen tief ins Innere des Salzgesteins, wo die einzigartige Seebühne am unterirdischen Salzsee und die berühmte Barbarakapelle, mit ihrem aus roten Steinsalzblöcken gefügten Altar, bei einem einstündigen Rundgang entdeckt werden können.
Salzwelten Altaussee, Besucherstollen Steinberg, 8992 Altaussee. Information: Tel.: +43 (6132)200-2490; E-Mail: info@salzwelten.at; www.salzwelten.at.

Tassilo Therme Bad Hall

Jod-Solewasser-Therme, die trotz ihres heftigen 70er-Jahre-Hallenbad-Charmes eine angenehme Anlaufstelle für Ruhe Suchende und ein Himmelreich für Saunafreaks darstellt.

Inmitten der Hügellandschaft der oberösterreichischen Voralpen, nur knapp 40 Kilometer von der Landeshauptstadt Linz und 20 Kilometer von der alten Eisenstadt Steyr entfernt, liegt der traditionsreiche Kurort Bad Hall. Die heilende Wirkung der hiesigen Quellen – der stärksten Jod-Brom-Sole-Quellen Mitteleuropas – erkannte bereits Bayernherzog Tassilo III., was dem heutigen Thermalbad den Namen Tassilo-Bad einbrachte.

Bad Hall präsentiert sich dem Besucher als kleine, gemütliche Stadt mit hervorragender Infrastruktur, interessanter Architektur und reichhaltigem Kulturprogramm. In der näheren Umgebung finden sich jede Menge hochrangige Sehenswürdigkeiten. Naturliebhaber kommen durch zahlreiche Wander- und Radwege und den nicht weit entfernten Nationalpark Kalkalpen auf ihre Rechnung.

Versteckte Thermenqualitäten

Mitten im Ortszentrum der alten Salzstadt, gleich neben der katholischen Pfarrkirche, liegt die Tassilo Therme, ein eher abweisender Betonklotz, dem man das Baujahr 1975 überdeutlich ansieht. Doch was auf den ersten Blick abschreckt, entpuppt sich als durchaus angenehme Therme mit versteckten Qualitäten.

Das besondere **Jodsole-Wasser** (Zusammensetzung Jodsole/Wasser 1:10) ist mit der Nordsee vergleichbar und wirkt bei Muskelverspannungen und hohem Blutdruck. Außerdem beruhigt es Haut und Schleimhäute. Plantschen kann man in einem großen, angenehm temperierten Innenbecken, das auch über Massagedüsen verfügt.

Das Außenbecken besticht durch den wunderschönen Panoramablick auf das Alpenvorland; mit seiner Temperatur von 32 °C kann es so manchem Warmbader im tiefsten Winter jedoch etwas zu frostig werden. Erfreulich und sehr wohltuend: die beiden Soledampfbäder (aufpreisfrei) und das so genannte Römerbad, das im Jahre 1997 zugebaut wurde und über drei Panorama-Whirlpools, entspannende Infrarot-Wärmeliegen und ein Tepidarium verfügt.

Rund um das Thermal-Innenbecken sind Liegen postiert; wer jedoch Erholung sucht, sollte unbedingt den angrenzenden Ruheraum aufsuchen, der seinen Namen wirklich verdient und über ein wohltuendes Ambiente und tolle Aussicht verfügt. Die Liegewiesen im Freibereich bieten zwar auch den wunderbaren Blick auf die Region Pyhrn-Eisenwurzen, aber leider nicht so viel Platz und Freiraum, wie im Sinne intakter Intimsphäre vielleicht wünschenswert wäre. Dafür kommt der Gast vielleicht in den Genuss eines Konzerts des hiesigen Kurorchesters, das im Musikpavillon des angrenzenden Kurparks aufspielt ...

Für **Kinder** gibt eine kleine Badezone mit einer Minirutsche im Innenbereich, ein kleines Kinderaußenbecken und einen Spielplatz. Das ist jedoch alles, was für den Nachwuchs geboten wird, sodass sich Kinder ab dem schwimmfähigen Alter nach kurzer Zeit langweilen. Und Springen und Toben wird vom Bademeister zwar freundlich, jedoch sehr bestimmt mit einem Hinweis auf das Verbot beendet. Vorsicht rund um die Bassins: Der nasse Boden ist extrem glitschig, sodass rutschfeste Badeschuhe dringend angeraten werden.

Offensichtliches Schwitzvergnügen

Ganz sicher auf ihre Rechnung kommen indes die **Saunafans.** Wer die Stufen zur Saunalandschaft hinunterschreitet, lässt unvermittelt die 70er-Jahre hinter sich und betritt das Himmelreich für jeden Aufgussfreak. Die im Dezember 2001 neu eröffnete Schwitzwelt besticht durch einladende Atmosphäre und spielt alle Stückerln: Stadlsauna, Finn-Sauna außen, zwei Finn-Saunen innen mit wechselnden Aufgussaromen, Biosauna, Infrarot-Sauna und ein Soledampfbad bringen Abwechslung, ein Tauchbecken mit Wasserfall Abkühlung und der abgeschlossene Ruhebereich (mit neuartigen Wellness- und Wärmeliegen), die FKK-Sonnenterrasse und der Relaxraum die nötige Entspannung.

Tassilo Therme Bad Hall

Abgerundet wird das Wellness-Angebot mit der originellen Rauriser Naturstein-Grotte und einem Solarium. Durchdachte Details wie beheizbare Handtuchtrockner, Trinkbrunnen, viele Ablage- und Sitzmöglichkeiten, angenehme Wandfarben und Bilder machen aus der Saunawelt ein Erholungszentrum ersten Ranges.

Die Tassilo Therme verfügt außerdem über einen großzügig gestalteten Massage- und Solarienbereich, der auch unabhängig von der Badeanlage besucht werden kann. Zweimal täglich (Mo bis Fr) wird kostenlose Aquafit-Gymnastik angeboten.

Ein Manko stellt das **Thermen-Restaurant** dar, das optisch eher an eine Bahnhofskantine erinnert und in dem Bier am meisten beworben wird. Auch das Speiseangebot entspricht eher einem Provinzbahnhof als einer Therme – auf den hungrigen Wellnesstouristen, den es nach der leichten, biologischen Naturküche gelüstet und der nach Verzehr der Mahlzeit nicht gleich untergehen möchte, wird eher wenig Rücksicht genommen.

Traditioneller Kurort

Das etwas mehr als 4000 Einwohner zählende **Bad Hall** hat eine lange Tradition als Kurort: Die Stiftungsurkunde des Stiftes Kremsmünster aus dem Jahre 777 nennt bereits die „Quelle am Sulzbach". Im Jahre 1378 findet das erste Mal eine Badeanstalt Erwähnung, der Aufschwung als Kurort folgte ab der Mitte des 19. Jahrhunderts: Die Kurerfolge der Habsburger in Bad Ischl machten die Heilkraft des Salzes populär – davon profitierte auch der Salzort Bad Hall. Heute bietet das modern ausgestattete Tassilo Gesundheitszentrum neben klassischen Kurbehandlungen auch ein umfangreiches Angebot für eine aktive Gesundheitsorientierung wie z. B. Atemschule und Entspannungstraining.

Tassilo Therme Bad Hall

Auch wer nur für einen kurzen Thermenbesuch in Bad Hall verweilt, sollte unbedingt einen Spaziergang im 34 Hektar großen **Kurpark** machen, der neben einer Reihe von exotischen Pflanzen mit wunderschönen Gründerzeit- und Jugendstilvillen bebaut ist, die seinerzeit für die Kurärzte errichtet wurden. Schon Grillparzer und Stifter schwärmten von dieser Anlage, die 1852 als Naturpark angelegt wurde und als eine der schönsten Österreichs gilt. Mitten im Kurpark befinden sich auch eine Gradiergrotte („gradieren" = Verdunsten des Wassers von salzhaltigen Lösungen) und ein Freiluft-Inhalatorium, das die Linderung von Atemwegserkrankungen unterstützt.

Die junge Stadt (seit 2001) bietet auch ein reichhaltiges **Kulturangebot:** Das Kurtheater ist weithin bekannt für seine sommerlichen Operettenfestspiele, hat im Frühjahr bzw. Herbst aber auch Oper und Musical auf dem Spielplan. Im Forum Hall, das in einem Jugendstilbau untergebracht ist, finden sich gleich drei Museen unter einem Dach, wobei neben dem Heimatmuseum und einem Handwerkermuseum eine einzigartige Sammlung von rund 100 alten Haustüren zu bewundern ist. (Ermäßigter Eintritt mit der Thermenkarte und umgekehrt!)

Die sanfte Schönheit der Voralpenlandschaft erschließt sich dem Besucher erst richtig, wenn er sich Zeit nimmt, das Auto stehen lässt und die Langsamkeit wieder entdeckt. Über 40 gut beschilderte Rad- und Wanderwege führen durch bunte Wiesen, Obstgärten, Nadel- und Mischwälder, vorbei an stattlichen Vierkantern und barocken Kapellen in die Umgebung Bad Halls. Auch das nahe Kremstal, Steyrtal und Ennstal lassen sich hervorragend per Rad oder pedes erkunden (Tipp: Radverleih für Gäste kostenlos! Auskunft: Tourismusverband Bad Hall Tel.: 07258/7200).

FACTS

Information

Tassilo Therme, Kurhausstraße 10, 4540 Bad Hall
Tel.: +43(7258)77 33-0; Fax: +43(7258)77 33-301; E-Mail: tassilotherme@aon.at; www.tassilotherme.at.
Wasserfläche: 530 m²; Gesamtfläche 10 000 m²
  Sind alle Kästchen und Kabinen vergeben, muss man warten, bis Gäste die Therme wieder verlassen, was in der Wintersaison (November bis Mai) immer wieder vorkommt. Da jedoch in dieser Zeit die Aufenthaltsdauer in der Therme auf 5 Stunden beschränkt ist, hält sich die Wartezeit in Grenzen.
Kinder-Zutritt: Therme keine Altersgrenze; Sauna ab 6 Jahren in Begleitung eines Erwachsenen.

Tassilo Therme Bad Hall

Öffnungszeiten

Es gibt zwei Tarifgruppen, nach denen sich auch die Öffnungszeit richtet!
Tarifgruppe Therme: Tägl. 9.00-21.00 Uhr. Achtung: In der Wintersaison (1. 11.-
30. 4.) gibt es bei Benutzung der Therme eine Zeitbegrenzung von 5 Stunden!
Tarifgruppe Saunawelt: Damen: Mo & Mi (12.00-22.00 Uhr);
  Herren: Di (12.00-22.00Uhr); Gemischt: Do-So & Fei (12.00-22.00 Uhr)
Wintersaison: Sa, So & Fei 10.00-22.00 Uhr
Betriebssperre jeweils Mitte Dezember bis einschließlich 25. 12. und am 1. 1.

Wasseranalyse und Indikation/Gegenindikationen

Jod-Solewasser (jodhaltiger Chlor-Natrium-Hydrogencarbonat-Calcium-Magnesium-Säuerling)
Die Jodsole - Europas stärkste natürliche Quelle - ist Basis einer erfolgreichen Behandlung zur Senkung des Blutdrucks, Steigerung der Durchblutung, freieres Atmen und bessere Beweglichkeit durch Linderung von Gelenksbeschwerden. Einzigartig ist die spezielle Augenkur, die das trockene Auge erfolgreich behandelt.

Übernachtungsmöglichkeiten

Das **Herzog-Tassilo-Kurhotel** (4 Sterne) im Kurpark verfügt über eine eigene Hoteltherme, eigene Kurmittelabteilung und einen ausgezeichneten, 2003 stark erweiterten Wellnessbereich (4540 Bad Hall, Parkstraße 4; Tel.: +43(7258)26110; E-Mail: herzog@tassilokurhotel.at; www.tassilo-kurhotel.at).
Ihm angeschlossen die so genannte **Landesvilla** (3 Sterne), ein wunderschönes Jugendstilhaus, dessen Gäste die Leistungen des Herzog-Tassilo-Kurhotels in Anspruch nehmen können.
In Kurparknähe liegt das **Landhotel im Park „Zur Klause"** (4 Sterne).
Es hat zwar auch eine Bade- und Saunalandschaft, jedoch keine eigene Therme (4540 Bad Hall, Am Sulzbach 10; Tel.: +43(7258)49 00-0).
Wer einmal in einem Schloss absteigen möchte, dem sei das **Barockschloss Feyregg** empfohlen (4540 Bad Hall, Feyregg 1; Tel.: +43(7258)25 91).
Weitere Unterkunftsmöglichkeiten: Kurverband Bad Hall (4540 Bad Hall, Kurpromenade 1; Tel.: +43(7258)72 00-0; E-Mail: info.bad-hall@oberoesterreich.at; www.badhall.com).

Gastronomisches

Im Zentrum von Bad Hall gibt es eine Reihe guter, traditioneller Wirtshäuser wie den **Gasthof Mitter** am Hauptplatz (Knödelwochen im März, Wildbretwochen im Herbst, Tel.: +43(07258)23 63) oder den **Gasthof Hametner** (Spezialität ist die herrliche Hametnertorte, Tel.: +43(07258)20 82, www.gasthof-hametner.at).
Erwähnenswert auch das **Herzogtum Adlwang**, ein Erlebnisgasthof mit Tanzstadl, Weinstube, Buschenschank und Disco (4541 Adlwang, Kirchenplatz 8; Tel.: +43(07258)75 00-0; www.herzogtum.at).
Die schönsten Alpenblicke hat man im **Gasthof „Baum mitten in der Welt"** auf dem Gustermairberg bei Kremsmünster (Tel. + Fax: +43(07583)53 04).

Tassilo Therme Bad Hall

Haubenküche kann man beim **Moser** in Neuhofen/Krems genießen (4501 Neuhofen/Krems, Marktplatz 9; Tel.: +43(07227)42 29).
Empfehlenswert auch ein Besuch bei einem der zahlreichen Mostheurigen!

Natur & Freizeit

Neben den zahlreichen Rad- und Wanderwegen der Umgebung zählt ein Besuch des wildromantischen **Steyrtals** (Infos: www.steyrtaltouren.carto.at) und des **Nationalparks Kalkalpen** (Nationalparkzentrum Molln, 4591 Molln, Nationalpark Allee 1; Tel.: +43(07584)36 51; www.kalkalpen.at) zu einem Naturerlebnis der besonderen Art. Golfmöglichkeit im nahen Golfclub Herzog Tassilo (Tel.: +43(07258)54.80).

Ausflugsziele

Lohnende Ausflugsziele finden sich im nahen Städtedreieck **Linz–Wels–Steyr.** (OÖ Tourismusinformation, Tel.: +43(0732)22 10 22; www.oberoesterreich.at).
Die kulturhistorischen Höhepunkte sind **Kremsmünster** mit dem zweitältesten Kloster Österreichs und dem **Schloss Kremsegg** mit dem Instrumentenmuseum sowie die alte **Eisenstadt Steyr** mit ihrem historischen Stadtplatz. Empfehlenswert auch die Besichtigung des **Zisterzienserstifts Schlierbach,** wo man in der ersten Schaukäserei Österreichs die geruchsintensiven Produkte auch gleich verkosten darf (www.oberoesterreich.at/kloester/).

Eurotherme Bad Schallerbach

Neu ab Dezember 2005

Eurotherme-Resort

- 4-Stern-Hotel mit 150 Suiten & Zimmer
- Thermenwelt
- Gesundheitszentrum

Komfortable Zimmer - modern und großzügig ausgestattet

Aquapulco
Österreichs attraktivster Wasserpark!

Relaxium
Relaxen & Genießen!

Colorama
Österreichs 1. Farblichttherme!

Therapie Zentrum
Gesundheit neu erleben!

Attraktive **Thermen** Anlage mit

Aktuelle Infos www.eurotherme.at, Tel. ++43(0)7249-48115-0

Eurotherme Bad Schallerbach

Lautes Spaß-Erlebnisbad mit angeschlossenem Thermenbereich und einer herausragenden Saunawelt mit einer Vielzahl von trendigen Schwitzmöglichkeiten.

Das Hausruckviertel ist bekannt für seine Vierkanthöfe – und es ist auch die Heimstatt einer beliebten Wassererlebniswelt, die mittlerweile zu Oberösterreichs meistbesuchter Touristik-Attraktion geworden ist. Die so genannte Eurotherme liegt im kleinen Kurort Bad Schallerbach zwischen Wels und Grieskirchen im Trattnachtal und besteht aus drei miteinander verbundenen Sektionen: dem **Erlebnisbad Aquapulco,** der **Therme Colorama** und der **Saunawelt Relaxium.** Ende 2005 sollen durch die Thermen-Erweiterung, den Neubau eines Gesundheitszentrums und die Eröffnung des Eurotherme-Resorts noch neue Abschnitte dazukommen. Schließlich gab es schon in den 20er-Jahren des vorigen Jahrhunderts erste Pläne eines Hotels beim „Schwefelbad", dessen Quellen 1918 im Zuge von Erdölbohrungen entdeckt wurden und die den Grundstein für die Entwicklung von Bad Schallerbach als Gesundheitsdestination legten.

Attraktive, aber hochpreisige Therme

Das Konzept der Eurotherme lautet: Unterhaltung für die ganze Familie! Fun und Action gibt's im Aquapulco, Entspannung im Colorama und Relaxium. Dieses Rezept scheint aufzugehen, denn die Badeanlage erfreut sich großer Beliebtheit – das merkt der Besucher bereits bei der verzweifelten Suche nach einem freien Parkplatz. An der Kasse ist nochmals Stärke gefragt. Entschließt sich eine Familie (zwei Erwachsene, ein Kind) zu einer Tageskarte fürs Aquapulco plus einer Aufzahlung für einen Erwachsenen für die Thermen- und Saunabenutzung, so sind an die 50 Euro investiert und das Wortspiel „Teurotherme" drängt sich auf. Was im Winter (oder während der Schulferien) doppelt wiegt, denn da ist der Aufenthalt am Wochenende auf vier Stunden begrenzt. Aber die mutige Preisgestaltung schreckt die Bewohner der Region offenbar nicht ab. Sie strömen zu jeder Jahreszeit in rauen Mengen nach Bad Schallerbach und stellen sich an den Badekassen an.

Sehr praktisch: Jeder Besucher erhält ein Chipband, das sowohl das Kästchen (sofern sich im Gedränge der Garderobe ein freies findet) sperrt als auch allfällige Konsumationen speichert. Bargeld braucht man in der Eurotherme erst wieder beim Verlassen des Hauses. Ebenfalls positiv: Die Öffnungszeiten von Therme und Sauna sind täglich bis 24 Uhr. Am Samstag ist auch das Aquapulco bis Mitternacht geöffnet, ansonsten bis 22.00 Uhr.

Badespaß im Aquapulco

Eines gleich vorweg: Ruhe Suchende werden mit der karibisch-mexikanisch gestylten Badeerlebniswelt nicht glücklich werden – für Kinder und Jugendliche, Actionfans und Aufrissfreunde ist sie hingegen der Himmel auf Erden.

Der 12 m hohe Monte Aquapulco ist der Ausgangspunkt für gleich fünf Rutschen (Yellow River, Starlight-Express, Kamikaze-Rutsche, Crazy-River, Blue Hole), bei denen sich auch so mancher Erwachsene gerne anstellt, um das Kind in sich raus zu lassen. Ein Wellenbecken, Wildwasserkanal, Freibereich und die Mini-Wasserwelt für die Kleinsten komplettieren das nasse Vergnügen. Im Sommer können Gäste, sofern sie eine Badepause machen wollen, in den recht weitläufigen Freibereich ausweichen, wo Ruhebetten bereitstehen.

In der kalten Jahreszeit hingegen ist es praktisch unmöglich, im Aquapulco einen Liegeplatz zu finden. Denn abgesehen von einem (angesichts der Menschenmassen viel zu kleinen) Ruheraum, der gleich

Eurotherme Bad Schallerbach

an eine heftig frequentierte Bar anschließt, gibt es keine Liegen. Dafür stehen hunderte weiße Plastiksessel im Weg herum. Dazu sorgt die Raumakustik für einen permanenten Lärmpegel, der empfindliche Nerven bald zum Vibrieren bringt. Ebenso der Umstand, dass der Innenbereich der Schwimmhalle auch weit weg von den Becken permanent klitschnass ist – und dass Zugluft in einigen Teilen der Halle trotz angeblicher Innentemperatur von 32 tropischen Graden für Gänsehautgarantie sorgt.

Lichtspiele im Colorama

In Österreichs erster **Farblichttherme** wird der Tageslichtwechsel vom Morgenrot bis zur Mittagssonne und wieder retour Richtung Sonnenuntergang in all seinen Farben simuliert, was Hormone positiv aktivieren soll. Das ist zwar eine grundsätzlich nette Idee, doch objektiv gesehen ist der Thermenbereich zu klein, denn so manche Hoteltherme bietet mehr. Auch hier suchten wir vergeblich nach einem eigenen Ruheraum – immerhin gibt es rund um das Innenbecken (32 °C Wassertemperatur) und im Bereich des Außenbeckens (34 °C) Liegen.

Dieses Manko sollte sich jedoch mit der Thermen-Erweiterung in Wohlgefallen auflösen, denn es sind neben der Verdoppelung des Colorama-Außenbeckens Wintergärten als Liegebereiche und großzügige Parkliegeflächen geplant. Im Obergeschoß des Colorama befindet sich neben zwei Solarien auch das Kosmetikstudio, genannt Beauty Vital Club, der die Badegäste mit Beauty-Behandlungen und Massagen von Kopf bis Fuß verwöhnt.

Schwitzvergnügen Im Relaxium

Wer in einem Tag alle Angebote des Saunabereichs Relaxium „durchschwitzen" möchte, braucht viel Ausdauer, so zahlreich sind die verschiedenen Möglichkeiten. Berührungsängste sollten Relaxium-Besucher allerdings nicht haben, denn hier geht es oft zu wie in einem Bienenstock. Jeder ist auf der Suche nach der nächsten Attraktion, es herrscht ein ständiges Kommen und Gehen – was wahrscheinlich zu kurz kommt, ist das Relaxen.

Grund dafür: Auch hier wird nur wenig Ruheraum geboten, außer im Sommer, wenn man im tollen Freigelände liegen kann. Dabei sind die Ansätze gut angedacht. Im so genannten **Musicarium** warten 14 beheizbare Wasserbetten mit Kopfhöreranschluss, aus denen sanfte Entspannungsmusik tönt. Oder besser gesagt, warten ständig Besucher auf eines der Wasserbetten: Dauernd geht die Tür auf, und Interessenten schauen nach, ob endlich etwas frei ist. Das ist lästig, ebenso die Unsitte, dass mitunter auf dem Boden kauernde Leute darauf geiern, dass einer der Liegenden Anstalten macht, sein Bett aufzugeben. Weniger Verkehr herrscht im **Kaminzimmer,** wo rund um einen modernen, offenen Kamin gemütliche Sitzgelegenheiten und jede Menge Zeitungen und Zeitschriften warten. Hier drücken sich dafür dauernd Gäste an der Glastüre die Nase platt, ob's denn hier ein Platzerl gibt ...

Wem drinnen zu viel los ist, der flieht ins Freie und wird von einem herrlichen Saunagarten in Form eines Bergdorfes erwartet: Eine **Almhütten-Sauna** bietet zu jeder vollen Stunde Erlebnisaufgüsse (z. B. Meersalz-, Honig-, Eis- Vitaminaufguss). Diese Showaufgüsse, die von fachkundigem Saunapersonal regelrecht zelebriert werden, sind ein wahrer Genuss der Sinne und entsprechend beliebt – schon eine viertel Stunde vor Einlass stehen die Schwitzfreaks an der Eingangstür Schlange. Ein mystisches Erlebnis ist das **Bergwerk,** eine mit 75 °C temperierte Sauna, in der ebenfalls ein Kaminfeuer zum Meditieren einlädt. Zur anschließenden Erfrischung trauen sich Mutige unter den Wasserfall oder schwimmen im Außenpool – wem es zu kalt wird, der kann wieder in den Hot-Whirl-Pool wechseln. Weiters vorhanden: ein **Gradierwerk** für gesundes Atemholen.

Im Innenbereich stehen ein Soledampfbad, Aromagrotten, Tepidarium, eine Relaxsauna, eine Finnsauna und die 90 °C heiße Landhaussauna zur Auswahl. Und für jene, bei denen die Liebe zum Schwitzen auch durch die Nase geht, gibt es die **Duftsauna:** Jede halbe Stunde wird mit einem anderen Aroma aufgegossen. Eine weitere trendige Besonderheit ist die **Grotta Mare,** in der man im 34 °C warmen Salzwasser das schwebende Gefühl des Floaten kennen lernt.

Der Therme angeschlossen ist ein **Therapiezentrum,** das die Kraft des natürlichen Schwefelthermalwassers für verschiedenste Anwendungen nützt. Für alle Sportbegeisterten bietet das Vitadrom – das Fitnesscenter der Eurotherme – Gelegenheit zum Workout.

Das gastronomische Angebot der Eurotherme umfasst das Café Olé im Erdgeschoss (Mehlspeisen und kleine Snacks) sowie ein großes Selbstbedienungsrestaurant im Aquapulco, das optisch einen kühnen Mix zwischen „Tex-Mex-Lokal" und „Piraten der Karibik" darstellt.

Vitalwelt Hausruck

Der traditionelle Kurort Bad Schallerbach, dessen erstes Badehaus bereits 1922 in Betrieb genommen wurde, bietet sich zusammen mit den umliegenden Gemeinden wie Gallspach und Grieskirchen unter dem Namen „Vitalwelt Hausruck" als Gesundheits- und Wellnessdestination an. Hervorzuheben sind dabei die mannigfaltigen günstigen Pauschalangebote, die individuell aus verschiedenen Komponenten auf die persönlichen Bedürfnisse abgestimmt werden können. Eingebettet in die liebliche Landschaft zwischen Donautal und Salzkammergut laden sanfte Hügel zum Wandern, Radfahren, Golfen und Reiten ein. Attraktive Ausflugsziele, die Nähe zum Salzkammergut oder Salzburg und kulinarische Genüsse vom landestypischen Mostheurigen bis zum Haubenlokal machen die Gegend zu einem interessanten, aber beschaulichen Urlaubsziel und bieten Erholungsraum für all jene, die nach einem Stück heile Welt suchen.

FACTS

Information

Eurotherme Bad Schallerbach, Kurpromenade 2, 4701 Bad Schallerbach
Tel.: +43(7249)481 15-0; Fax: +43(7249)481 15-10; E-Mail: office@eurotherme.at; www.eurotherme.at.
Wasserfläche: 1700 m²; Gesamtfläche 27000 m²
1000 Liegen insgesamt. In den Winterferien und an einzelnen Hochfrequenztagen kann es wegen des großen Andrangs fallweise zu Sperrzeiten kommen.
Kinder und Babys herzlich willkommen (eigener Kleinkinderbereich für 0–5: aquamundus).

Öffnungszeiten

Aquapulco: Mo–Fr, So & Fei 9.00–22.00 Uhr; Sa bis 24.00 Uhr
4-Stunden-Begrenzung während der Schulferien, sowie an Sonn- und Feiertagen in der Wintersaison von 1. 10 bis 30. 4.
Colorama: tägl. 9.00–24.00 Uhr; Relaxium: tägl. 11.00–24.00 Uhr
Betriebssperre am 24. 12.

Eurotherme Bad Schallerbach

Wasseranalyse und Indikation/Gegenindikationen

Schwefel-Thermalwasser

Rehabilitation bei chronischen Erkrankungen des Stütz- und Bewegungsapparates, Nervenwurzel- und rheumatischen Weichteilbeschwerden, chronischen Gelenksentzündungen, Regeneration und Gesundheitsvorsorge, Rheuma und Osteoporose.

Übernachtungsmöglichkeiten

Auskünfte über Unterkunftsmöglichkeiten und Kombiangebote (wie z. B. Familientage mit Aquapulco-Eintritt) erteilt die Vitalwelt Hausruck (4701 Bad Schallerbach, Kurpromenade 1; Tel.: +43(7249)420 71-0; Fax: +43(7249)420 71-13; E-Mail: info@vitalwelt.at; www.vitalwelt.at).

Ende 2005 wird das **Eurotherme-Resort**, ein 300-Betten-Hotel (4 Sterne) mit direktem Anschluss an den Kur- und Wellnessbereich der Eurotherme eröffnet.

Gastronomisches

Gut essen kann man im **Landidyll-Hotel Grünes Türl**, einem urigen Vierkanthof mitten im Grünen mit wunderschönem Gastgarten und komfortablen Zimmern zum Übernachten (4701 Bad Schallerbach, Gebersdorf 1; Tel.: +43(7249)481 63-0; Fax: +43(7249)429 32; E-Mail: hotel@gruenes-tuerl.at; www.oberoesterreich.at/gruenes.tuerl).

Natur & Freizeit

Ein im wahrsten Sinne des Wortes besinnliches Erlebnis ist eine Wanderung am Weg der Sinne in Haag am Hausruck: Auf ca. 3,5 km Länge macht man sich bei mehr als 30 Stationen seine fünf Sinne wieder so richtig bewusst (www.wegdersinne.at). Verbunden werden kann dieser Ausflug mit einem Besuch der gleich daneben liegenden 750 m langen Sommerrodelbahn (Tel.: +43(7732)23 51 oder 32 16).

Veranstaltungen und Ausflugsziele

Der **Zoologische Garten Schmiding** verfügt neben großzügigen Biotopanlagen und einem Tropenhaus über Europas größte begehbare Greifvogel-Fluganlage, in der man Adler und Geier hautnah und ohne Gittertrennung erleben kann (4631 Schmiding 19; Tel.: +43(7249)462 72; Fax: +43(7249)465 66; www.zooschmiding.at).

Therme Geinberg

Wunderbare Wasserwelt in modernem Design, die Ruhe Suchende, sportlich Aktive und Saunafans begeistern wird, während Kinder lieber zu Hause bleiben sollten.

Eigentlich ist das Innviertel für seine fruchtbare Hügellandschaft, die Vierseit- und Vierkanthöfe samt der dort gezüchteten Fleckviehrasse sowie den weltweit bestens reputierten Motorradhersteller KTM bekannt. Doch seit 1998 ist diese westlichste, an Bayern grenzende Region Oberösterreichs auch ein Eldorado für Wasser- und Wellnessfreunde. In der nur knapp 1300 Einwohner zählenden Gemeinde Geinberg steht nämlich eine der derzeit größten (und sicher eine der schönsten und innovativsten) Thermenanlagen Österreichs: Auf insgesamt 88 000 Quadratmetern wurde in die sanft hügelige Topografie am Ortsrand eine Bade-, Wellness-, Kur- und Hotelanlage gefühlvoll integriert, die für alle vergleichbaren heimischen Projekte, die sich derzeit in Planung oder Ausführung befinden, den Standard vorgibt.

Durchdachtes Thermenkonzept

Das durchdachte Konzept der Anlage fällt bereits bei der Ankunft positiv auf: Anstatt auf einen offenen Parkplatz biegt der Gast in eine

Therme Geinberg

Tiefgarage ein. Zwar ist auf den paar Schritten Fußweg zur Kassa ein Hof zu überqueren, aber vor allem im Winter, wenn man mit feuchten Haaren aus dem Bad kommt, weiß man es zu schätzen, nicht ewig über freies Gelände zum Auto marschieren zu müssen.

Der angenehme Ersteindruck findet an der Kassa nahtlos seine Fortsetzung. Die **Innviertler Wellnessoase** zählt zwar zum hochpreisigen Bädersegment, ist aber nicht die teuerste Therme. Ohne Pfand bekommen die Gäste ein Chipband, das sowohl Kästchen per Funkimpuls sperrt als auch in den Cafés und Restaurants zur Bezahlung benutzt werden kann. Einzige Ausnahme: Im Thermenshop gilt „Nur Bares ist Wahres". Abgesehen vom modernen Design (Stahl und Glas werden geschickt mit hellem, gelochtem Holz kontrastiert) fallen zwei Dinge sofort positiv auf: Zum einen ist selbst bei hoher Besucherdichte der allgemeine Geräuschpegel vergleichsweise niedrig. Und zum anderen haben es die Architekten von Geinberg geschafft, die Therme und ihre Attraktionen so kompakt und übersichtlich zu bauen, dass sich die Gäste nicht die Sohlen ihrer verpflichtend vorgeschriebenen Badeschlapfen dünnlaufen, wenn sie von einem Ende zum anderen wollen.

Entspannung zu Wasser und zu Lande

In der lichtdurchfluteten Haupthalle mit ihrer gläsernen Front gibt es ein nierenförmiges **Thermal-Innenbecken** (35 °C) mit Schwallduschen, Massageliegen und Whirlinseln, dazu einen Hot-Whirlpool und ein Kalttauchbecken, um den Kreislauf anzuregen – das klingt nach nicht viel, ist aber aufgrund der Größe völlig ausreichend. Das Innenbecken ist durch einen Schwimmkanal mit dem **Außenbecken** verbunden, das dieselben Attraktionen bietet – hier steht auch regelmäßig und kostenlos Aqua-Gymnastik auf dem Programm. Über einen Gang erreicht man die **Panoramahalle** mit Café und vielen Ruhebetten auf zwei Ebenen, von der aus man zur 350 m² großen Thermenkaskade – einer Wasserfläche auf zwei Ebenen mit Sprudelsitzen und -liegen – und in ein kühleres Sportbassin im Freien gelangt.

Die Errichter der Anlage haben eines erkannt: Ihre Gäste wollen in Ruhe relaxen, ohne sich um eine Liege streiten zu müssen. Deshalb gibt es eine ausreichende Anzahl von Ruheräumen und eine entsprechend große Anzahl von Liegestühlen um das Innenbecken bzw. auf den Galerien. Wer jedoch ganz sicher sein will, im Andrang auf das Heilbad die Nase vorn zu haben, kann sich im Internet online über den Auslastungsgrad der Anlage informieren bzw. Eintrittskarten vorbuchen.

Grundsätzlich ist die Therme Geinberg für erwachsene Gäste konzipiert. **Kinder** dürfen erst nach Vollendung des dritten Lebensjahres hinein, in die Sauna erst ab zehn. Bauliche Spaßattraktionen wie Rutschen, Wasserstrudel etc. sucht man auch vergeblich. Immerhin zeugen regelmäßige Lautsprecherdurchsagen, die Kinder von sechs bis zehn Jahren zur Kinderanimation rufen, davon, dass die kleinen Gäste dennoch eine gewisse Wertschätzung genießen. Ebenso bietet die Therme ein Day Care Center für Kleinkinder, wenn die Eltern in Ruhe plantschen wollen (kleiner Unkostenbeitrag).

Ganzheitliches Wohlbefinden

Heiß geht es in der durchgestylten **Saunawelt** her. Hier ist alles vorhanden, was traditionell und trendy einheizt: von drei Außensaunen – echt finnisch „Mökkis" genannt – über die nicht ganz so schweißtreibende Sphären- und die kreislaufschonende Innsauna bis zu einer Soft- und einer Klassik-Sauna und zwei Dampfbädern. Besonders netter Gag zum Abkühlen danach: die Eiswelt mit feinem Kunstschnee, Eisregen und Crash-Eis von Ladislaus, dem Eisbären. Im Saunagarten mit Kalt-Tauchbecken, Thermal-Hot-Whirlpools und großzügiger Liegewiese frönen die Anhänger der Freikörperkultur ihrer Leidenschaft; Ruhebereiche im halbkreisförmig verglasten Innenraum, eine Saunabar und Solarien ergänzen das Wohlfühl-Angebot. Zur optimalen Regeneration sind Massagen ideal, die direkt beim Saunaeingang angeboten werden.

Ein weiteres Herzstück der Therme ist das **Vitalzentrum,** das die Ganzheitsmedizin in den Mittelpunkt der Anwendungen stellt. Individuelle Angebote zur Erhaltung und Stabilisierung von Gesundheit und Wohlbefinden werden zusammengestellt, wobei ein erweiterter Gesundheits-Check an erster Stelle steht. Die angebotenen Therapien reichen von Immun- und Schmerztherapien über Entspannungs- und Bewegungstherapien bis zu Ästhetischen Therapien und Vitalberatung (Termine unbedingt zwei Wochen vorher reservieren!).

Therme Geinberg

Sind allfällige Wehwehchen dann ganzheitlich kuriert, darf man sich einem weiteren Wellness-Bereich zuwenden: dem **Sportcenter**. Es umfasst neben einem Fitnessstudio und einer Sporthalle eine breite Palette an Outdoor-Möglichkeiten, wie zwei Tennisplätze, einen Rasenplatz für Ballspiele und einen Beach-Volleyball-Platz. Laufstrecken rund um den Thermenbereich und ein hauseigenes Golf Putting Green lassen beinahe keine Aktivitätswünsche offen. Bei diesem Angebot ist es kein Wunder, wenn man immer wieder auf prominente Sportler (wie zum Beispiel das österreichische Skiteam) trifft, die hier ihre Trainingswochen absolvieren.

S'Innviertel erleben

Gute Infrastruktur erfreut in der und um die Therme: Drinnen kann man sich im Marktrestaurant mit frischen Schmankerln oder dem eigens abgefüllten Thermenbräu stärken, draußen warten in der so genannten Thermenarkade ein Café, ein Friseur- und Kosmetiksalon, ein Bauernladen, die Thermenboutique und die Touristeninformation auf Kunden. Im trendigen Restaurant Aquarium, das sich ebenfalls auf dem Thermengelände direkt neben dem Sportcenter befindet, kann man seinen Wohlfühl-Tag noch perfekt ausklingen lassen.

Geinberg, mitten im Dreieck zwischen Österreichs schönster Barockstadt Schärding, der historischen Handelsstadt Braunau und der Einkaufsstadt Ried gelegen, hat sich mit 13 Nachbargemeinden unter dem Begriff S'Innviertel zusammengeschlossen (Adresse siehe unten). Gemeinsam bemüht man sich, die Region bekannt zu machen und touristische Programmschwerpunkte zu setzen. Dazu gehören Wanderungen, wie jene rund um Altheim auf den Spuren der Römer und Bajuwaren, oder Erlebniswandern im grenzübergreifenden Europareser-

Therme Geinberg

vat Unterer Inn (www.europareservat.de). Die Angebote für Radler (wie der Römerradweg von Passau an den Attersee, der Inn-Radweg oder Mountainbike-Strecken) und Reiter (Wanderreiten, Westernreiten, Englisches Dressur- und Springreiten, Näheres im Internet unter www.pferdewelt.at) sind ebenfalls vielfältig.

FACTS

Information

Therme Geinberg, 4943 Geinberg, Thermenplatz 1
Tel.: +43(7723)85 00-0; Fax: +43(7723)85 00-999; Vitalzentrum:
 +43(7723)85 00-2551; www.therme-geinberg.at.
Wasserfläche: 2500 m²; Gesamtfläche 130 000 m²
 Die Therme ist für 1500 Gäste konzipiert, wobei jeder Gast eine Liege erhält. Ist dies nicht mehr garantiert, wird die Therme vorübergehend gesperrt, was in der Thermenhauptsaison zu Schulferienzeiten oder an Fenstertagen vorkommen kann. Tageskarten können jedoch per Internet vorgebucht werden.
Kinder-Zutritt: Therme ab 3 Jahren; Sauna ab 10 Jahren. Kinder sollten nicht länger als 15 Minuten im Thermalwasser baden.

Öffnungszeiten

Therme: Mo-Do 9.00-22.00 Uhr; Fr bis 23.00 Uhr; Sa & So bis 22.00 Uhr
Sauna: Mo-Do 11.00-22.00 Uhr; Fr bis 23.00 Uhr; Sa & So 9.00-22.00 Uhr
Vitalzentrum: Mo-Sa 8.00-19.00 Uhr; So 9.00-17.00 Uhr.

Wasseranalyse und Indikation/Gegenindikationen

Natrium-Hydrogencarbonat-Chlorid-Mineral-Schwefel-Thermalwasser
 Beim Baden wird der Schwefelanteil von Haut und Bronchien aufgenommen. Es kommt zur Erweiterung der kleinen Hautgefäße und zur besseren Durchblutung der Haut und der Muskulatur, zur Dämpfung der Schmerzpunkte, zur antibakteriellen und antiparasitären Wirkung der Haut. Indikationen: Affektionen des Bewegungsapparates und dermatologische Indikationen wie Akne, chronische Ekzeme und allergische Hautkrankheiten.
Gegenindikationen: Die hohe Temperatur des Wassers kann zu einer verstärkten Belastung des Kreislaufs führen.

Übernachtungsmöglichkeiten

Das 4-Sterne-**Vitalhotel** ist direkt mit der Therme verbunden. Es ist zwar nicht billig, bietet aber eine Anzahl von Goodies, wie z. B. Eintritt in die Therme schon ab 7.00 Uhr, eigene Relax-Oase mit einem Hamam, Benutzung der Therme am Anreisetag und Abreisetag ganztägig inklusive, erweiterte Halbpension mit Mittags-Snack. Vitalhotel Therme Geinberg, 4943 Geinberg, Thermenallee 1; Tel.: +43(7723)85 01-0; Fax: +43(7723)85 01-999; www.therme-geinberg.at.

Therme Geinberg

In den letzten Jahren hat sich auch das Angebot an Pensionen und Privatzimmern erfreulich verbessert. Erwähnt sei hier nur die liebevoll eingerichtete **Pension Ziegelhaus**, in der jedes der fünf Doppelzimmer individuell gestaltet wurde (4943 Geinberg, Durchham 7; Tel.: +43(7723)84 42; Fax: +43(7723)84 42-4; E-Mail: office@pension-ziegelhaus.at; www.pension-ziegelhaus.at). Weitere Infos und Zimmerverzeichnis im Tourismusbüro S'Innviertel am Thermenplatz 2, 4943 Geinberg; Tel.: +43(7723)85 55; Fax: +43(7723)85 55-4; E-Mail: info@innviertel-tourismus.at; www.innviertel-tourismus.at.

Gastronomisches

Bodenständige Innviertler Gerichte wie Knödelspezialitäten oder ein Bratl in der Rein verkostet man am besten in einem gutbürgerlichen Wirtshaus wie dem **Napoleonwirt** in Altheim. In diesem 300 Jahre alten Wirtshaus, in dem im Jahre 1800 der namengebende Feldherr weilte, gibt es in der ehemaligen Kegelbahn auch ein kleines Wirtshausmuseum zu besichtigen (Gasthaus Napoleon, 4950 Altheim, Marktplatz 33; Tel.: +43(7723)42 232; Fax: +43(7723)42 232-25; E-Mail: info@napoleonwirt.at; www.napoleonwirt.at).

Natur & Freizeit

Auf dem **Biobauernhof Loryhof** gibt es neben einem Mostheurigen und der Möglichkeit des Heubadens einen interessanten Obst- & Bienenlehrpfad mit Naschgarten (Familie Zeilinger, 4942 Wippenham, Guggenberg 4; Tel.: +43(7757)67 57; Fax: +43(7757)68 77; E-Mail: office@loryhof.at; www.loryhof.at). Des Weiteren sei eine **Schifffahrt** auf dem wildromantischen Inn zwischen Schärding und Passau empfohlen (Innschifffahrt-Kapitän Schaurecker, 4780 Schärding, Carossa Straße 2; Tel.: +43(7712)73 50; Fax: +43(7712)73 50-12; E-Mail: kapitaen@innschifffahrt.at; www.innschifffahrt.at).

Veranstaltungen und Ausflugsziele

Steppenadler, Gänsegeier, Falken, Schnee-Eulen und Adlerbussard – all das bekommt man bei einer Vorführung der **Falknerei auf Burg Obernberg** zu sehen (April bis Mitte November täglich um 15.00 Uhr, Infos: Falknerteam Kotlik, Tel.: +43(7758)30 197). Im **Römer-Erlebnismuseum** im Altheimer „Ochzethaus" können Erwachsene und Kinder staunen und selbst das machen, was die Römer bei uns vor fast 2000 Jahren getan haben. Öffnungszeiten: Ostern bis Allerheiligen, So & Fei 14.00–17.00 Uhr (Römermuseum Ochzethaus, 4950 Altheim, Roßbacherstrasse 2; Tel.: +43(7723)44 231; E-Mail: info@ochzethaus.at; www.ochzethaus.at).
Ein weiteres Ausflugsziel ist das über 900 Jahre alte **Augustiner Chorherrenstift Reichersberg**, das neben Stiftsführungen, Veranstaltungen, Konzerten und Ausstellungen eine Klosterladen-Vinothek bietet (Tel.: +43(7758)23 13-0; Fax: +43(7758)23 13-32; E-Mail: verwaltung@stift-reichersberg.at; www.stift-reichersberg.at).

Kaisertherme Bad Ischl

*Traditionsreiches Sole-Bewegungsbad
mit kleinem orientalischem Luxustempel
im Herzen des oberösterreichischen Salzkammerguts.*

Von 1848 bis zum Zusammenbruch der Donaumonarchie weilte Kaiser Franz Joseph insgesamt 83-mal in Bad Ischl, das bis heute den Charme des 19. Jahrhunderts ausstrahlt. Allerdings ist nicht überliefert, wie oft er dabei auch das älteste Sole-Heilbad Österreichs in Anspruch nahm – viel lieber machte er Jagd auf die lokale Wildpopulation und die ebenfalls oft anwesende Katharina Schratt. Trotzdem heißt das Bad Ischler Warmbad traditionsbewusst „Kaisertherme". Sie gehört zu den kleineren Thermen Österreichs, hat aber durchaus ihre Qualitäten, die sie vor allem für einen Kur- und Gesundheitsaufenthalt geeignet machen.

Kaiserliches Solewasser

Betritt man die Kaisertherme, die auch Mitglied bei **Royal Spas of Europe** ist, durch den Kurmittelhaus-Haupteingang vom kleinen Parkplatz aus (der liegt gleich vis-à-vis des Ischler Bahnhofes bzw. der Tou-

Kaisertherme Bad Ischl

rismus- und Kurinformation – Insider finden den Weg direkt zum eigentlichen Thermeneingang seitlich hinter dem Parkplatz), so gewinnt man den Eindruck, in ein k. u. k.-Militärgymnasium gelangt zu sein: Eine große Aula mit Gemälden Franz Josephs und seiner Gemahlin Elisabeth und ein Geruch wie in alten Schulen liegt in der Luft. Der Duft ändert sich dann Richtung Arztpraxisaroma, sobald die Gänge Richtung Badeanstalt betreten werden.

Die Kaisertherme ist im eher günstigen Preissegment angesiedelt – und bietet deutlich mehr, als ihre kleinen Ausmaße und das veraltete Interieur der Resopal-Optik-Ära vermuten lassen. Hier in Bad Ischl vereinigt sich das Design der frühen Siebzigerjahre mit jenem des neuen Jahrtausends. So wurde in der Schwimmhalle im Jänner 2003 eine ästhetische, vor allem aber nützliche zweite Raumebene aus Stahlträgern und Glasflächen eingezogen, um Platz für mehr Liegestühle zu schaffen. Durch die aufsteigende warme Luft wird es im Winter ganz besonders angenehm und der Überblick über das 20 x 10 Meter große Hauptbassin (plus ein Nebenbecken, in dem es Massagedüsen und Schwallduschen gibt) ist vortrefflich.

In den Becken sprudelt ca. 30 °C warmes **Thermal-Solewasser** (3 % Salzgehalt wie Adria-Meerwasser), das sehr angenehm für die Haut ist und in dem es sich trefflich treiben und schwimmen lässt. Dieses Wasser soll auch fertilitätsfördernd sein – immerhin verdankten die kaiserlichen Hoheiten Erzherzog Franz Karl und Prinzessin Sophie der Überlieferung nach die doch noch geglückte Zeugung ihres „Salzprinzen" Franz Joseph den Kräften dieser Ischler Quelle. Neben dem Innenbecken gibt es ein rundes Außenbassin, das direkt von der Halle aus betreten werden kann. Seine 32 °C sind ausreichend, um wenigstens kurz in der frischen Luft zu dümpeln – selbst wenn's im Winter unter 0 °C hat. Im Sommer steht auch ein Freibereich mit Liegewiese und Kneippbecken zur Verfügung

Auch wenn es keine ausgesprochenen Kinderattraktionen gibt und die Grundausrichtung des Bades eher Richtung älteres Kurpublikum mit Badehauben geht (es gibt z. B. mehrmals täglich Wassergymnastik, die auch gerne angenommen wird), so herrscht in der Therme eine durchaus tolerante Atmosphäre, in der sich auch Familien mit Kleinkindern wohl fühlen können. Um jungen Besuchern zeitgemäße Atmosphäre zu bieten, gibt's an Wochenenden Wasserdisco, manchmal werden auch abends von einem Videobeamer Konzertfilme (bei unserem Besuch war es U2) an die Wand projiziert.

Orientalisches Verwöhnprogramm

Ein ganz eigenes Kapitel ist der **Saunabereich** der Kaisertherme. Da gibt es zunächst die so genannte Quattro-Sauna. Die sperrt täglich erst

Kaisertherme Bad Ischl

nach Mittag auf und bietet zwei Saunaräume, eine Biosauna mit Farblicht-Helarium, ein Soledampfbad (das allerdings nicht sehr heiß ist), ein Steinbad sowie eine finnische Blockhaussauna im Freien. Vor und nach den Schwitzgängen warten ein Sole-Schwimmbecken, zwei Kaltwasserbecken, ein Warmwasser-Whirlpool, Ruheräume und die Möglichkeit einer Massage auf die Nackedeis.

Diese bis dato etwas antiquiert wirkende Saunalandschaft wird jedoch gerade einer Renovierung unterzogen und soll bereits beim Erscheinen dieses Buches in neuem Glanz erstrahlen.

Das absolute Highlight der Kaisertherme Bad Ischl ist allerdings die 2001 eröffnete orientalische **Wellness-Oase Alhambra.** Täglich können insgesamt nur zwölf Besucher (unbedingt so früh wie möglich an der Thermenkasse anmelden!) in dieses außergewöhnliche Entspannungsprogramm eintauchen und sich 120 Minuten lang „Wohlfühlen aus 1001 Nacht" gönnen. Vier Stationen warten in der Alhambra. Zuerst ruht der Besucher in der Sabbia-Med aus. Das ist eine Kammer, in der einen halben Meter hoch warmer Wüstensand aufgeschüttet ist und deren Lichtanlage einen Tagesablauf simuliert. Die milde Hitze des Sandes, auf dem man liegt, Aromen und sanfte Musik sorgen für Entspannung; Hektik und Alltagsstress versickern im wahrsten Sinne des Wortes in den Dünen.

Danach geht's in den Rasul, wo die Besucher mit altorientalischen Pflege- und Schönheitsgeheimnissen verwöhnt werden. Dazu gehört vor allem die Anwendung von diversen Schlämmen, die zum Zwecke des Peelings aufgetragen werden, dazu kommen Strahlungswärme und Kräuterdämpfe. Die dritte Station der morgenländischen Intensivkur für Leib und Seele ist das Dampfbad zur Zwischendurch-Entspannung. Und dann folgt der Höhepunkt, das Hamam. Wie in den Traditionshäusern von Istanbul wird der Gast, auf einer warmen Steinbank liegend, von Alhambra-Mastermind Leo mit Naturhaar-Bürsten massiert und anschließend mit betörenden Aromaölen eingerieben. Nach etwas mehr als zwei Stunden kommen die Gäste duftend, glänzend und mit verklärtem Blick aus der Alhambra langsam in die Realität zurück.

Wer nach einer solchen Wohltat oder einer ausgedehnten Schwimm- und/oder Saunasession Kalorien nachtanken will, kann das direkt in der Kaisertherme im Café Wintergarten oder im Kurcafé-Restaurant im ersten Stock tun. Der Therme angeschlossen ist auch die so genannte Kosmetik-Oase, die sowohl Damen als auch Herren mit Beauty-Programmen verwöhnt. Das Kurzentrum bietet nicht nur Anwendungen für Kurgäste – auch der Wellnessgast kann sich spezielle Pakete zusammenstellen lassen.

Kaiservilla und Guglhupf

Doch das kaisergelbe Kurstädtchen am Zusammenfluss von Ischl und Traun hat natürlich viel mehr zu bieten als die Therme. Zahlreiche Wanderwege erschließen die **herrliche Bergwelt,** Sportfreunde finden Möglichkeiten zum Reiten, Golfen, Tennisspielen, Langlaufen, Ski- und Radfahren. **Kulturelle Veranstaltungen,** wie die berühmten Operettenwochen oder das traditionelle Kaiserfest zu Kaisers Geburtstag im August, lassen beim Kuren keine Langeweile aufkommen.

Die wahren Sehenswürdigkeiten Bad Ischls, das am Anfang des 19. Jahrhunderts von den Kurärzten Josef Götz und Franz Wirer zum Kurort ausgebaut wurde, sind jedoch eng mit dem **Hause Habsburg** verbunden, dessen Mitglieder es zum Sommersitz erkoren und Highsociety und Künstler hierher brachten. Inmitten des so genannten Kai-

serparks steht die **Kaiservilla,** in der Franz Joseph im Sommer Hof hielt. Die mit 50 000 Jagdtrophäen bestückte Residenz ist im Rahmen von Führungen öffentlich zugänglich. Ebenfalls im Kaiserpark befindet sich auch das Marmorschlössl – Sisis Ischler Lieblingsplatz, in dem heute das oberösterreichische Photomuseum untergebracht ist. Das Haus seiner Eltern Erzherzog Franz Karl und Sophie, in dem sich 1853 Kaiser Franz Joseph mit Sisi verlobte, dient heute als Stadtmuseum. Und in der alpenländischen Villa der Freundin des Kaisers, Katharina Schratt, wird heute haubengekrönte Gourmetküche geboten.

Zu einem traditionellen Ischl-Aufenthalt gehört auch ein Besuch in der weltberühmten **Kurkonditorei Zauner,** bei dem sich schon weiland k. u. k.-Zelebritäten und berühmte Sommerfrischegäste wie Franz Lehár süße Sünden höchster Qualität einverleibt haben. Allen voran jedoch Kaiser Franz Joseph, den Katharina Schratt schon zum Frühstück mit dem berühmten Zauner-Guglhupf fütterte.

FACTS

Information

Kaisertherme Bad Ischl, Bahnhofstraße 1, 4820 Bad Ischl
Tel.: +43(6132)233 24-0; Fax: +43(6132)233 24-744;
 E-Mail: office@kaisertherme.co.at; www.kaisertherme.co.at.
Wasserfläche: Innenbecken 10 x 20 m; Wellnessbecken 3 x 5 m; Außenbecken 11 m²
Einlass für 180 bis 200 Personen, 80 bis 90 Liegestühle stehen zur Verfügung.
 Bei schlechter Witterung bzw. in der Ferienzeit kann es vorkommen, dass die Auslastungsgrenze erreicht ist und kurze Wartezeiten anfallen. Badezeit: 20 Minuten.
 Säuglinge dürfen mit einer speziellen Windel ins Bad, in die Sauna dürfen Kinder ab 3 Jahren (mit Begleitung). Samstag ist Kindernachmittag!
 Für den Schlüssel der Kabinen ist ein Einsatz von fünf Euro zu leisten.
 Nicht vergessen, gleich die Parkkarte abstempeln zu lassen, die der Automat bei der Einfahrtsschranke zum Parkplatz ausgespuckt hat – sonst wird das Rausfahren schwierig!

Öffnungszeiten

Kaisertherme: tägl. 9.00–22.00 Uhr
Quattro-Sauna: Di-So & Fei 13.30–22.00 Uhr; Mo (nur im Winter) ab 17.00 Uhr
Damennachmittag: Do 13.30–17.30 Uhr
Alhambra: Di-So um 15, 17 u. 19 Uhr; Mo 17 u. 19 Uhr (jeweils 4 Personen); Anmeldung an der Thermen-Kasse Tel.: +43(6132)233 24-711.
Eingeschränkter Betrieb an den Weihnachtsfeiertagen und über Silvester.
Betriebssperre: An einigen Tagen im Jahr muss das Solebad zur Reinigung geschlossen werden. Bitte informieren Sie sich telefonisch oder über Internet (siehe oben).

Kaisertherme Bad Ischl

Wasseranalyse und Indikation/Gegenindikationen
Das Solebad beinhaltet 3 % Bergbau-Sole. Die Sole wirkt entzündungshemmend, regenerativ, durchblutungsfördernd, schmerzlindernd und entspannend. Bei Sole-Unverträglichkeit, Pilzerkrankungen und bei offenen Wunden sollte das Bad gemieden werden.

Übernachtungsmöglichkeiten
Durch einen Bademantelgang mit der Kaisertherme verbunden ist das 4-Sterne-**Thermenhotel Bad Ischl** (4820 Bad Ischl, Voglhuberstraße 10, Tel.: +43(6132)204; Fax: +43(6132)276 82; E-Mail: thermenhotel@tourism.co.at; www.thermenhotel-badischl.at).
Über eine eigene Badelandschaft und einen Sole-Heilstollen verfügt das **Landhotel Hubertushof** (4 Sterne) gleich neben dem Park der Kaiservilla (4820 Bad Ischl, Götzstraße 1; Tel.: +43(6132)244-45; Fax: +43(6132)244 45-104; E-Mail: hub-hof@EUnet.at; www.oberoesterreich.at/hubertushof).
Weitere Infos: Kurdirektion Bad Ischl (4820 Bad Ischl, Bahnhofstraße 6; Tel.: +43(6132)277 57; Fax: +43(6132)277 57-77; E-Mail: office@badischl.at; www.badischl.at).

Gastronomisches
Wer auf des Kaisers Spuren wandelt und auf Küche in Haubenqualität Wert legt, kommt nicht an der **Villa Schratt** vorbei (4820 Bad Ischl, Steinbruch 43; Tel.: +43(6132)276 47; E-Mail: gaderbauer@villaschratt.at; www.villaschratt.at). Zum kalorischen Pflichtprogramm gehört auch ein Besuch in der **Konditorei Zauner**, sommers vorzugsweise im herrlichen Gastgarten auf der Esplanade (4820 Bad Ischl, Pfarrgasse 7; Tel.: +43(6132)233 10; Fax: +43(6132)233 10-30; E-Mail: info@zauner.at; www.zauner.at).

Natur & Freizeit
Unter den unzähligen Wanderzielen sei der Besuch der **Katrin Alm** besonders hervorgehoben, die von Bad Ischl aus mit einer Gondelbahn erreichbar ist. Sie gehört zu den schönsten Almen des Salzkammerguts und bietet einen Rundblick auf 5 Salzkammergut-Seen und das Dachsteinmassiv (www.katrinseilbahn.com). Eine beliebte Familienwanderung führt auf die **Hoisnradalm**, ein Kinderparadies mit Lamas, Kamelen und Indianerdorf.
Golfmöglichkeit am nahen 18-Loch-Salzkammergut-Golfplatz (Tel.: +43(6132)263 40; Fax: +43(6132)267 08; E-Mail: office@salzkammergut-golf.at; www.salzkammergut-golf.at).

Veranstaltungen und Ausflugsziele
In unmittelbarer Umgebung von Bad Ischl befindet sich eine Kulturlandschaft von Weltgeltung: **Hallstatt** mit seinem prähistorischen Bergwerk und die **Dachstein-Eishöhlen**, bizarre Eispaläste, die ein einmaliges Naturerlebnis vermitteln (www.dachstein.at).

Thermalbad Vigaun

Kleine Therme vor den Toren von Salzburg, die mit ihrem stark mineralisierten Heilwasser vor allem Kurgäste anzieht und bewusst auf Kinderattraktionen verzichtet.

Zugegeben – die Anfahrt zur St. Barbara-Therme in Vigaun ist nicht gerade von überwältigender Schönheit. Vigaun ist ein Nachbarort der Salz- und Keltenstadt Hallein, 15 Kilometer südlich von Salzburg, und in Hallein ist nicht nur Musikantenstadl-Kaiser Karl Moik zu Hause, sondern auch viel Industrie und Gewerbe. Und genau das ist auch der bestimmende Eindruck, folgt man der engen Zufahrtsstraße Richtung Kurzentrum: Zwischen Bahngleisen, Speditionshöfen, Lagerhallen und allerlei Betriebsansiedelungen kurvt man herum, bis der (ausreichend große) Parkplatz des Thermenzentrums erreicht ist.

Von hier spaziert der Badegast etwa drei Minuten, bis er an der Kassa der öffentlichen Therme steht. Die kleine Anlage, auf nur 220 Tagesgäste ausgelegt, ist ein Teil des gesamten Kurzentrums, zu dem ein Viersternehotel, therapeutische Einrichtungen und eine Privatkli-

Thermalbad Vigaun

nik mit zehn Fachabteilungen gehören. Hauptsächlich wird die Therme folglich von Kurgästen frequentiert, die rund 60 bis 70 Prozent der Besucher ausmachen.

Schnelles Schwimmen untersagt

Und genau nach diesen Gesichtspunkten ist die Badeanstalt, die im Jahr 1985 eröffnet wurde und die von der mit 34 °C aus der Erde sprudelnden Barbara-Heilquelle gespeist wird, auch ausgelegt: klein, aber zweckmäßig, eher therapeutisch denn hedonistisch, dafür aber preislich vergleichsweise recht günstig.

Kinder unter sechs Jahren dürfen nur nach Vorlage einer ärztlichen Überweisung ins stark mineralisierte Wasser, in dem auch Erwachsene mit Herz-Kreislauf-Beschwerden erst nach ärztlicher Rücksprache schwimmen sollten. Das Nass hilft vor allem bei schmerzhaften **Beschwerden des Bewegungsapparates** (empfohlene Badedauer: 20 Minuten).

Zwar ging die Thermenleitung mittlerweile so weit mit der Zeit, die auf den aushängenden Verhaltensmaßregeln ausgewiesene Badehaubenpflicht durchzustreichen – auf den immer noch gültigen charmanten Hinweis, dass „schnelles Schwimmen" ausdrücklich untersagt ist, sind wir allerdings in noch keinem anderen Thermalbad gestoßen.

All das macht die Barbara-Therme für Familien mit Kindern nur wenig attraktiv, denn die finden in der Schwimmhalle mit dem großen Thermal- und dem Römerbadbecken nichts, womit es sich spielen

Thermalbad Vigaun

ließe. Und zum Herumtollen ist die eher kleine, mit einer freundlichen Holzdecke ausgestattete Halle ein denkbar ungeeigneter Ort.

Im Sommer steht jedoch eine einigermaßen große Liegewiese neben dem Außenbecken zur Verfügung. Wer sich von den 28 Grad Wassertemperatur dieses Beckens nicht abschrecken lässt, kann auch im Winter draußen schwimmen, was den meisten Thermenfans jedoch zu kühl sein wird. Das Innenbecken, das auch mit kleinen Attraktionen wie einem Wasserfall und einem Wildwasserstrudel (Achtung: starke Strömung!) ausgestattet ist, hat konstante 32 °C, das kreisrunde Römerbad mit seinen sprudelnden Wasserdüsen heizt mit immerhin 36 °C ein.

Kur mit Kultur und Natur

Kurgäste und Thermenbesucher, die hier jedoch nichts anderes wollen, als in Ruhe die heilende Kraft des Vigauner Wassers zu genießen, sind mit dem nüchternen Warmbad gut bedient. In der Regel ist der Besucherandrang überschaubar, und so spielt es auch keine allzu große Rolle, dass die Anzahl der Liegestühle in der Halle recht eingeschränkt ist. Es gibt zwar einen Ruheraum, der allerdings sehr klein und nicht besonders gemütlich ist. Durch den etwas gehobenen Altersschnitt der Besucher ist auch der Lärmpegel in der Halle meist nicht allzu hoch, lediglich das Rauschen des Wassers bildet eine sonore Geräuschkulisse.

Wer sich ein wenig aus dem Badegeschehen ausklinken möchte, wirft seinen Bademantel über und besucht entweder das sehr nette Thermencafé, in dem es getrennte Bereiche für Gäste in Bade- und Straßenkleidung gibt, gönnt sich einen Besuch im Solarium oder begibt

Thermalbad Vigaun

sich in den kleinen, aber feinen Saunabereich, der zuletzt 1998 erweitert wurde. Zwei finnische Saunakabinen, eine Biosauna, ein Dampfbad und eine Infrarotkabine stehen hier zur Verfügung, ein abgetrennter Ruheraum und ein Freiluftbereich mit einer schönen Dachterrasse laden zum Relaxen nach vollbrachtem Schwitzbad ein. Achtung: Am Mittwoch ist der Saunaeintritt ausschließlich Damen vorbehalten!

Neben dem heilenden Wasser der St. Barbara-Quelle tragen auch die Grünruhelage des Kurzentrums und das umgebende Tennen- und Hagengebirge zum Erholungswert bei. Zahlreiche Sport- und Freizeitmöglichkeiten stehen in unmittelbarer Umgebung zur Verfügung. Ausgedehnte Wander- und Radrouten, Tennis, Reiten und Golf bedienen den sportlichen Gast. Vigaun ist durch seine zentrale Lage im Salzachtal auch ein idealer Ausgangspunkt in die nahe gelegenen Salzburger Wintersportgebiete.

Kulturelle Vielfalt ist durch die Nähe zur Festspielstadt Salzburg mit ihren weltberühmten Sehenswürdigkeiten, Museen und Veranstaltungen und zur Keltenstadt Hallein mit der historischen Altstadt, dem berühmten Keltenmuseum und dem Salzbergwerk garantiert.

FACTS

Information

Kurzentrum/Thermalbad Bad Vigaun, 5424 Bad Vigaun,
Karl-Rödlhammer-Weg 91; Tel.: +43(6245)89 99-646; Fax: +43(6245)89 99-666;
E-Mail: reservierung@kurrehabvigaun.com; www.kurrehabvigaun.com.
Wasserfläche 600 m²; Gesamtfläche 4200 m²
Die Therme ist auf 220 Besucher ausgelegt. Bei 230 Besuchern wird der Einlass vorübergehend gesperrt, was an Feiertagen mit Schlechtwetter vorkommen kann.
Kinder unter sechs Jahren dürfen nur nach ärztlicher Überweisung ins Thermalwasser.

Öffnungszeiten
Tägl. 9.30–21.00 Uhr (letzter Einlass 19.00 Uhr)
Achtung: Mittwoch Damensauna!
Am 24. 12. und 31. 12. geschlossen!

Wasseranalyse und Indikation/Gegenindikationen
St. Barbara-Quelle: Natrium-Calcium-Chlorid-Sulfat-Mineralthermalwasser, 34 °C
Indikationen: Bäderkuren u. a. bei schmerzhaften Beschwerden des Bewegungsapparates, Folgezuständen nach Unfällen, Rehabilitation nach Sportschäden; Trinkkuren bei Stoffwechselerkrankungen.

Thermalbad Vigaun

Kontraindikationen: Förderung von Entzündungsvorgängen in bestimmten Fällen, Herz-Kreislauf-Belastung, Erkrankung des rheumatischen Formenkreises.

Übernachtungsmöglichkeiten

Das **Kurzentrum Bad Vigaun** (4 Sterne), das aus einem Hauptgebäude und fünf netten Landhäusern besteht, wird vorwiegend von Sozialversicherungsgästen besucht und ist direkt mit dem Thermalbad, dem Therapiegebäude und der Privatklinik verbunden (Adresse und weitere Angaben siehe oben).
Das **Viersternehotel Langwies** ist ein Landgasthof mit gediegener Tradition, guter Salzburger Küche und 35 gemütlichen Zimmern. Für Kinder gibt es eine Spielecke, einen Spielplatz und Streicheltiere (Hotel-Gasthof Langwies, 5424 Bad Vigaun, Langwies 22; Tel.: +43(6245)89 56-0; Fax: +43(6245)89 56-13; E-Mail: hotel.langwies@sbg.at; www.langwies.sbg.at).
Weitere Informationen: Tourismusverband Bad Vigaun, 5424 Bad Vigaun, Am Dorfplatz 11; Tel.: +43(6245)84 116; Fax: +43(6245)82 876; E-Mail: info@bad-vigaun.at; www.bad-vigaun.at.

Gastronomisches

In unmittelbarer Nähe des Kurzentrums befindet sich das haubengekrönte **Restaurant Kellerbauer,** das auch über gemütliche Zimmer mit Tennisplatz und Sauna verfügt.
Restaurant Kellerbauer, 5424 Bad Vigaun, Kellerbauerweg 41;
Tel.: +43(6245)83 474; Fax: +43(6245)83 474-15; E-Mail: kellerbauer@aon.at; www.kellerbauer.at (geschlossen: So Abend, Mo).

Veranstaltungen und Ausflugsziele

Zahlreiche Ausflugsziele befinden sich in unmittelbarer Umgebung: das **Salzbergwerk Hallein** und das **Erlebnisdorf Salinas** mit seiner rekonstruierten Keltensiedlung, die **Eisriesenwelt Werfen** und die **Burg Hohenwerfen** oder das **Freilichtmuseum in Großgmain**. Die nahe Mozartstadt **Salzburg** stellt mit ihrem vielfältigen kulturellen Angebot ein reizvolles Gegenstück zum ruhigen Landleben in Vigaun dar.
Besonders zu empfehlen ist ein Besuch in der Adventzeit: Der bekannte Salzburger Adventmarkt vor der Kulisse der Altstadt und das berühmte Salzburger Adventsingen sind eine besondere Einstimmung auf die Weihnachtszeit, wie auch der Besuch der **Stille-Nacht-Kapelle in Oberndorf,** dem Ort der Uraufführung des berühmtesten Weihnachtsliedes der Welt.
Infos zu allen Attraktionen und zur praktischen SalzburgCard: Tourismus Salzburg GmbH, 5020 Salzburg, Auerspergstraße 6; Tel.: +43(662)88 987-0; Fax: +43(662)88 987-32; E-Mail: tourist@salzburg.info; www.salzburg.info.

Gastein

Alpen Therme Gastein

Durchgestylte, in sechs Bereiche geteilte Erlebnis- und Gesundheitswelt vor der beeindruckenden Bergkulisse von Österreichs ältester Bäderregion Gasteinertal.

Im Dezember 2003 wurde in Bad Hofgastein an Stelle der seit 1972 bestehenden Badeanlage die Alpen Therme eröffnet: Ein architektonisch kühner Neubau, der auf 32 000 m² eine hippe Wellness- und Erlebnisoase der Superlative bietet. Mit den sechs verschiedenen Bereichen – hier Worlds genannt – soll von Familien über erholungsbedürftige Kurgäste und gestresste Manager bis zu Leistungssportlern eine Vielzahl von Zielgruppen angelockt werden. Der coole Beton- und Glastempel bietet ein einzigartiges 360-Grad-Alpenpanorama des Nationalparks Hohe Tauern, was einen interessanten Kontrast ergibt.

Cool am Pool

Wenn auch die moderne Bauweise mit dem an das römische Pantheon erinnernde große Kuppeldach nicht jedermanns Sache sein mag, die inneren Werte des Warmbades beeindrucken: **Family-World, Relax-World, Sauna-World, Sports-World, Gusto-World und eine eigene Ladies-World** sind über drei Etagen verteilt.

Alpen Therme Gastein

Die Therme zählt zu den größten im Lande, und weil sie auch eine der neuesten ist, haben sich die Betreiber einiges einfallen lassen. Keine Frage, dass es hier genügend Außen- und Innenbecken mit allen Schikanen (Sprudelliegen, Massagedüsen, heißes Urquellbecken, Sportbecken im Freien etc.) sowie eine durchdachte Kinderplantschlandschaft gibt und auf allen Ebenen an genügend Ruheräume und ausreichend Liegen gedacht wurde. Beeindruckend sind auch die stimmungsvolle Lichtinszenierung und der durch die durchgängige Glasfassade fantastische Ausblick auf die Berge.

Eine Neuheit ist der 12 Meter hohe Multimedia-Erlebnisdom, in den man vom Family-World-Hauptbecken aus einschwimmen kann. Darin befinden sich riesige Leinwände, auf die von Videobeamern Filme projiziert werden.

Für die Kleinen und Adrenalinfreaks gibt es auch eine 110 Meter lange Speedrutsche, eine Black-Hole-Raftingrutsche und einen Strömungskanal.

Schwitzen mit Designeranspruch

Wer lieber relaxen möchte, wandert ins Untergeschoß. Dort, neben dem Eingang zur Sauna-World, befindet sich ein Wasserbettenraum, der seinesgleichen sucht (Eintritt ab 16 Jahren). Im gedämpften Licht warten hier feinste Entspannungsliegen samt Kopfhörern mit frei wählbaren Musikprogrammen – hier schlummern selbst Hyperaktive innerhalb weniger Minuten weg. Sehr klug gemacht: Durch diskrete Sichtfenster in der Tür können die Besucher vorher feststellen, ob Platz frei ist, und brauchen nicht die Türen aufzureißen und damit die Ruhenden stören. Eine Weitsichtigkeit, die auch bei den Saunaattraktionen zu finden ist. In der Saunalandschaft dominiert modernes Design. Innen kann man zwischen Farblichtsauna, finnischer Sauna, Infrarotkabine, Dampfgrotte und Laconium wählen. Im Freien warten eine Stollen-Sauna mit schwarzem Stein, eine klassische finnische Sauna und eine Loft-Sauna auf die Hitzesüchtigen. Die abends mit wechselnden Farben beleuchteten Saunahütten stehen als transparente Würfel im Park und sind um ein kaltes und ein warmes Außenbecken (Bergseen genannt) angeordnet. Auch in diesem Bereich fallen innovative Ideen auf. So steht in der Mitte der Aula ein gläserner Vierfachzylinder. Aus jedem dieser Gefäße kann Wasser, jeweils mit anderen Heilmineralien versetzt, zur Durstlöschung gezapft werden.

Apropos Durst bzw. Hunger: Das Thermenrestaurant, die Saunabar und die auch von Nicht-Thermalgästen besuchbare Cafeteria spielen alle Stückerln und sehen mit ihrem dunklen Holzdesign eher nach Innenstadt-Lokal als nach Badebuffet aus. Und die spektakuläre, gläserne Skybar am höchsten Punkt der ganzen wunderbaren Wasserwelt lässt

Alpen Therme Gastein

Im Wasserbettenraum

den Badegast seinen Thermentag mit einem einzigartigen Rundblick auf die umgebende Alpenlandschaft ausklingen (nur abends geöffnet!).

Specials für Ladies und Sportler

Eine erfreuliche Besonderheit der Alpen Therme ist die so genannte Ladies-World – ein Rückzugsbereich, in dem Damen in angenehmer und entspannter Atmosphäre ganz unter sich bleiben können. Sauna, Dampfbad, Solarium und eine große Sonnenterrasse laden zum Erholen ein. Gleich neben diesem Refugium befinden sich die Beauty-Abteilung (täglich von 10.00 bis 19.00 Uhr) und der Gymnastikraum, wo man von Montag bis Freitag gratis mitturnen kann. Eine weitere spezielle Abteilung stellt die Sports-World dar. Dieses sportmedizinische Zentrum bietet Leistungsdiagnostik und Trainingsbetreuung auf höchstem Niveau. Ein Fitnesscenter mit neuesten Geräten und ein spezielles Sportprogramm lassen jedes Sportlerherz höher schlagen.

Doch wo viel Licht, da gibt's auch Schatten: Beim ersten Besuch der Therme sorgen die mangelhafte Beschilderung und die Parkplatzsituation für Verwirrung (der Parkplatz direkt vor der Therme ist gebührenpflichtig, Thermenbesucher bekommen die Kosten jedoch ersetzt). Das 32 °C warme Wasser in den Thermalbecken wird von manchen Badegästen im Winter als zu kühl eingestuft. Und da der Eintritt in die Therme den Saunabesuch inkludiert, herrscht in der Sauna-World ein reges Kommen und Gehen – manche Kinder verwechseln diesen Bereich mit einem Spielareal.

In ihrer Begeisterung fürs Design dürften die Architekten bei der Materialwahl teilweise danebengegriffen haben. Allerdings bemühen sich die Betreiber, diese kleinen optischen Mängel auszumerzen.

(Facts zur Alpen Therme Gastein siehe ➞ Felsentherme Gastein)

Felsentherme Gastein

Der Belle-Époque-Kurort Bad Gastein bietet seinen großen und kleinen Gästen eine frisch sanierte Badeanlage mit Thermenkomfort und -vergnügen auf höchstem Niveau

Auch die altehrwürdige Felsentherme im Zentrum Bad Gasteins gegenüber dem Bahnhof und der Stubnerkogel Liftstation, die bei ihrer Eröffnung vor 35 Jahren die erste Therme Österreichs war, hat sich einer Generalrenovierung und Erweiterung unterzogen und präsentiert sich ab Oktober 2004 in völlig neuem Kleid und mit ansprechenden Accessoires. Gastein will auf diesem Weg auf die wachsende Konkurrenz durch andere Thermenregionen antworten und neu durchstarten.

Zusätzlicher Erlebnis- und Wellnessbereich

Neu sind eine 600 m² große **Erlebnishalle** mit drei Becken, Strömungskanal, Geysiren, Massageliegen, Kleinkinderbecken und der Felsengrotte, die saniert und verlegt wurde, sowie ein ebenso großer

Felsentherme Gastein

Panorama-Wellnessbereich mit sieben verschiedenen Saunen, Dampfbädern, Solegrotte, Laconium, Sonnenwelt, Saftbar, Panorama-Ruheraum und Massage. Auf dessen Dach gibt es eine FKK-Terasse sowie zwei Gipfelbecken, die auf 1100 Metern Seehöhe mit einem faszinierenden Blick auf die Hohen Tauern aufwarten. Für Kinder wurde eine 70 Meter lange Erlebnisrutsche und im Außenbereich ein Märchen-Kinderbecken dazugebaut. Das Sportbecken (24 °C) und das Außenschwimmbecken (34 °C) sind bestehen geblieben; die berühmte, von Naturstein umgebene Felsenhalle wurde saniert und stellt nun die so genannte Ruhetherme dar – auch zusätzliche Liegeflächen und mehr Komfort wurden geschaffen. Dieser Bereich ist durch einen Schwimmkanal mit der Erlebnishalle verbunden. Die Gesamtwasserfläche beträgt nun ungefähr 1000 m², auch ein neuer Fitnessraum im ehemaligen Saunabereich und das sanierte Restaurant stehen für die Gäste bereit, von denen im Jahr 2005 bereits 190000 erwartet werden.

Für klassische Kurbehandlungen muss man jedoch immer noch in das neben der Felsentherme befindliche Thermal-Kurhaus ausweichen, in dem balneologische Therapien, physikalische Therapien und medizinische Massagen durchgeführt werden.

Architektonisches Baudenkmal Felsenbad

Bad Gastein war mit seinem **Felsenbad,** das von 1966 bis 1968 errichtet wurde, der Bauherr der ersten modernen Therme Österreichs, die damals zu einem der wenigen Bauwerke von internationalem Rang in ganz Salzburg gehörte. Durch den beengten Bauplatz mitten im Zentrum des Ortes kam der damalige Architekt Gerhard Garstenauer auf die Idee, die Schwimmhalle aus dem Berg herauszusprengen. Die unbearbeiteten Felswände aus Tauerngneis wurden zum Markenzeichen der Therme und sorgten im Kontrast zum strengen Betonbau und zur Fensterfront für einen außergewöhnlichen Eindruck. Dieses imposante Werk der Gegenwartsarchitektur mit der Symbiose aus Baukunst, Fels und Wasser und seiner unverwechselbaren Identität soll auch in der neuen Therme nicht verloren gehen.

Traditions-Ferienregion Gasteinertal

Doch das Kuren hat hier im Gasteinertal eine lange Tradition – nämlich schon seit dem 18. Jahrhundert. Erzherzog Johann ließ Bad Gastein großzügig ausbauen, worauf es im 19. Jahrhundert zum Treffpunkt der imperialen Gesellschaft wurde und illustre Gäste wie Schubert, Schopenhauer und Bismarck anzog. Die nostalgischen, leider oft verfallenen Bauten, die wie Adlerhorste am Felsen kleben, der berühmte Wasserfall der Gasteiner Arche und das Hochgebirgspanorama prägen das

Felsentherme Gastein

Die Gasteiner Ache

Ortsbild, wobei die mondänen Villen der Belle Époque ein fast unwirkliches Gegenstück zu den schneebedeckten Tauerngipfeln bilden. Auch wenn heute der Putz der Fassaden teilweise abbröckelt und moderne Bausünden nicht ausblieben, schwingt das nostalgisch-elegante Gefühl des einst allerfeinsten österreichischen Heilbades immer noch in den steilen Gassen. Mehr über die Geschichte Bad Gasteins im Gasteiner Museum im Haus Austria, Kaiser-Franz-Joseph-Straße 1; Tel. und Fax: +43(6434)34 88.

Das Thermalwasser des Gasteinertales ist weniger wegen seines Mineral- als wegen seines Radongehalts berühmt und hilft bei chronischen Leiden wie Rheuma und Asthma. Wasser, das vor tausenden von Jahren in den Tiefen der Hohen Tauern versank, tritt angereichert mit Radongas und in der Tiefe erwärmt wieder zutage. Fünf Millionen Liter schießen so täglich aus 18 Quellen aus der Erde. Als in einem der Gasteiner Stollen, in denen bis 1944 Gold geschürft wurde (Bad Hofgastein war im 16. Jahrhundert durch den Goldbergbau nach Salzburg der reichste Ort des Landes), etliche Bergleute von ihren rheumatischen Leiden geheilt wurden, ging man dem Phänomen nach.

Felsentherme Gastein

Seit 1952 wird dieser 2600 Meter lange **Heilstollen** nun zur Therapie genützt. Seit 2003 können auch Tagesgäste einfahren und bei den Gesteinstemperaturen von bis zu 44 Grad, dem hohen Radongehalt der Luft und der hohen Luftfeuchtigkeit entspannen oder sich nach einem kalten Skitag aufwärmen – ein mystisches Dampfbad der ganz besonderen Art!

FACTS

Information

Alpen Therme Gastein, 5630 Bad Hofgastein, Sen-W.Wilflingplatz 1
Tel.: +43(6432)82 93-0; Fax: +43(6432)82 93-14;
  Beauty-World: +43(6432)82 93-320; www.alpentherme.com.
Wasserfläche: 1500 m²; Gesamtfläche: 32 000 m²
Maximale Besucheranzahl: 1100; 1000 Liegen stehen zur Verfügung
In der Family-World ist der Eintritt für Kinder von 0 bis 6 Jahren frei, die Ruhe- und Wellnesstherme sowie die Saunawelt dürfen Kinder (ab 3 Jahren) nur in Begleitung Erwachsener benützen.

Öffnungszeiten
Tägl. 9.00–21.00 Uhr; Do & Fr 9.00–22.00 Uhr

Wasseranalyse und Indikation/Gegenindikationen
In der Relax-World sind die Becken mit Thermalwasser gefüllt, wobei der Wirkstoff Radon entzogen ist (= entradonisiertes Thermalwasser). Chemische Zusammensetzung Natrium, Kalium, Calcium, Magnesium, Eisen, HCO_3, Chlorid, Fluorid, Sulfat, Nitrat.
Hilft besonders bei Verspannungen an Wirbelsäule und Gelenken, rheumatischem Formenkreis, Morbus Bechterew. Vorsicht ist geboten bei Hitzeunverträglichkeit, starken Krampfadern, starker Herzschwäche.
Das Sportbecken und die Becken in der Family-World sind mit normalem Wasser gefüllt.

Information

Felsentherme Gastein, 5640 Bad Gastein, Bahnhofsplatz 5; Tel.: +43(6434)22 23;
  Fax: +43(6434)22 23-20; E-Mail: felsenbad.gastein@aon.at;
  www.felsentherme.com.
Wasserfläche: 1000 m²; Kapazität: Für 600 Besucher täglich geeignet.
  Tipp: Autofahrer können die Kurzparkzonen rund um die Therme nutzen – Parktickets werden an der Kasse rückerstattet!

Öffnungszeiten
Tägl. 9.00–22.00 Uhr

Felsentherme Gastein

Übernachtungsmöglichkeiten

Bei dem riesigen Nächtigungsangebot des Gasteinertals ist es schwer, eine Auswahl zu treffen. Die besten 4- und 5-Stern-Hotels haben sich unter der Dachmarke **Alpenspa Hotels** zusammengeschlossen (Tel.: +43(6432)33 93-103; E-Mail: alpenspa@gastein.com; www.alpenspa.com).
Eine kleine alpine Märchenstadt in absoluter Grünruhelage ist das **Hoteldorf Grüner Baum**. Sechs Landhäuser (eines davon diente als Jagdhütte von Erzherzog Johann) beherbergen die Gäste, die von einem großen Freizeitareal mit eigener Thermalquelle umgeben sind. Hoteldorf Grüner Baum, 5640 Bad Gastein; Tel.: +43(6434)25 16-0; Fax: +43(6434)25 16-25;
E-Mail: info@gruenerbaum.info; www.grunerbaum.com.
Weitere Infos und Prospekte: Gasteiner Tourismus, 5630 Bad Hofgastein, Tauernplatz 1; Tel.: +43(6432)33 93-0; Fax: +43(6432)33 93-120;
E-Mail: info@gastein.com; www.gastein.com.

Gastronomisches

Speisen in intimer Atmosphäre kann man im **Restaurant Thom** in der altehrwürdigen Villa Solitude gleich neben Wasserfall und Casino, die schon Kaiser Franz Joseph beherbergte. Villa Solitude, 5640 Bad Gastein, Kaiser-Franz-Joseph-Straße 16; Tel: +43(6434)51 01; www.villasolitude.com.
Wer es lieber bodenständiger mag, kehrt in den **Landgasthof Bertahof** ein. Bertahof, 5630 Bad Hofgastein, Vorderschneeberg 15; Tel.: +43(6432)76 08; Fax: +43(6432)76 08-4; E-Mail: landgasthaus@bertahof.at; www.bertahof.at.
Den Hauch der Geschichte verspürt man beim Essen im **Weitmoserschlössl**, einem spätgotischen, typisch Salzburger Ansitz aus dem Jahr 1554. Weitmoserschlössl, 5630 Bad Hofgastein, Schlossgasse 14; Tel.: +43(6432)66 01;
Fax: +43(6432)66 01-5; E-Mail: weitmoser@netway.at; www.weitmoserschloss.at.

Natur & Freizeit

350 km markierte Wanderwege führen durch den **Nationalpark Hohe Tauern**, die Gasteiner Bergbahnen befördern sommers wie winters Gäste auf die Berggipfel. Das **Skigebiet** um Schlossalm, Grau-, Stubner- und Kreuzkogel hat für Skifahrer 200 km Abfahrten in allen Schwierigkeitsgraden zur Auswahl und ist durch eine Skischaukel mit Großarl verbunden. Infos: Gasteiner Bergbahnen AG, 5630 Bad Hofgastein; Tel.: +43(6432)64-55-0; info@skigastein.co; www.skigastein.com. Seit dem Jahre 2003 steht Golfern ein auf 18 Löcher erweiterter Platz zur Verfügung, der sich harmonisch in das Areal am Fuße der Gasteiner Bergwelt einfügt. **Golfclub Gastein**, 5640 Bad Gastein, Golfstraße 6; Tel.: +43(6434)27 75;
Fax: +43(6434)27 75-4; info@golfclub-gastein.com; www.golfclub-gastein.com.
Im **Montanmuseum Altböckstein** wird die Geschichte des Bergbaus wieder lebendig und Interessierte können sich als Goldwäscher versuchen. (Anmeldung: +43(6434)22 98; Fax: +43(6434)54 15; E-Mail:
montanmuseum_boeckstein@aon.at; www.boeckstein.at/montanmuseum.htm.

Erlebnistherme und Thermalheilbad Warmbad Villach

Durch zwei voneinander getrennte Badewelten – Thermalurquellenbad und Erlebnistherme – kommen sich Kurapostel und Wellnessjünger nicht in die Quere.

Villach im schönen Kärnten mit dem Zusatz Warmbad weist sich als einschlägig „wässrige" Gemeinde aus. Der Ortsteil Warmbad Villach verfügt über eine eigene Abfahrt von der A2-Südautobahn, die direkt auf den Parkplatz des Kurzentrums führt.

Wer jedoch Villach-gerecht mit der Bahn anreisen möchte, steigt am Bahnhof Warmbad Villach, einen Steinwurf von den Badekassen, aus. Und die können für sich in Anspruch nehmen, Zutritt zur südlichsten Therme Österreichs zu gewähren. Entsprechend groß ist hier der Zulauf italienischer Gäste. Stritt man in Kärnten seinerzeit um zweisprachige, deutsch-slowenische Ortstafeln – italienisch-deutsche Schilder, Speisekarten und Aufschriften sind selbstverständlich.

Quellen der Gesundheit

Warmbad Villach besteht aus zwei voneinander unabhängigen Badeanstalten. Der ursprüngliche Namensgeber des Warmbades ist das **Thermalheilbad mit angeschlossenem Kurzentrum.** Schon die Kelten, Römer und später auch Napoleon wussten die Heilkraft des

Erlebnistherme und Thermalheilbad Warmbad Villach

Thermalwassers zu schätzen, das heute über sechs Quellen aus den Tiefen des Berginneren ans Tageslicht sprudelt – 40 Millionen Liter pro Tag. Eine der ergiebigsten ergießt sich als so genannte Urquelle in ein direkt darüber erbautes Becken (Wassertemperatur circa 29 °C, Fläche 25 x 15 m), dessen Inhalt sich alle drei Stunden erneuert. Diese weltweite Einzigartigkeit verfügt über einen Kieselboden, wodurch die Quellgase und alle natürlichen Wirkstoffe aus dem Erdinneren direkt dem Badegast übermittelt werden. Kein Zweifel: Hier wird der Gesundheit und Heilung wegen gebadet; tatsächlich genießt dieses Thermalheilbad europaweit hohe medizinische Reputation. Kinder ab sechs Jahren sind wohl zugelassen, sie werden aber auf die spannende Erlebnistherme verwiesen.

Angeboten werden alle üblichen Therapieanwendungen von verschiedenen Massagen über Wannenbäder, Packungen und Elektrotherapie, aber auch Entspannungstherapie und Biofeedback. Die Kombination der Villacher Quellen mit entsprechender Bewegungstherapie führt vor allem zu guten Erfolgen bei Funktionsstörungen der Wirbelsäule und der Gelenke. Mit einem speziellen Programm, das individuell angepasst wird, kann die Vitalität gesteigert und Alltagsstress abgebaut werden.

Erfrischender Thermenspaß

Gleich neben dem altehrwürdigen Thermalurquellenbad steht die Erlebnistherme des Warmbades Villach. Sie wurde 1985 an der Stelle der ehemaligen Schwimmschule Warmbad Villach errichtet und 1998 mit zahlreichen Wasserattraktionen generalerneuert. Die großzügig dimensionierte Schwimmhalle bietet neben drei Whirlpools (32 °C) und blubbernden Massageliegen einen Wildbach sowie eine Riesenrutsche (3 m breit, 21 m lang), auf der Groß und Klein ins 30 °C warme Wasser (eine Mischung aus dem warmen Quellwasser, das mit Frischwasser verdünnt wird, damit die Radonkonzentration für Kinder unbedenklich ist) sausen kann.

Des weiteren ist ein eigener Kinderbereich mit zwei Kinderbecken sowie ein großes Außenbecken (25 x 19 m, 25 °C) vorhanden. Vor allem kleine Wasserratten und leidenschaftliche Längenschwimmer werden mit dieser Therme ihre Freude haben, während Ruhe Suchende und Heißwasserfanatiker nicht völlig auf ihre Rechnung kommen. Liegestühle befinden sich zwar sowohl an der Stirnseite des Innenbeckens als auch auf der Galerie, die sich um die halbe Halle zieht, doch deren Anzahl ist bei starkem Andrang nicht ausreichend. Das Fehlen eines separierten Ruhebereichs wie auch der hohe Lärmpegel in der Halle lassen das Wellness-Gefühl nur begrenzt aufkommen. Und mit ihren 32 °C sind auch die Wassertemperaturen gewöhnungsbedürftig.

Erlebnistherme und Thermalheilbad Warmbad Villach

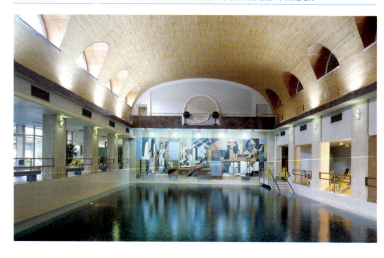

Eher schwach ist es auch um den Wellnessbereich im ersten Stock, die so genannte **Wellness-Insel,** bestellt. Sie soll im Herbst 2004 erneuert werden, ebenso der Fitnessclub.

Weitaus einladender präsentiert sich der **Saunabereich,** der auch über eine eigene Garderobe verfügt: Zwei finnische Saunen, zwei Dampfbäder, ein großer Whirlpool, Kübeldusche, Nebelgrotte, Ruhebereich und ein Saunabuffet bieten genug Abwechslung, im Sommer lädt eine große Sonnenterrasse zum FKK-Sonnenbad ein. Bemerkenswert und äußerst erfreulich ist die eigene Damensauna: In einem abgetrennten Bereich, der durch einen eigenen Eingang zu betreten ist, stehen eine finnische Sauna, ein Dampfbad und ein Whirlpool exklusiv für weibliche Saunagäste zur Verfügung. Positiv auffallend ist auch die Präsenz und Freundlichkeit des Bademeisters und des zahlreich vorhandenen Reinigungspersonals. Das weitere Angebot der Therme umfasst ein Fitness-Center, einen Friseur, einen Beautysalon, eine Badboutique, das Restaurant Badwirt und ein Freigelände mit großer Liegewiese und Kinderspielplatz.

Naturfreuden und Stadtleben

Das ThermenResort Warmbad Villach ist eine kleine **Freizeitwelt** für sich. Sie besteht neben den beiden Bädern, dem Kurzentrum, einem Rehab-Zentrum (Thermenhof) aus einigen Hotels und der Sonderkrankenanstalt für Orthopädie. Doch nicht nur Rekonvaleszente kommen hierher, besonders breit ist das Angebot für sportlich Aktive: Ein Tenniscamp mit 10 Sand- und 5 Hallenplätzen, eine Golfschule mit Drivingrange, Pitchingground und Puttinggreen (die Alpe-Adria-Golfanlage

Erlebnistherme und Thermalheilbad Warmbad Villach

Finkenstein eröffnet im Frühjahr 2005), Nordic-Walking-Seminare, die Thermalfreibecken des Zillerbads sowie ein Reitcenter mit Halle liegen nebeneinander auf einer zehn Hektar großen Grünfläche.

Diese Vielfalt gilt auch für **Villach** selbst. Die zweitgrößte Stadt Kärntens ist nicht nur wegen ihrer beiden Thermen ein Paradies für Wasserfreunde: Der Ossiacher See, der Faaker See und weitere kleinere Badeseen mit Trinkwasserqualität befinden sich in unmittelbarer Nähe. Berg- und Wanderfreaks finden auf den Villacher Hausbergen wie der Gerlitzen Alpe, dem Dobratsch, dem Dreiländereck oder dem Verditz ein reiches Betätigungsfeld. Wintersportlern bietet sich ebenfalls ein reiches Programm: Skifahren, Langlaufen oder Eislaufen kann man hier überall prächtig.

Die Stille der Natur ist jedoch nur einen Steinwurf entfernt vom pulsierenden Leben. Das Zentrum Villachs lädt mit seinem mediterranen Flair und der historisch bedeutenden Altstadt zum Flanieren ein, ein umfangreiches Kunst- und Kulturprogramm ergänzt das vielfältige Freizeitangebot der Region, die durch den alljährlich stattfindenden Carinthischen Sommer auch eine Pilgerstätte für Freunde der klassischen Musik wurde. Auch die Nähe zu den Nachbarländern Italien und Slowenien macht Villach zu einer attraktiven Feriendestination.

FACTS

Information

Erlebnistherme Warmbad-Villach, 9504 Warmbad-Villach, Kadischenallee 25-27
Tel.: +43(4242)30 02-750; Fax: +43(4242)30 02-61; www.warmbad.at.
Wasserfläche: 500 m²; ca. 300 Liegestühle; 500 Parkplätze
   Bei Erreichen der Kapazität von 800 Personen muss kurzfristig gesperrt werden (kann an Schlechtwettertagen vorkommen). Für Kinder gibt es im Badebereich keine Alterseinschränkung, in die Sauna dürfen sie ab 12 Jahren.

Öffnungszeiten
Winter: 10.00-21.00 Uhr; Sommer: 9.00-20.00 Uhr

Information

Kurzentrum Thermalheilbad Warmbad-Villach, 9504 Warmbad-Villach
Tel.: +43(4242)37 000; Fax: +43(4242)30 01-309.
Gesamtwasserfläche: 450 m²; 100 Liegestühle
   Durch die bestehende Badezeitbeschränkung ist eine optimale Verteilung der Badegäste gegeben. Gleichzeitige Nutzung durch ca. 100 Personen möglich.
Für Kinder ab 6 Jahren geeignet (keine Kinderattraktionen!).

Erlebnistherme und Thermalheilbad Warmbad Villach

Öffnungszeiten
Tägl. 8.00–19.00 Uhr
Wasseranalyse und Indikation/Gegenindikationen
Calcium-Magnesium-Hydrogencarbonat-Therme
Indikationen: Chronische, entzündliche und degenerative Erkrankungen des Bewegungsapparates; Wirbelsäulen- und Bandscheibenschäden; Lähmungen nach Verletzungen; Rehabilitation nach Gelenksplastiken, Bandrekonstruktionen und Frakturbehandlung; chronische Nervenentzündungen; hormonelle Disfunktion.
Gegenindikationen: Herz- und Kreislaufstörungen.

Übernachtungsmöglichkeiten

Direkt mit der Erlebnistherme und dem Kurzentrum verbunden ist der **Karawankenhof** (4 Sterne), der einen Junior-Club für Kinder ab 3 Jahren bietet.
Der Karawankenhof, 9504 Warmbad-Villach, Kadischenallee 25–27;
Tel.: +43(4242)30 02; Fax: +43(4242)30 02-61; www.warmbad.at.
Bekannt für sein individuell angepasstes Programm für Körper, Geist und Seele ist das **ThermenParkHotel Josefinenhof**, der über ein Thermal-Regenerationsareal, Fitness-Studio, Thermal & Thalasso-Behandlungen und Low-fat-Küche verfügt.
Park & Therme Josefinenhof, 9504 Warmbad-Villach, Kadischenallee 8;
Tel.: +43(4242)30 03-0; Fax: +43(4242)30 03-89; www.warmbad.at.
Auskünfte über die zahlreichen Unterkunftsmöglichkeiten der Umgebung:
Infoteam der Region Villach-Warmbad, 9523 Villach-Landskron, Töbringer Straße 1; Tel.: +43(4242)42 000; Fax: +43(4242)42 000-42;
E-Mail: office@vi-fa-os.at; www.dalachtdasherz.at.

Gastronomisches

Das kleine Restaurant im **Hotel Warmbaderhof** stellt seit Jahren eine Gourmet-Enklave abseits des Kurbetriebs dar. Das gediegene Fünfsternehotel mit eigener Thermalquelle und Badelandschaft verfügt auch über eine eigene Kurcafé-Konditorei, deren sündige Köstlichkeiten man idealerweise im sonnigen Garten genießt.
Warmbaderhof, 9504 Warmbad Villach, Tel.: +43(4242)30 01;
Fax: +3(4242)30 01-80; E-Mail: warmbaderhof@warmbad.at; www.warmbad.at.

Veranstaltungen und Ausflugsziele

Von der **Burgruine Landskron** hat man einen herrlichen Blick über Villach und den Ossiacher See. Sehenswert sind die dort angebotenen Adlerflugschauen und der so genannte Affenberg, der Burghügel der Burgruine, auf dem sich ca. 90 Makaken tummeln. Burgruine Landskron, 9523 Landskron
Burgruine Tel.: +43(4242)41 563; Adlerflugschau Tel.: +43(4242)42 888;
Affenberg Tel.: +43(4242)43 03 75; www.affenberg.com.
Die **Burgruine Finkenstein,** die weithin sichtbar hoch über dem Faaker See trohnt, dient in den Sommermonaten als Arena für Musik- und Kabarettveranstaltungen (www.burgarena.at).

Erlebnistherme und Thermalheilbad Warmbad Villach

Die Quelle reinster Lebensfreude

Das ThermenResort Warmbad-Villach bietet das Thermenerlebnis!

Warmbaderhof*****, Kur-Golf-Thermenhotel
mit dem Thermen-Vital-Center und dem Thermalurquellbecken

- Wohlfühlangebote
- Gesundheitsangebote
- Präventionsprogramme
- Kurpauschalen

Wochenpauschalen pro Person ab € 609,-

Karawankenhof****, Thermenparadies mit Erlebnistherme
Wasserattraktionen, Superbreitwasserrutsche, Wellness Insel, Saunalandschaft

- Aktiv- und Familienangebote
- Wohlfühlangebote
- Gesundheitsangebote
- Kurpauschalen

Information und Buchung:
ThermenResort Warmbad-Villach
Kadischen Allee 22-24
9504 Warmbad-Villach
T: 0043(0)4242/3001-0
F: 0043(0)4242/3001-80
E: therme@warmbad.at

Familienpauschalen pro Person ab € 469,-
Kinder bis 6 Jahre im Zimmer der Eltern gratis!

ThermenResort Warmbad-Villach   www.warmbad.at

Kristalltherme Bad Bleiberg

Familiäres Thermalbad abseits vom städtischen Trubel eingebettet im Hochtal zwischen Villacher Alpe und Erzberg

Auch wenn die Kristalltherme von Bad Bleiberg (noch) zu den älteren und kleineren Thermalbädern Österreichs zählt – einen Superlativ kann die am Fuße des Dobratsch gelegene Badeanstalt für sich verbuchen: Sie ist auf 920 Metern Seehöhe die bis dato **höchstgelegene Therme unseres Landes.** Doch schon im Frühjahr 2005 soll mit einem Neubau der gesamten Anlage begonnen werden.

Bekannt ist das 15 Kilometer außer- und oberhalb von Villach gelegene, einst als Bergwerkgemeinde prosperierende Bad Bleiberg vor allem den Fußballfreunden. Ein reicher Gönner stellte der lokalen Mannschaft ein riesiges Stadion an den Ortsrand, und kurzfristig konnten die Bleiberger im Cup-Bewerb auf sich aufmerksam machen – um dann wieder in der Versenkung zu verschwinden. Auch Gourmets wissen den kleinen Ort im Hochtal zu schätzen: Hier betreibt Al-

Kristalltherme Bad Bleiberg

fred Süssenbacher mit seiner Familie den Bleibergerhof, ein Viersternehotel mit Sechssterneküche.

Beliebtes Familienvergnügen

Die familiäre Kristalltherme sollte badefreudigen Besuchern der Region durchaus einen Abstecher wert sein. Direkt neben dem Bleibergerhof gelegen, wird hier seit 1967 im Dienste der Gesundheit und des Vergnügens geplantscht, wobei der niedrige pH-Wert von 7,3 einen längeren Aufenthalt im Wasser ermöglicht, ohne sich der Gefahr von Hautreizungen auszusetzen. Das Heilwasser, das entdeckt wurde, als 1951 die Kumpel zufällig eine Thermalquelle anbohrten, stammt aus einem geheimnisvollen unterirdischen See, wobei es verschiedene Gesteinsschichten wie Dolomit, Schiefer und Kalk durchdringt und sich dabei mit wichtigen Spurenelementen anreichert.

Die Therme selbst ist zweigeteilt. Auf der einen Seite bietet der **Erlebnisbereich** auf zwar engem, aber perfekt ausgenütztem Raum alles, was großen und kleinen Wasserratten Freude macht: Thermalinnen- und Thermalaußenbecken (32 °C), eine kleine Rutsche sowie ein eigenes Becken für die Junioren, einen Whirlpool und Sprudelbänke für die Erwachsenen. Liegemöglichkeiten gibt es angesichts der kompakten Ausmaße der Halle eigentlich viele, ausreichend Platz ist aber nur im Sommer vorhanden, wo eine weiträumige Grünfläche zur Verfügung steht. Die Therme ist an Wochenenden gut besucht, vor allem von Familien mit Kindern – was wohl auch damit zusammenhängt, dass der Preis für eine Tageskarte weit unter dem Schnitt dessen liegt, was andere Bäder verlangen. Entsprechend hoch ist auch der Lärmpegel. Recht wuselig geht es auch in der engen **Saunaabteilung** zu. Das Angebot umfasst eine Kräutersauna, eine finnische Sauna und ein Dampfbad und wirkt eher dürftig, obwohl es viele eingefleischte Stammgäste gibt.

Ruhiger Kurbereich

Wer es ruhiger haben möchte, kann eine Etage tiefer steigen und den eigentlichen **Kur- und Therapiebereich** besuchen, in dem Kinder nicht zugelassen sind. Zwar zeigt die Therme hier noch in allen Details den Stil ihres Baujahres (bis hin zur Personenwaage, die es in dieser Form außerhalb von Museen wahrscheinlich nicht mehr gibt), dafür herrscht heilige Ruhe und auf einigen Tafeln proklamierte Badehaubenpflicht. Im Heilbecken plantschen Kurgäste und vom Ruhe- und Liegebereich aus hat man einen schönen Blick Richtung Dobratsch.

Die zahlreichen Angebote der engagierten Therapiemannschaft können sich durchaus sehen lassen: Von verschiedensten Massagen, Wannenbädern und Packungen bis zu speziellen Hautwickeln reicht

Kristalltherme Bad Bleiberg

Erinnerungen an Bad Bleibergs Bergbau-Vergangenheit

die Wellness-Palette; auch Magnetfeldtherapie, mentale Entspannung, Darmsanierung, Bachblütentherapie und Eigenblutbehandlung stehen auf dem Programm und werden zu individuellen Paketen zusammengestellt. Ebenfalls in der Therme vorhanden sind Solarien und ein Kosmetik-Fußpflege-Institut.

Kulinarisch versorgt ein Thermen-Café die Hungrigen; passiert man den Kassenbereich Richtung Ausgang, wartet auch ein großes Restaurant auf Badegäste. Möchte man sich mit besonderen Gaumenfreuden verwöhnen, sollte man den benachbarten Bleibergerhof aufsuchen. Hier werden bei Vorreservierung von Mittwoch bis Sonntag mittags auch A-la-carte-Gäste bedient.

Eine Bad Bleiberger Kur-Besonderheit stellt der **Heilklimastollen Friedrich** dar, der seit 1990 für die Therapie von Atemwegserkrankungen und Allergien eingesetzt wird. Die Luft im Stollen ist frei von allen Belastungen, es herrschen konstante 8 °C bei 99 % hoher Luftfeuchtigkeit, was abschwellende und schleimlösende Wirkung hat.

Frischer Wind durch Thermenneubau

Der Ort **Bad Bleiberg** selbst wirkt für den Besucher etwas verlassen: An der barocken Pfarrkirche und den Gewerkenhäusern erkennt man früheren Wohlstand, doch die einst blühende Bergbausiedlung mit ihren Blei-Zinkerz-Bergwerken – Ende des 18. Jahrhunderts war Bad Bleiberg von 4000 Personen bevölkert, während Villach nur 2500 Ein-

Kristalltherme Bad Bleiberg

wohner hatte – erlebte eine Zeit des Niedergangs. Bei einer Lawinenkatastrophe 1879 fanden 39 Menschen den Tod, bei einem Großfeuer 1893 verbrannten 35 Wohnhäuser und 13 Wirtschaftsgebäude, und der früher ertragreiche Bergbau verlor kontinuierlich an Bedeutung, bis er im Jahre 1993 endgültig stillgelegt wurde.

Wichtigste Einnahmequelle der Region ist nun der Tourismus und mit großen Plänen und Investitionen zieht wieder neuer Optimismus ein: Im November 2003 eröffnete ein **Kurzentrum für Atemwegserkrankungen,** für das ein eigener Heilstollen gegraben wurde. Zwei weitere Projekte sind ebenfalls auf Schiene: Der bekannte Bleibergerhof bekommt 2006 um 3,3 Millionen Euro eine Ausbaustufe und das bestehende Thermalbad wird ab 2005 neu gebaut bzw. umgebaut und in der Folge mit einem 150-Betten-Hotel ergänzt.

Doch auch das Freizeitangebot des Hochtales kann sich sehen lassen: Hauptattraktion ist die Wunderwelt im Berg – die so genannte **„Terra Mystica".** Über die längste Bergmannsrutsche Europas und eine echte Grubenbahn gelangt man in die multimedialen Erlebnisstollen, in denen sieben mystische Shows die Besucher erwarten. Wer es weniger spektakulär liebt, dem bieten die zahlreichen Wandermöglichkeiten der Region genügend Abwechslung. Im Winter verwandelt sich das ganze Tal in ein märchenhaftes Winter-Wonderland: Da der 2176 Meter hohe Dobratsch keinen Sonnenstrahl herunterlässt, bilden sich auf Pflanzen und Bäumen zentimeterhohe Eiskristalle und verzaubern die Landschaft.

FACTS

Information   i

Kristallbad Bad Bleiberg, 9530 Bad Bleiberg, Bleiberg-Nötsch 140
Tel.: +43(4244)22 95-0; Fax: +43(4244)35 15;
  www.bleiberg.or.at/kbad/kristallbad1.htm
Wasserfläche: 446 m²; Gesamtfläche der Anlage ca. 3000 m²
Kapazität: 500 Personen; ca. 100 Liegestühle, weiters Bänke und Stühle; 150 Parkplätze
Badeeintritt für Kinder von 0 bis 6 Jahren frei, Sauna für Kinder ab 12 Jahren

Öffnungszeiten
Therme: 9.00–20.00 Uhr
Sauna: 12.00–20.00 Uhr; So & Fei: 10.00–20.00 Uhr
Geschlossen: 1. 11., 24. 12., 25. 12.
  Wegen des geplanten Thermenneubaues kann es ab dem Jahr 2005 zu Einschränkungen bzw. Sperren kommen. Bitte telefonisch nachfragen (siehe oben)!

Kristalltherme Bad Bleiberg

Wasseranalyse und Indikation/Gegenindikationen
Akratotherme: Hydrogencarbonat-Calcium-Magnesium-Sulfat-Säuerling, max. 30 °C
Indikationen: Herz-Kreislauf-Funktionsstörungen, rheumatische Erkrankungen, vegetative Störungen, Rekonvaleszenz nach schweren Krankheiten, Erschöpfungszustände, klimakterische Störungen.
Kontraindikationen: Alle organischen Herz- und Kreislauferkrankungen, akut entzündliche Erkrankungen, tuberkulöse Erkrankungen und nicht sanierte Herde.

Übernachtungsmöglichkeiten
Erstes Haus am Platz ist der **Bleibergerhof** (4 Sterne), der neben einem eigenen Thermalfreibecken, Thermalwhirlpool und einem keltischen Badehaus mehrfach ausgezeichnete Gourmetküche bietet – ein Haus, in dem man sich auf Grund seiner behaglichen Atmosphäre und des persönlichen Services absolut wohl fühlt (Der Bleibergerhof, 9530 Bad Bleiberg, Drei Lärchen 150; Tel.: +43(4244)22 05; Fax: +43(4244)22 05-70; E-Mail: office@bleibergerhof.at; www.bleibergerhof.at). Auskünfte über weitere Unterbringungsmöglichkeiten erteilt das Tourismusbüro Bad Bleiberg (Tel.: +43(4244)28 93; Fax: +43(4244)22 11-25; E-Mail: bad-bleiberg@ktn.gde.at).

Veranstaltungen und Ausflugsziele
Die größte Attraktion der Gegend ist die **Terra Mystica – die Wunderwelt im Berg**. Terra Mystica, 9531 Bad Bleiberg, Nötsch 91; Tel.: +43(4244)22 55; Fax: +43(4244)24 34; E-Mail: office@terra-mystica.at; www.terra-mystica.at. Außerhalb der Saison sollte man nach den Öffnungszeiten fragen. Achtung: Kinder unter 4 Jahren ist die Einfahrt in die Terra Mystica gesetzlich nicht gestattet! Für den Besuch wird das Tragen von Schuhzeug mit dicken Sohlen (Sportschuhe) empfohlen.
Für Kunstfreunde interessant ist ein Besuch des Museums des Nötscher Kreises, zu dem die Maler Sebastian Isepp, Franz Wiegele, Anton Kolig und Anton Mahringer zählten. **Museum des Nötscher Kreises**, 9611 Nötsch im Gailtal, Haus Wiegele Nr. 39; Tel. +43(4256)36 64; Fax +(4256)29 069; E-Mail: office@noetscherkreis.at; www.noetscherkreis.at.
Öffnungszeiten: Do-So, Fei 14.00-18:00 Uhr
Weitere Ausflugsziele sind der **Naturpark Dobratsch**, die Stadt **Villach** und die Villach umgebenden Seen (Tipps siehe → Kapitel Warmbad Villach) bzw. Friaul und Slowenien.

Bad Kleinkirchheim

Therme St. Kathrein

Die zweigeteilte Thermenlandschaft bietet einen attraktiven Erlebnisbereich für Familien mit Kindern und ein Thermalhallenbad, das an längst vergangene Kurzeiten erinnert.

Der Kärntner Fremdenverkehrsort Bad Kleinkirchheim am Fuße der sanft gerundeten Gipfel der Nockberge zwischen Millstätter See und Turracher Höhe bietet seinen Gästen neben seinem milden Klima die geschätzte Kombination von Outdoor-Sport und Wellness. „Von den Pisten bzw. Bergen in die Thermen", lautet der Slogan. Schon vor 500 Jahren wurde das schwach radonhältige Heilwasser der Region genutzt – heute relaxen große und kleine Skifahrer, Wanderer und Mountainbiker im Thermalwasser.

Als erstes Thermalhallenbad Bad Kleinkirchheims wurde die Therme St. Kathrein bereits im Jahre 1969 eröffnet und ist dennoch der modernere der beiden örtlichen Wassertempel. Denn 1990/91 wurde kräftig dazugebaut und zeitgemäße Attraktionen für Familien und Kinder geschaffen.

Therme St. Kathrein

Thermalbaden als Après-Ski-Vergnügen

So teilt sich die direkt an der Ortsdurchfahrt gelegene Anlage heute in zwei miteinander verbundene, aber deutlich unterscheidbare Zonen: Der neue Teil ist die so genannte **Erlebnistherme,** in der es recht familiär und turbulent zugeht. Kompakt gebaut, befinden sich im großen Hallenbecken (32 °C) ein künstlicher Wildbach, Massage-Liegemulden, Suhlbecken, Wasserpilz und Massagedüsen. Etwas abseits gibt es eine eigene Kinderecke mit kleinem Plantschbecken und Spielbereich. Wer durch das Thermal-Verbindungsbecken ins Freie schwimmt, kann einen wunderbaren Ausblick auf die Berge genießen, sollte aber im Winter angesichts der Wassertemperatur von 32 °C nicht allzu kälteempfindlich sein. Auch die zwei Thermalfreibecken (30 bis 32 °C bzw. 18 bis 24 °C) sind nur bei höheren Außentemperaturen oder für abgehärtete Wasserratten ein Genuss.

Sehr intim geht es in vielen Ecken des Bades allerdings nicht zu. Rund um das Becken des Erlebnisbades ist nur wenig Platz, und schon bei mittlerem Besucherandrang ist es in der Halle unangenehm voll und entsprechend laut. Wer einen der raren Liegestühle ergattert, sollte sich nicht daran stoßen, dass einige Liegeplätze nur durch eine dicke Glasscheibe von Straße und Gehsteig getrennt sind und immer wieder Passanten neugierig hereinspähen. Doch wem es hier zu laut oder zu nahe an der Außenwelt ist, der kann sein Glück bei den Liegeflächen und Strandkörben im Mittelteil des Baus probieren. Die paar Schritte Richtung Schwimmhalle nimmt man für etwas Ruhe gerne in Kauf, außerdem ist dann das direkt im Badebereich gelegene Selbstbedienungsrestaurant sehr nahe. Entspannter ist die Situation nur im Sommer, wenn zusätzlich ein großzügiger Freibereich den Gästen zur Verfügung steht.

Schwimmen im Kreisverkehr

Weitaus kommoder geht es im alten Teil der Anlage, der **Kurtherme,** zu, in der der Hauch vergangener Kurzeiten über dem Wasser schwebt. Diese besteht hauptsächlich aus der 35 Jahre alten Schwimmhalle mit einem großen Thermalbecken (34 °C). Der architektonische und gefühlsmäßige Unterschied zum neueren Teil ist zwar gewaltig, aber für nostalgische Gemüter durchaus interessant: Tafeln weisen die Besucher darauf hin, dass im Kreisverkehr zu schwimmen sei, und der Boden des Bassins wurde nicht aus Fliesen, sondern aus kleinen, groben Kieseln gesetzt, die ordentlich die Füße massieren. Kinder unter 16 Jahren haben hier keinen Zutritt, entsprechend ruhig und gesetzt ist das Publikum.

Der Begriff „Ruheraum" wird wirklich ernst genommen; wer ein zu lautes Gespräch führt, erntet von seinen Nachbarn wie in einer Biblio-

Therme St. Kathrein

thek mindestens vorwurfsvolle Blicke, wenn nicht ein „Pssst!". Da es in diesem Bereich deutlich weniger Andrang gibt als in der Erlebniszone, findet sich hier auch leichter ein Liegeplatz. Besonders Schlaue ruhen also in der Kurtherme und toben sich im Erlebnisbad aus.

Von der Skihose in den Saunakilt

Hat man sich auf der Piste verausgabt, gibt es wohl nichts Schöneres, als seine Verspannungen bei einem Saunagang zu lösen. Deshalb wurde beim Neu- bzw. Zubau der Therme großer Wert auf einen ansprechenden **Saunabereich** gelegt. Neben einem Personal von ausgesuchter Freundlichkeit erwarten den Besucher zwei finnische Saunen (eine innen, eine außen samt Saunagarten), in denen Aufgüsse mit duftenden Essenzen geboten werden. Eine Kräutersauna (40–55 °C), ein Eukalyptus-Dampfbad (39–41 °C), ein wunderschönes Marmor-Tepidarium (zwei Temperaturzonen: 38 bzw. 48 °C), eine Infrarotkabine, Tauch- und Whirlbecken, ausreichend Ruhe- und sogar ein Meditationsraum lassen keine Wünsche offen. Weiters bietet die Therme Massagen, Solarien, eine Therapiestation, die Fangopackungen und spezielle Wannenbäder bietet, und ein Kosmetikstudio.

Therme St. Kathrein

Information

Therme St. Kathrein, 9546 Bad Kleinkirchheim, Dorfstraße 47
Tel.: +43(4240)82 82-982; Fax: +43(4240)85 37; Kosmetik: +43(4240)87 50;
  E-Mail: thermen@ski-thermen.com; www.therme-badkleinkirchheim.at.
Wasserfläche 1200 m²; Gesamtfläche ca. 10 770 m²
  In der Therme können sich gleichzeitig 750 Personen aufhalten (maximale Besucheranzahl pro Tag: 2100). Gelegentlich (Weihnachten, Herbstwochenenden) muss wegen Überfüllung kurzzeitig geschlossen werden, was Wartezeiten bis zu einer Stunde bedingt. Die empfohlene Badedauer ist 3 Stunden, wobei sich der Aufenthalt im Wasser auf jeweils 20 Minuten beschränken sollte. Für Kinder gibt es keine Altersbeschränkung, in die Sauna dürfen sie jedoch erst ab 6 Jahren.

Öffnungszeiten

So-Do 9.00-21.00 Uhr; Fr & Sa bis 22.00 Uhr
Österr. Weihnachts- u. Semesterferien tägl. 9.00-22.00 Uhr
Sauna: So-Do 11.00-21.00 Uhr; Fr & Sa bis 22.00 Uhr
Österr. Weihnachts- u. Semesterferien tägl. 11.00-22.00 Uhr
Geschlossen: Alljährliche Revision im Frühjahr und Herbst - eine der beiden Thermen ist jedoch immer geöffnet.
Weitere Facts siehe → Thermal-Römerbad Bad Kleinkirchheim

Thermal-Römerbad

Wasser und Spiele neben der Skipiste bereiten vor allem Kindern und Eltern vergnüglichen Badespaß, während Ruhe nur in der Sauna zu finden ist.

Das Thermal-Römerbad ist das kleinere der beiden Warmbäder von Bad Kleinkirchheim, was seiner Beliebtheit bei den Touristen allerdings keinen Abbruch tut. Die Anlage direkt neben der Talstation der Kaiserburgbahn wurde im Dezember 1979 eröffnet, und da man hier baden sollte wie einst die Römer, nannte man sie „das Römerbad". Wegen der bereits damals errichteten Wasserrutsche, des Wasserfalls, des Wildbachs und der vielen Wasserfontänen und Wasserdüsen nimmt diese Therme in Anspruch, die erste Erlebnistherme Österreichs zu sein. Diese Attraktionen üben auch heute noch magische Anziehungskraft auf kleine Wasserratten aus, während große Badegäste vor allem vom direkten Blick auf die Skipiste fasziniert sind.

Thermal-Römerbad

Turbulenter Badespaß

Ein Innen- und ein Außenbecken (32–35 °C), dazu ein kleines Quellbassin, insgesamt 600 m² Wasserfläche – mehr braucht es hier zum Badespaß nicht. Und der steht im Römerbad eindeutig über dem Wellness-Gedanken. Denn hier geht es meistens äußerst turbulent zu: An allen Ecken hüpfen Kinder ins Wasser, wird Fangen gespielt und gequietscht. Es herrscht klassische Hallenbadatmosphäre, in der Rücksicht auf andere klein geschrieben wird. Der gutmütige Bademeister lächelt dazu und lässt allen ihr Vergnügen. Die Römertherme ist eine gute Freizeitalternative für Eltern, die hier auf Ski- oder Wanderurlaub sind und deren Kids sich abseits von Pisten, Loipen und Trails austoben wollen.

All jene, die in der kleinen Therme nach ein wenig Ruhe und Entspannung suchen, fühlen sich jedoch fehl am Platz und weichen rasch auf die obere Ebene aus. Hier befindet sich zum einen das Thermenrestaurant, das zwar leichte Wellness-Küche bietet, vor allem aber einen Pizza-Bäcker beschäftigt, dessen Produkte weit über die Therme hinaus berühmt sind. Zum anderen finden sich hier eine offene Fläche für Liegen sowie zwei abgetrennte Ruheräume mit nettem Überblick über das Treiben im Thermalbecken, die allerdings ein wenig besser geheizt werden könnten.

Apropos Überblick: Wer im Winter im Außenbecken treibt, kann den Skifahrern beim Abschwingen und Anstellen zusehen – die Piste ist so nah, dass ein Läufer, führe er ungebremst in den Zaun, wohl bis ins Bassin purzeln würde. Wem's gefällt: Neben der Gondelstation ist eine Après-Ski-Bar; sie versorgt die Einkehrschwüngler mit Jagatee und anderen Erfrischungen und beschallt die Gegend – inklusive der Freischwimmer – lautstark mit Ballermann-Hüttenmusik. Thermalwasserplantschen und laute Hits von DJ Ötzi sind hier also kein Gegensatz. Doch allzu lange halten es selbst abgehärtete Zeitgenossen im winterlichen Freibecken sowieso nicht aus. Das heilende Wasser wird mit rund 32 °C ins Becken gepumpt – und da es im Hochtal von Bad Kleinkirchheim ziemlich kalt werden kann, hält sich der Kuscheleffekt im Außenbecken bei Minusgraden in Grenzen.

Kleiner, aber feiner Saunabereich

Wem ordentlich kalt geworden ist, der kann sich in der Saunalandschaft wieder aufwärmen. Das Prozedere dazu ist ein wenig altmodisch, aber charmant: Zuerst wird an der unauffälligen Tür im zweiten Stock geläutet. Der Saunawart öffnet, nimmt die Eintrittskarte an sich und teilt dafür ein Gummiband aus, das einen als regulären Saunabesucher kennzeichnet. Das vorherrschende Design aus braunen Fliesen, Holzverkleidungen und Sitzmulden erzeugt zwar Siebzigerjahre-

Thermal-Römerbad

Feeling pur, ist aber immer noch sehr ansprechend. Obwohl der Saunabereich eher klein ist, fehlt es an nichts: Finnsauna (85–95 °C), Kräutersauna (50–55 °C), Dampfbad (39–41 °C), Tauchbecken und Whirlpool, Kneippduschen und Ruheraum sowie ein Außenbereich sind vorhanden. Solarien und eine Massageabteilung ergänzen das Angebot.

Trotz des oft großen Besucherandrangs wirkt alles angenehm sauber und der Saunawart ist sehr freundlich. Vielleicht auch manchmal zu freundlich, denn – und das ist eine Schattenseite, für die die Thermenbetreiber nicht verantwortlich gemacht werden können – viele der Touristen, die das Gros der Besucher ausmachen, wissen oft nicht, wie man sich in einer Therme im Allgemeinen und einer Sauna im Besonderen benimmt. Da drängen schon mal Engländer mit klatschnassen Badehosen mitten in einen Aufguss hinein oder sorgen schubsende italienische Großfamilien an den Garderobenkästchen für Umkleide-Chaos.

Sportliches Urlaubs-Eldorado

Derzeit werden von den Bergbahnen Bad Kleinkirchheim, die beide Thermen betreiben, konkrete Pläne gewälzt, das Römerbad, das zur Hochsaison aus allen Nähten platzt, demnächst mit enormem Kostenaufwand neu zu gestalten. Die hohen Besucherzahlen der Bäder rühren auch daher, dass zu gewissen Saisonzeiten der Thermeneintritt (und auch die Benutzung der Bergbahnen) bei Übernachtung in einem so genannten Inklusive-Betrieb gratis ist – ein wirklich gutes Angebot, das sich bei den Gästen großer Beliebtheit erfreut.

Der touristische Hauptanziehungspunkt der 1087 m hoch gelegenen Gemeinde ist allerdings das sonnige Skigebiet in den „Nocky Mountains", das sowohl Könnern als auch Anfängern 95 Kilometer abwechslungsreiche Pisten bietet. Seit Dezember 2003 gibt es als neue Attraktion die so genannte Franz-Klammer-Abfahrt, die mit einer Gesamtstreckenlänge von 3200 m bis zu 70 % Gefälle bietet und deren Zielhang mitten im Ortszentrum beim Thermal-Römerbad endet. Doch auch im Sommer wird für Outdoor-Sportler allerhand geboten: Der Nationalpark Nockberge lockt Wanderer, Reiter und Mountainbiker an, die samt Rad mit der Gondel auf den Berg gebracht werden und sich auf 39 bestens beschilderten Mountainbike-Strecken austoben können, spezielle Nordic-Walking-Routen wenden sich an Liebhaber dieses neuen Trendsports. Golfer finden im Golfclub Bad Kleinkirchheim-Reichenau den höchstgelegenen Golfplatz Kärntens (1000 Höhenmeter), wodurch hier selbst in den heißen Sommermonaten angenehmes Abschlag-Klima herrscht.

Thermal-Römerbad

FACTS

Information

Thermal-Römerbad, 9546 Bad Kleinkirchheim, Zirkitzen 66
Tel.: +43(4240)82 82-32; Fax: +43(4240)85 37;
E-Mail: thermen@ski-thermen.com; www.therme-badkleinkirchheim.at.
Wasserfläche 600 m²; Gesamtfläche ca. 7900 m²
In der Therme finden gleichzeitig 500 Personen Platz (maximale Besucheranzahl pro Tag: 1500). Besucherandrang, empfohlene Badedauer, Eintritt für Kinder und Revisionszeiten siehe oben.

Öffnungszeiten

So–Do 9.00–21.00 Uhr; Fr & Sa 9.00–22.00 Uhr
Österr. Weihnachts- u. Semesterferien tägl. 9.00–22.00 Uhr
Sauna: So–Do 13.00–21.00 Uhr; Fr & Sa 13.00–22.00 Uhr
Österr. Weihnachts- u. Semesterferien tägl. 12.00–22.00 Uhr

Wasseranalyse und Indikation/Gegenindikationen

Calcium-Magnesium-Natrium-Kalium-Hydrogencarbonat-Wasser, 36 °C
Indikationen: Rheumatische Erkrankungen, degenerative Gelenks- und Wirbelerkrankungen, Mobilisationsbehandlung nach Operationen und Verletzungen des Bewegungsapparates, funktionelle Schmerzzustände, chronisch-funktionelle und degenerative Erkrankungen, Stress, Erschöpfungszustände, Schlafstörungen, funktionelle Durchblutungsstörungen, generell vegetative Fehlsteuerung.

Übernachtungsmöglichkeiten

Bei der großen Anzahl von guten Hotels und Ferienwohnungen hat der Urlauber die Qual der Wahl, wobei das beste Haus am Platz das **Thermenhotel Ronacher** ist. Es verfügt bei seinen fünf Sternen auch gleich über fünf Thermalwasserbecken, eine riesige Saunalandschaft, Kosmetik, Ayurveda, Kurarzt und Sportmediziner. Thermenhotel Ronacher, 9546 Bad Kleinkirchheim, Bach 18; Tel.: +43(4240)282; Fax: +43(4240)282-606; E-Mail: info@ronacher.com; www.ronacher.com.
Wer etwas abseits vom Trubel im höher gelegenen St. Oswald wohnen will, dem sei der kinderfreundliche **Gasthof Hinteregger** ans Herz gelegt, der sich bereits seit 1470 im Besitz der Familie befindet. Direkt neben der Skipiste gelegen, bietet das Haus nach biologischen Richtlinien ausgestattete Zimmer und eine hervorragende Küche (nicht nur für Hotelgäste!). Gasthof Hinteregger, 9546 Bad Kleinkirchheim, Rosennockstraße 56; Tel.: +43(4240)477; Fax: +43(4240)4777; E-Mail: info@gasthof-hinteregger.at; www.tiscover.at/hint.

Gastronomisches

In den Berggasthöfen und Hütten rund um Bad Kleinkirchheim verstehen sich die Wirte auf die gute alte **Kärntner Bergbauernküche.** Und deftige Gerichte wie

ein Ritschert (Eintopf mit Selchfleisch, Rollgerste und weißen Bohnen) oder ein Schafbratl darf man sich nach einem sportlichen Ferientag ruhig einmal gönnen ...
Danach hilft ja vielleicht ein Schnapserl aus der berühmten **Destillerie** des ehemaligen Skirennläufers Wolfram Ortner dem Magen bei der Verdauungsarbeit. Destillerie Wolfram Ortner, 9546 Bad Kleinkirchheim, Unterscherner Weg 3; Tel.: +43(4240)760; Fax: +43(4240)760-50; E-Mail: info@wob.at; www.wob.at.
Keinesfalls versäumen sollte man einen Besuch der **Konditorei Hutter** neben der Kathrein-Therme, die zu den besten Süßwarentempeln Österreichs zählt. Schokoladige Hausspezialität: die Kaiserburgkugeln (9546 Bad Kleinkirchheim, Bacherweg 1; Tel.:+43(4240)454; Fax: +43(4240)454-4;
E-Mail: cafe@konditorei-hutter.at; www.konditorei-hutter.at).

Natur & Freizeit

Naturerlebnis Nr. 1 ist ein Besuch des **Nationalparks Nockberge**, einer ursprünglichen Mittelgebirgslandschaft mit sanften Kuppen und endlosen Almböden, die 1987 unter besonderen Schutz gestellt wurde. Eine 35 km lange Straße schlängelt sich durch das grüne Paradies, über das Besucher an mehreren Infostellen mehr erfahren können. Im Sommer werden auch geführte Wanderungen und ein Wanderbus angeboten. Kontaktadresse: Nationalparkverwaltung Nockberge, 9565 Ebene Reichenau 22; Tel.: +43(4275)665; Fax: +43(4275)70 89;
E-Mail: nationalpark.no@net4you.co.at; www.nationalparknockberge.at.
Öffnungszeiten: 3. Mai–26. Oktober.
Ein besonderes Freizeitvergnügen für Kinder bietet die **Heidi-Alm Falkert.** Auf einem Erlebnispfad durch die urige Berglandschaft begegnen mehr als 80 Figuren aus dem Film „Heidi, deine Welt sind die Berge", die Hütte vom Alm-Öhi und Ziegen, Schafe und Hase zum Streicheln dem kleinen Besucher. Heidi-Alm Falkert, 9564 Falkert-Patergassen; Tel.: +43(4275)72 22; Fax: +43(4275)72 22-40; E-Mail: info@heidialm.at; www.park.heidialm.at. Ende Mai bis Ende Oktober tägl. 10.00–17.00 Uhr. Auf dem Almgelände in 1800 m Höhe befinden sich auch Kinderhotels sowie Almhütten und Ferienwohnungen, die gemietet werden können.

Aqua Dome
Tirol Therme Längenfeld

Im Zentrum des Ötztales, umgeben von 3000 Meter hohen Bergen, wird der Traum der westösterreichischen Warmwasserfreunde wahr: die erste Tiroler Therme!

Der alpine Westen Österreichs ist in Sachen Thermenangebote – verglichen mit dem Südosten des Bundesgebietes – eher ein Entwicklungsgebiet. Bis jetzt, wohlgemerkt. Denn ab Oktober 2004 soll das Tiroler Ötztal eine neue Pilgerstätte für Warmwasserratten aus nah und fern werden. Unter dem Motto „Neues Schuhwerk für Tirol" dürfen künftig Badeschlapfen neben Berg- und Schischuhen in der Standardausrüstung der Besucher von Längenfeld (nur wenige Autominuten von Sölden entfernt) nicht fehlen, wo die Aqua Dome – Tirol Therme Längenfeld als erster und bis dato einziger Warmwassertempel dieses Bundeslandes neue Dimensionen der Entspannung eröffnet.

Aqua Dome – Tirol Therme Längenfeld

Schwereloses Thermenvergnügen mit Gletscherblick

Auch wenn sich die etwas überspannte Schuh-Botschaft der Längenfeld-Werber erst auf den zweiten Blick erschließt – warmes Wasser hat hier tatsächlich Tradition. Seit dem 16. Jahrhundert sind die heißen Quellen und die damit verbundene Badetätigkeit urkundlich bekannt. Ab 1893 gab es sogar ein Kurbad, ehe der Bädertourismus im Zuge der Tausendmarksperre in den 30er-Jahren zusammenbrach und in den 70er-Jahren des 20. Jahrhunderts der Sprudel versiegte. Erst 1986 wurde beschlossen, wieder nach neuen Quellen zu suchen; und es dauerte einige Zeit, bis Probebohrungen in fast 2000 Metern Tiefe erfolgreich waren und damit den nassen Grundstein für den Aqua-Dome legten.

Doch was lange währt, scheint am Ende außergewöhnlich gut zu werden. Zwar war das Areal im Sommer 2004, als dieses Buch entstand, noch eine Großbaustelle. Doch das Planungskonzept und die Pläne der Architekten versprechen eine der optisch interessantesten Thermenanlagen Österreichs. Abgesehen von der atemberaubenden Kulisse der Ötztaler Bergwelt, in die der neue Badetempel eingefügt wurde, verdient auch die spektakuläre Glas-Stahl-Stein-Holz-Konstruktion der Haupt- und Nebengebäude mehr als nur einen bewundernden Blick.

Auch im Innenbereich der Anlage setzen sich die Überraschungen fort: In der Thermenhalle, die den Eindruck eines Domes erwecken soll und über zwei Becken mit 34 und 36 °C warmem Wasser verfügt, zitiert eine mächtige Kaskade ungezähmtes Tiroler Bergwasser. Rund um diesen Thermendom, der „Ursprung" genannt wird, sind nicht nur Shops und die Gastronomie untergebracht – die Betreiber versprechen auch genügend Ruheräume und -zonen, die wie Operngalerien angeordnet sind und den Blick auf die nahen Berge freigeben.

Entspannung und Ruhe stehen auch ganz oben im Lastenheft für den Freiluftbereich „Talfrische", in dem neben zwei Flussbecken mit 28 und 34 °C drei spektakuläre Außenbecken untergebracht sind, mit denen die Längenfelder neue Wege gehen. Anstelle von in den Boden eingelassenen Becken realisierte man drei große Schalen aus Edelstahl, die auf bis zu acht Meter hohen Stelzen schweben und mit Whirlpool, Solebecken und Liquid Sound mit Massagedüsen gefüllt sind. Das erhabene Sitzen in diesen Schalen – die über einen beheizten Glaskristall erreichbar sind – ist laut Thermenleitung ein völlig neues Badeerlebnis, das ein besonderes Gefühl der Schwerelosigkeit vermittelt.

Vielschichtiges Angebot für Groß und Klein

Aber nicht nur Design und Entspannung, sondern auch Familienfreundlichkeit will das Ötztal bieten. Baulich ein wenig abgetrennt, dafür aber umso imposanter ist die „Alpen Arche Noah", die Spiel-

Aqua Dome – Tirol Therme Längenfeld

und Erlebniswelt der Anlage, die neben einem Piratenschiff mit zwei Kinderbecken eine 90 Meter lange Rutsche bietet. Und wenn die Kinder im Sommer das Sandspielzeug mitgenommen haben sollten, bleibt auch das nicht ungenutzt in der Badetasche: Die Sommer-Außenbecken haben nämlich sogar eigene, echte Sandbänke. Hier zieht niemand die Augenbrauen hoch, wenn getobt, gejohlt oder gerannt wird. Sind die Kleinen dann nass genug geworden, können sie in eines der drei Spielzimmer ausweichen. Weiters gibt es ein eigenes Kinderrestaurant „Halbe Portion" und professionelle Kinderbetreuung.

Ruhiger geht es in der Saunawelt „Gletscherglühen" zu, auch wenn der eine oder andere Besucher angesichts des gebotenen Designs zumindest einmal anerkennend pfeifen wird. Der halbrunde, teilweise versenkte Saunabereich bietet eine finnische Erdsauna, eine Kräuter- und eine Blockhaussauna. Dazu kommen die üblichen Schwitzeinrichtungen wie Dampf- und Solebäder. Eine Innovation, die es ansonsten nirgends gibt: die so genannte Loftsauna, die zweigeschoßig ist. Dass alle nötigen Tauch- und Sprudelbecken, eine Eisgrotte sowie ein attraktiver Freibereich zur Verfügung stehen, ist selbstverständlich.

Mit dem Health Club bietet der Aqua Dome Tirol auch eine kompetente medizinische Station an, die von der westlichen Diagnose (Cardio Area, Power Area etc.) bis zur östlichen Therapie und Entspannungstechniken alles für ein maßgeschneidertes, persönliches Wohlfühlprogramm bereitstellt. In einem eigenen Sektor, dem Beauty- und Body-Treatment-Bereich „Morgentau", ist die Schönheitspflege in allen gängigen Varianten untergebracht, während im Fitnesscenter „Gipfelsturm" die Muskeln gestählt werden.

Aqua Dome – Tirol Therme Längenfeld

Die Pläne der Thermenbetreiber sind jedenfalls ehrgeizig. Schon 2005 sollen rund 300 000 Besucher pro Jahr begrüßt werden, was einer Auslastung von knapp 60 % entsprechen würde. Preislich wird sich der Aqua Dome im oberen Mittelfeld positionieren; Erwachsene müssen für eine Tageskarte mit rund 20 Euro (Kinder, die hier in jedem Alter willkommen sind, zahlen die Hälfte) rechnen.

Hochalpine Erlebnisse mit Schneegarantie

Die Angebote der Therme lassen sich optimal mit den Sommer- und vor allem den Winteraktivitäten im Ötztal verbinden. Der Weltcup-Ort Sölden, eines der bekanntesten Ski- und Snowboard-Zentren Europas, der auch durch seinen legendären Après-Ski-Betrieb berühmt ist, liegt nur 13 km entfernt. Drei Gipfel des Skigebiets, die über 3000 Meter hinaus ragen, sind hier mit modernsten Anlagen erschlossen und durch das so genannte „Golden Gate to the Glacier" mit einem Gletscherskigebiet verbunden, was absolute Schneegarantie bedeutet. Daneben kann das Ötztal auch noch mit anderen Superlativen aufwarten: das höchste bewohnte Kirchdorf Österreichs in Obergurgl und der höchste Wasserfall des Landes Tirol – der 150 Meter hohe Stuibenfall bei Umhausen – sind hier zu finden.

Doch auch der 4300-Einwohner-Ort Längenfeld hat einiges zu bieten: Hier, wo das Ötztal am breitesten ist, bieten sich im Sommer Talwanderungen und Radtouren an, während im Winter 50 km Langlaufloipen das Talbecken durchziehen. Wem die flachen Wiesen und Auwege zu wenig sportliche Herausforderung bieten, der benützt die leicht ansteigenden Panoramawege auf mittlere Höhen, wer noch höher hinaus will, kann sich aber auch in die Nähe der Dreitausender wagen – für jeden Geschmack und jede alpine Herausforderung ist hier was dabei.

FACTS

Information

Aqua Dome – Tirol Therme Längenfeld, 6444 Längenfeld, Unterlängenfeld 88
Tel.: +43(5253)64 00; Fax: +43(5253)65 188; E-Mail: info@aqua-dome.com;
www.aqua-dome.at.
Gesamtfläche: 50 000 m²; Kapazität: 1500 Gäste
Badeeintritt für Kinder bis zu 6 Jahren gratis, Saunaeintritt erst ab 1 Jahren gestattet.

Öffnungszeiten

Tägl. 9.00–22.00 Uhr (Badeschluss 21.30 Uhr)

Aqua Dome – Tirol Therme Längenfeld

Wasseranalyse und Indikation/Gegenindikationen

Natrium-Chlorid-Sulfat-Schwefeltherme

Das Schwefelwasser wirkt bei Erkrankung der Bewegungsorgane, der Gelenke, der Wirbelsäule und bei Rheuma sowie bei vielen Hauterkrankungen lindernd und heilend.

Übernachtungsmöglichkeiten

Ein beheizter Bademantelgang führt direkt in das neue **4-Sterne-Hotel**, das über 140 Zimmer – alle mindestens 34 m² groß und mit edlem Interieur, modernster Technologie und imponierendem Ausblick auf das Bergpanorama – verfügt. Den Gästen des Hotels steht in der Therme ein eigener Ruhebereich zur Verfügung (Infos und Reservierung siehe Aqua-Dome). Auskunft über weitere Übernachtungsmöglichkeiten: Tourismusverband Längenfeld, 6444 Längenfeld, Unterlängenfeld 81; Tel.: +43(5253)52 07; Fax: +43(5253)52 07-16;
E-Mail: info@laengenfeld.com; www.laengenfeld.com.

Natur & Freizeit

Diejenigen, die die Berge lieber vom Auto aus betrachten, können dies von der **höchsten Panoramastraße der Ostalpen** aus tun: Auf einer Länge von 13 Kilometern führt sie von Sölden aus zu den Ötztaler Gletschern Rettenbach- und Tiefenbachferner in 2800 Metern Höhe.

Ein lohnenswertes Ziel ist auch die **Timmelsjoch-Hochalpenstraße**, die das Ötztal mit dem Passeiertal in Südtirol verbindet und die mit 2509 Metern Seehöhe den höchsten Alpenübergang in den Ostalpen darstellt.

Veranstaltungen und Ausflugsziele

Dem prähistorischen Tiroler Superstar „Ötzi" wurde in Umhausen (9 km von Längenfeld entfernt) ein ganzes Dorf gebaut, das nach dem Fund des Eismannes am Hauslabjoch seine Pforten öffnete. Hier wird das Leben und Wirtschaften in der Jungsteinzeit den Besuchern näher gebracht und anschaulich gemacht. Zu sehen sind unter anderem authentisch nachgebaute Hütten, Keramik- und Brotbackofen sowie ein Steinkammerngrab, Arbeitsgeräte und Waffen.
Ötzi-Dorf, 6441 Umhausen; Tel.: +43(5255)500 22; Fax: +43(5255)500 33;
E-Mail: info@oetzi-dorf.com; www.oetzidorf.com.

Thermen in benachbarten Regionen
Deutschland

Deutschland ist mit seinen über 100 Thermen und rund 360 staatlich anerkannten Kurorten eines der bedeutendsten Bäderländer der Welt – hier können daher nur die wichtigsten Badetempel (ohne Anspruch auf Vollständigkeit) angeführt werden, die sich in leicht erreichbarer Grenznähe zu Österreich befinden.

Die gesamte Region entlang der Grenze zu Bayern und Baden-Württemberg hat riesige Vorräte an unterirdischen heißen Thermalquellen. Zentren sind die Gegend um die Kurorte Bad Füssing, Bad Griesbach und Bad Birnbach unmittelbar an der Grenze zum oberösterreichischen Innviertel (Bad Füssing ist nur 15 km von der Therme Geinberg entfernt), die Bayrischen Alpen und die Schwäbische Bäderstraße zwischen München und dem Bodensee.

Die Thermalbäder in Deutschland sind mit jenen in Österreich durchaus vergleichbar – auch hier wurde in letzter Zeit versucht, Entspannung, Wellness und Erlebnis unter einen Hut zu bringen und dementsprechend viel verbessert, erweitert, neu gebaut und ausgebaut.

Informationen zu den durchwegs erstklassigen Hotellerie- und Gastronomieangeboten können bei den jeweilgen Tourismusbüros oder bei den Thermen selbst erfragt werden.

Allgemeine Auskünfte:

Bayerischer Heilbäder-Verband e.V., D-94066 Bad Füssing, Postfach 1063;

Tel.: +49(8531)97 55 90; Fax: +49(8531)213 67;

E-Mail: info@bay-heilbaeder.de; www.bay-heilbaeder.de.

Heilbäderverband Baden-Württemberg, D-70182 Stuttgart, Esslinger Straße 8;

Tel: +49(711)21 84 576; Fax: +49(711)89 24 8020;

E-Mail: info@heilbaeder-bw.de; www.heilbaeder-bw.de.

Deutschland

Bad Füssing

Europas meistbesuchter Kurort im Südosten Bayerns, keine 10 km von der österreichischen Grenze bei Obernberg am Inn bzw. 27 km von Braunau entfernt, ist quasi ein bajuwarisches Las Vegas der Warmwasserkultur; allerdings ohne Glamour, dafür mit umso mehr Heilbedarf-Feeling.

Gleich **drei gigantische Thermalbadelandschaften** mit 11 000 m² Wasserfläche erwarten die Besucher: Therme I, Europa-Therme und das Kurzentrum Johannesbad.

In der Therme I stehen vier Hallen- und sieben Freibäder mit Temperaturen von 29 bis 42 °C und mit verschiedensten Sprudelattraktionen zur Verfügung, die in ständigem Zufluss des aus 1000 Metern Tiefe geförderten Schwefel-Thermalwassers stehen. Solarien, Massage, Kosmetikbehandlungen und ein Restaurant ergänzen das Angebot. Allerdings: Wasserrutschen oder spezielle Attraktionen für Kinder gibt es in dieser Therme (wie überall in Bad Füssing) keine! Auch fallen die rigiden Öffnungszeiten und die begrenzte Aufenthaltsdauer auf – hier ist man auf gesundheitsorientierte Kurgäste spezialisiert.

Saunavergnügen pur bietet allerdings der 2003 errichtete **rustikale Saunahof:** Ein original Rottaler Vierseithof beherbergt Kräutersauna, Heubodensauna, Rottaler Aufgusssauna, Schmiedebad, ein Dampfbad mit böhmischem Gewölbe und ein Thermalbecken.

Die Europa-Therme bietet die meisten Wasserattraktionen ganz Deutschlands. Die 3200 m² Wasserfläche sind auf gezählte 19 Becken (von 27 bis 39 °C) aufgeteilt. Weitere Superlative sind ein 120 Meter langer Strömungskanal und die zahlreichen Sprudel- und Massageeinrichtungen. Das sichtbar abgenutzte Ambiente dieser beiden Kurthermen ist jedoch nicht mit den neuesten Wellness-Oasen vergleichbar.

Information

Therme I mit Saunahof, D-94072 Bad Füssing, Kurallee 1;
Tel.: +49(8531)94 46-0; Fax: +49(8531)94 46-119; E-Mail: info@therme1.de; www.therme1.de.
Öffnungszeiten
Mo, Di, Do, So 7.00-18.00 Uhr; Mi, Fr, Sa 7.00-21.00 Uhr (Aufenthaltsdauer 5 Stunden), Saunahof: tägl. 10.00-22.00 Uhr

Europa-Therme, D-94072 Bad Füssing, Kurallee 23;
Tel.: +49(8531)94 47-0; Fax: +49(8531)94 47-90;
E-Mail: info@europatherme-badfuessing.de; www.europatherme-badfuessing.de.
Öffnungszeiten
Tägl. 7.00-18.00 Uhr; Mo, Mi, Fr Langbadetage bis 22.00 Uhr

Deutschland

Wohlfühltherme Bad Griesbach

Das gleich neben Bad Füssing gelegene Bad Griesbach befindet sich auf dem höchsten topographischen Punkt über dem Rottal, was eine besonders hohe Anzahl von jährlichen Sonnenstunden garantieren soll. Bekannt ist der Ort jedoch vor allem leidenschaftlichen GolferInnen – immerhin wurde hier das größte Golfparadies Europas geschaffen. Insgesamt stehen sechs 18-Lochplätze, drei 9-Lochplätze, ein Kindergolfplatz und die weltweit größte Golfakademie zur Verfügung.

Das Kurmittelhaus Bad Griesbach beherbergt die so genannte Wohlfühltherme, deren größte Attraktion das tolle türkische Hamam ist (Reservierung unbedingt notwendig!).

13 Einzelbecken (sowohl außen als auch innen) mit Temperaturen von 18 bis 37 °C und einer Gesamtwasserfläche von über 1600 m² garantieren genügend Kapazität auch für größere Besucheransturme, wobei man von der Liegewiese einen herrlichen Blick ins Rottal genießt. Kinder dürfen erst ab fünf Jahren ins Thermalbad, doch glücklich werden sie dort aus Mangel an geeigneten Spiel- und Spaßmöglichkeiten sowieso nicht werden.

Information   i

Kurmittelhaus Bad Griesbach, D-94086 Bad Griesbach i. Rottal,
   Thermalbadstraße 4;
Tel.: +49(8532)96 15-0; Fax: +49(8532)96 15-14; E-Mail: info@wohlfuehltherme.de; www.wohlfuehltherme.de.

Öffnungszeiten
Therme: tägl. 8.00–21.00 Uhr
Türkisches Bad: Mo–Fr 12.00–21.00 Uhr; Sa und So 10.00–21.00 Uhr (Dienstag Damentag); Achtung: während der Sommermonate verkürzte Öffnungszeiten!

Deutschland

Rottal Therme Bad Birnbach

Bad Birnbach, 25 km von Braunau entfernt, ist mit seinem Konzept „das ländliche Bad" eines der erfolgreichsten deutschen Thermalbäder geworden. Die Rottal Therme umfasst drei Teile: das Erholungsbad mit Aroma-Sonnendeck, den Gesundgarten mit großer Badelandschaft, Therapiebad, Physiotherapie und der Beauty-Abteilung HAUTcouture – und das Vitarium, einen Bereich, in dem Freikörperkulturfreunde alle Bade- und Saunafreuden völlig textilfrei genießen können.

Insgesamt verfügt die Therme über 30 Innen- und Außenbecken mit einer Wasserfläche von 2100 m² und Temperaturen von 28 bis 40 °C. Im Erholungsbad oder im Vitarium kann man sich gegen einen – auch im direkten Vergleich mit österreichischen Preisverhältnissen äußerst moderaten – Aufschlag von 10 Euro ein spezielles Pflegebad (z. B. mit Algen, Kräutern, Heu oder Orangenblüten) gönnen.

Auch in Bad Birnbach stehen die Zeichen ganz auf Entspannung und Erholung – folglich wird man Wasserrutschen oder sonstige Action-Einrichtungen vergeblich suchen. Kinder unter fünf Jahren dürfen aus medizinischen Gründen hier nicht eintauchen; JuniorInnen von fünf bis zehn Jahren brauchen immer noch eine Verordnung oder Unbedenklichkeitsbescheinigung durch den Arzt oder die Eltern.

Information   i

Rottal Therme Bad Birnbach, D-84364 Bad Birnbach, Professor-Drexel-Str. 25-27;
Tel.: +49(8563)29 00; Fax: +49(8563)29 050; E-Mail: rottaltherme@badbirnbach.de;
www.badbirnbach.de.
Öffnungszeiten
Erholungsbad: Mo, Di, Fr 8.00-19.00 Uhr; Mi, Do 8.00-21.00 Uhr;
Sa, So 8.00-18.00 Uhr; Vitarium: Mo bis Fr 10.00-21.00 Uhr;
Sa, So 10.00-18.00 Uhr (Montag Damentag!)

Deutschland

Watzmann Therme Berchtesgaden

Nur rund 20 km von der Stadt Salzburg entfernt verspricht die im Jahre 1997 erbaute Watzmann-Therme in Berchtesgaden am Fuße des legendären, 2713 m hohen Watzmann-Berges Badespaß für Groß und Klein. 900 m² Wasserfläche mit einem **Spaß- und Erlebnisbecken** (Strömungskanal, 80-Meter-Rutsche, Unterwasserliegen) und einem 25-Meter-Sportbecken, Sole-Innen- und Außenbecken (32 °C) und ein eigener Soleheilstollen (die Sole kommt direkt aus dem benachbarten Salzbergwerk), ein Mutter-Kind-Bereich und eine großzügige, sehr schöne Saunalandschaft (fünf Innensaunen, Ruheräume, Blockhaussauna und Liegewiese im Freien) sind auf dem Thermengelände verteilt.

Kinder können hier unbedenklich plantschen, in die Sauna dürfen 6- bis 16-Jährige allerdings nur in Begleitung von Erwachsenen.

Information   i

Watzmann Therme Berchtesgaden, D-83471 Berchtesgaden, Bergwerkstraße 54; Tel.: +49(8652)94 64-0; Fax: +49(8652)94 64-44; E-Mail: info@watzmann-therme.de; www.watzmann-therme.de.

Öffnungszeiten

Tägl. 10.00–22.00 Uhr (Mo Damensauna)

Deutschland

Alpamare Bad Tölz

Will man dem historischen Städtchen Bad Tölz, der Heimat des beliebten TV-Bullen, einen Besuch abstatten, sollte man die Badehose nicht vergessen.

Den massigen Kommissar Berghammer alias Ottfried Fischer wird man im hiesigen Thermal- und Erlebnisbad Alpamare zwar nicht antreffen, doch Action gibt's hier allemal: Gleich sieben Rutschen mit insgesamt 1000 Meter Länge, Hallen- und Wellenbad, Freibad mit drei Becken, Thermalbad innen und außen und **Europas einzige Indoor-Surfanlage** stehen zur Auswahl. Weiters vier Saunen, ein Jod-Inhalatorium, kostenlose Solarien, Kino und ein SB-Restaurant. Wem hier langweilig wird, der muss eigentlich schon scheintot sein.

Das Alpamare ist auch das einzige Bad Europas, das alle Leistungen sowie Reinigung und Hygiene nach dem strengen ISO-9001-Standard zertifiziert hat. So werden z. B. alle zwei Stunden alle Toilettendeckel ausgewechselt und desinfiziert, was relativ hohe Eintrittspreise bedingt.

Information

Alpamare Bad Tölz, D-83646 Bad Tölz, Ludwigstraße 14;
Tel.: +49(8041)50 99 99; Fax: +49(8041)50 99 12; E-Mail: wasserwelt@alpamare.de; www.alpamare.de.

Öffnungszeiten
Mo bis Do 9.00–21.00 Uhr; Fr bis So 9.00–22.00 Uhr

Deutschland

Kristall-Therme Oberstdorf

Dieses Allgäuer Städtchen (Entfernung nach Dornbirn 50 km) in einem Talkessel am südlichsten Punkt Deutschlands ist allen ÖsterreicherInnen als einer der Austragungsorte der traditionellen Vierschanzentournee ein Begriff – dass man hier auch thermalbaden kann, wissen schon deutlich weniger.

Die im Jahr 1998 eröffnete Kristall-Therme präsentiert sich als intimes Wellnessrefugium, das durch sein Wellenbad auch auf Badespaß nicht ganz verzichtet. Zwei Thermalsolebecken innen plus ein Mutter-Kind-Bereich sind eine mehr als ausreichende Grundausstattung; Ölmassagen, Wassergymnastik und Restaurant vervollkommnen das kleine, aber feine Angebot.

Pflichtprogramm ist jedoch der Besuch der urig-bayrischen Saunawelt: Die Saunen sind teilweise in 300 Jahre alte Bauernhäuser und in eine Mühle mit Wasserrad eingebaut und der Panoramablick auf die Allgäuer Alpen bis zum Fellhorn ist fantastisch. Für sportlich Aktive steht in dieser Berglandschaft ein Netz von 200 km Wanderwegen parat, deren Highlight ein Besuch der einzigartigen Breitachklamm ist.

Information i

Kristall-Therme Oberstdorf, D-87561 Oberstdorf, Promenadestraße 3;
Tel.: +49(8322)60 696-11; Fax: +49(8322)60 696-17;
  E-Mail: info@kristalltherme-oberstdorf.de; www.kristalltherme-oberstdorf.de.
Öffnungszeiten
Mo, Mi, Do 10.00–22.00 Uhr; Di, Fr 10.00–23.00 Uhr; Sa 9.00–23.00 Uhr;
  So 9–22.00 Uhr; Di und Fr ab 20.00 Uhr textilfreies Baden

Deutschland

Waldsee-Therme Bad Waldsee / Schwaben-Therme Aulendorf

Bad Waldsee mit seiner historischen Altstadt liegt 50 km nördlich von Bregenz (die Vorarlberger haben ja keine einzige eigene Therme und müssen entweder in andere Bundesländer oder gleich ins Ausland ausweichen) an der Schwäbischen Bäderstraße und ist geprägt von seiner über 1000-jährigen Tradition und seiner einzigartigen Lage zwischen zwei Seen, dem Stadtsee und dem Schlosssee.

Die **Waldsee-Therme** verfügt über die **heißesten Thermalquellen in Oberschwaben** und besteht aus Hallen- und Freibad mit fünf Becken. Thermalbecken innen und außen, zwei integrierte Sprudelbecken, Dampfgrotte sowie ein Therapiezentrum mit Mooranwendungen und Massagen, ein Kiosk und eine Cafeteria gehören zum Gesamtangebot (keine Sauna!). Für die Kinder sollte man jedoch Bücher, Gameboy oder sonstige Ablenkung mitnehmen, denn hier finden sie keinerlei Spiel- und Spaßmöglichkeiten.

In nur 12 km Entfernung findet sich in **Bad Wurzach** eine weitere Wellnessoase, deren Thermalbadelandschaft zwar sehr klein ist (ein Innenbecken, ein Liegebecken und ein Whirlpool), die aber im Gegensatz zu Bad Waldsee eine abwechslungsreiche Saunalandschaft aufweist. (Vitalium Bad Wurzach, D-88410 Bad Wurzach, Karl-Wilhelm-Heck-Str. 10; Tel.: +49(7564)304 256; Fax: +49(7564)304 254; E-Mail: vitalium@bad-wurzach.de; www.bad-wurzach.de. Achtung: Von Montag bis Freitag erst ab 15.00 Uhr geöffnet!)

Ist der Nachwuchs mit von der Partie, sollte man die beiden obigen Orte mangels Wasserattraktionen jedoch lieber meiden und noch ein paar Kilometer weiter in die **Schwaben-Therme nach Aulendorf** fahren. Dort erwartet die Kleinen nämlich ein abwechslungsreiches Programm: Thermal- und Spaßbad, zwei Rutschen (70 Meter und Steilrutsche), Strömungskanal, Planschbecken und Gaudiwurm sorgen für gehörigen Badespaß, wobei sich das Kuppeldach der Therme im Sommer öffnen lässt und man sich so in einem exklusiven Freibad wähnt. Für die Großen gibt es noch zusätzlich ein Thermalbad außen, einen Kneippkurgarten und eine **schöne Saunawelt** mit verschiedenen Schwitzmöglichkeiten. Da es in dieser Gegend von Thermen nur so wimmelt, sei auch auf das ebenfalls familienfreundliche **Jordanbad** Biberach (www.jordanbad.de) und die eher gesundheitsorientierte **Sonnenhof-Therme in Bad Saulgau** (www.sonnenhof-therme.de) verwiesen.

Deutschland

Information

Waldsee-Therme, D-88339 Bad Waldsee, Badstraße 16;
Tel.: +49(7524)94 12 21; E-Mail: info@waldsee-therme.de; www.waldsee-therme.de.
Öffnungszeiten
Tägl. 9.00–22.00 Uhr

Schwaben-Therme Aulendorf, D-88326 Aulendorf, Ebisweilerstraße 5;
Tel.: +49(7525)93 50; Fax: +49(7525)93 51-11; E-Mail: schwaben-therme@t-online.de;
www.schwaben-therme.de.
Öffnungszeiten
So bis Do 9.00–22.00 Uhr; Fr bis 24.00 Uhr; Sa bis 23.00 Uhr
Bei Vollmond FKK-Baden von Badeschluss bis 24.00 Uhr!

Deutschland

Therme Meersburg

Fährt man von Bregenz aus das nördliche Bodenseeufer entlang, erreicht man nach ungefähr 50 km den Ort Meersburg, der seit September 2003 mit einer besonderen Neuheit aufwarten kann: der Meersburg Therme. Direkt am See gelegen bietet sie den BesucherInnen durch die verglaste Südseite einen weiten Blick über das Wasser zum gegenüberliegenden Konstanz und über die Berge.

Die Attraktionen der Thermalanlage sind ein **türkisches Hamam**, die Thermenbecken mit Innen- und Außenbereich und die sechs verschiedenen Saunen, die im Saunagarten als architektonische Referenz historischen Pfahlbauten nachempfunden sind. Sie sind nur einige Meter vom See entfernt und bieten durch ihre großen Fenster eine spektakuläre Aussicht.

Hier gilt in Sachen Kinder-Entertainment dasselbe wie für Bad Waldsee: Rutschen, Spielplätze oder Babyecken sucht man vergeblich, also entsprechende Spiel- und Ablenkungsmöglichkeiten bei der Ausflugsplanung mitberücksichtigen – außer man kommt im Sommer: Im angeschlossenen Frei- und Strandbad stehen dann neben einem 50-Meter-Sportbecken auch Kinderbecken, Sandspielplatz und Beachvolleyballplatz bereit.

Information i

Meersburg Therme, D-88709 Meersburg, Uferpromenade 10;
Tel.: +49(7532)44 60-0; Fax: +49(7532)44 60-2899;
 E-Mail: info@meersburg-therme.de; www.meersburg-therme.de.
 Öffnungszeiten
Mo bis Fr 10.00-20.00 Uhr, Sa 10.00-21.00 Uhr, So 9.00-21.00 Uhr

Deutschland

Bodensee-Therme Überlingen

Neben der Meersburg Therme zählt auch die erst im November 2003 eröffnete Bodensee-Therme im romantischen Überlingen mit seiner außergewöhnlichen Architektur zu den neuen Attraktionen am Bodensee.

Nur rund 15 km von Meersburg entfernt liegt dieser moderne Wellnesstempel ebenfalls direkt am See, mit eindrucksvollem Blick zum jenseitigen Ufer. Badespaß ist mit den großzügigen Außen- und Innenbecken, dem Strömungskreisel, den Massagedüsen, zwei Rutschen (90 m), dem Wellness-Dom mit Kaskaden und anderen Attraktionen garantiert. Für die Kleinen steht sogar ein eigener Kinder- und Babystrand zur Verfügung.

Erholung und Ruhe findet man eher in der einzigartigen Saunalandschaft mit ihren finnischen und japanischen Elementen, dem Sauna-Garten und einer See-Sauna, von der aus man direkt in das größte Tauchbecken Deutschlands – den erfrischenden Bodensee – springen kann. Spezielle Erlebnisaufgüsse mit Honig oder Salz oder der so genannte Vitalaufguss, bei dem die Teilnehmer mit Birkenzweigen sanft ausgepeitscht werden, erfreuen sich großen Zuspruchs bei den Saunagästen.

Information

Bodensee-Therme, D-88662 Überlingen, Bahnhofstraße 27;
Tel.: +49(7551)30 199-0; Fax: +49(7551)30 199-11; E-Mail: info@bodensee-therme.de; www.bodensee-therme.de.

Öffnungszeiten
Tägl. 10.00–22.00 Uhr; Sauna Fr & Sa bis 23.00 Uhr

Schweiz

Vorarlberg ist bis dato das einzige österreichische Bundesland ohne eigene Therme, doch alemannische Badefreunde brauchen nicht traurig zu sein: Neben den zahlreichen Warmbädern an der Grenze zu Deutschland hat auch die Schweiz mit einigen Wasserattraktionen aufzuwarten, von denen hier auf zwei schnell und unkompliziert erreichbare eingegangen wird.

Bei unserem westlichen Nachbarland hat der Bädertourismus eine lange Tradition - aufgrund archäologischer Funde ist bekannt, dass bereits die Römer Heilquellen in der Schweiz kannten und nutzten. Seit dem frühen 15. Jahrhundert zeugen zahlreiche Berichte von einer weit verbreiteten, volkstümlichen Bäderkultur. Wer es sich leisten konnte, besuchte einmal im Jahr eines der unzähligen „Bedli" des Alpengebietes oder der Jurahänge. Die Schweizer Heilbäder waren auch Stätten der Begegnung der Großen aus aller Welt: Könige, Künstler, Wissenschaftler, Staatsmänner und elegante Damen trafen sich an den Badekurorten, um zu tun, was man zu Hause nicht tun durfte. Im 19. Jahrhundert waren nicht weniger als 1000 Heilquellen bekannt, von denen die heutigen Wellnessgäste noch immer profitieren.

Eines sollten Besucher allerdings nicht vergessen: Das Preisniveau in der Schweiz ist höher als bei uns, und das gilt auch für Thermen-Eintrittspreise.

Allgemeine Auskünfte:
Schweiz Tourismus, CH-8027 Zürich, Tödistraße 7;
Tel.: +41(1)288 11 11; Fax: +41(1)288 12 05;
E-Mail: wellness@switzerlandtourism.ch;
www.myswitzerland.com.

Schweiz

Tamina-Therme in Bad Ragaz

Die Therme von Bad Ragaz, nur 35 Kilometer von Feldkirch entfernt, ist schon seit dem frühen Mittelalter bekannt und gilt heute als wasserreichste Akratotherme Europas (fluoridhaltiges Kalzium-Magnesium-Natrium-Hydrogenkarbonat-Wasser). Sie entspringt mit 36,5 °C in der wilden Taminaschlucht, weshalb das öffentliche Thermalbad Tamina-Therme genannt wird. Im Jahre 1871 entstand hier das erste Thermalhallenschwimmbad Europas; fortan gehörte Bad Ragaz zu den bedeutendsten Kurorten der Welt und wurde zum Treffpunkt der Reichen, Schönen und Mächtigen.

Die heutige Anlage besteht aus zwei Innenbädern und einem Freiluftbad mit Whirlpool, Strömungskanal, Wasserfall, Sprudelliegen, Sprudelsitzen, Sprudelgrotte sowie verschiedenen Sprudel- und Massagedüsen und einer herrlichen Aussicht auf die Bündner Berge. Die Wassertemperatur beträgt 35 bis 36 °C, auch ein Ruhe-Liegeraum und Solarien sowie im Sommer Liegestühle im Freien stehen zur Verfügung. Über einen beheizten Bademantelgang ist die öffentliche Therme mit den Grand Hotels Bad Ragaz (Quellenhof und Hof Ragaz), den führenden Health, Spa & Golf Resorts der Schweiz verbunden.

Die Gäste der beiden Hotels können zusätzlich zur Tamina Therme im „To B. the Leading Health Club" ganzheitliches Wohlbefinden erleben. Auf 2500 m² stehen eine Fitness- und Wasserwelt inklusive eigener Thermalbade- und Saunalandschaft, Aktivbereich, Liegewiese und Ruheraum zur Verfügung – gegen Voranmeldung ist dieser Bereich von Montag bis Freitag auch für externe Besucher buchbar. Weiters vorhanden sind eine Beautyabteilung und ein Friseursalon. Im angeschlossenen Medizinischen Zentrum werden neben verschiedensten Behandlungen und Therapien auch sportmedizinische Check-Ups und spezielle Ausdauertests durchgeführt (Swiss Alpine Medical Center). Für sportlich Aktive gibt es einen wunderschönen, hoteleigenen Golfplatz und fünf Tenniscourts; falls dann noch Zeit zum Vertreiben und ein bisschen Kleingeld übrig ist, kann man das Casino aufsuchen.

Information

Tamina Therme, CH-7310 Bad Ragaz;
Tel.: +41(81303)27 41; Fax: +41(81303)20 02; E-Mail: taminatherme@resortragaz.ch; www.resortragaz.ch.

Öffnungszeiten
Tägl. 7.30–21.00 Uhr. Aufenthaltszeit max. 90 Minuten!
Kinder haben erst ab 3 Jahren Zutritt.
Ein vorgewärmtes Badetuch ist im Preis inbegriffen.

Schweiz

Alpamare Zürichsee in Pfäffikon

Ungefähr eine Autostunde von Feldkirch entfernt Richtung Zürich liegt direkt am Zürichsee der kleine Ort Pfäffikon, der mit einer weithin bekannten Wasserattraktion aufwarten kann: dem Alpamare.

Dieser einzigartige Vergnügungs- und Wellnesspark setzt in Sachen Fun und Spaß neue Dimensionen und hat seit dem Sommer 2004 zu den bestehenden neun Rutschbahnen, vier Bädern und diversen Wellness-Einrichtungen mit der dreifarbigen Tornado-Rutsche eine Adrenalin-Attraktion mehr. Diese Röhre mit Licht- und Musikeffekten ist 97 Meter lang und mündet in einen Trichter, in den man mit großer Geschwindigkeit in Schräglage eintritt und dort noch einige Runden dreht. Damit beträgt die Gesamtlänge aller Rutschbahnen schon 1500 Meter – wer sich hier nicht den ultimativen Wasseraction-Kick holt, dem kann nicht mehr geholfen werden.

Weitere Attraktionen sind das Brandungswellenbad (Indoor) und das Flussfreischwimmbad Rio Mare, in dem man sich 100 Meter mit der Strömung, deren Stärke in regelmäßigen Abständen verändert wird, treiben lassen kann. Wer es lieber ruhiger will, für den stehen die 36 °C warme Jod-Sole-Therme, sechs Saunakabinen (Damen und Herren getrennt), ein Jod-Inhalatorium und die mit Sprudelanlagen ausgestattete, im Freien gelegene Alpatherme (33 °C) bereit. Solarien, eine Liegewiese mit Blick auf den See, ein Restaurant und ein Selbstbedienungsrestaurant ergänzen das Angebot.

Information	i

Alpamare Zürichsee, CH-8808 Pfäffikon SZ;
Tel.: +41(55415)15 15; Fax: +41(55415)15 10; E-Mail: alpamare@alpamare.ch; www.alpamare.ch.
Öffnungszeiten
Di–Do 10.00–22.00 Uhr; Fr 10.00–24.00 Uhr; Sa 9.00–24.00 Uhr;
So, Mo & Fei 9.00–22.00 Uhr; 24. 12 und 31. 12. 9.00–16.00 Uhr
An der Kassa werden auch Euro akzeptiert!
Kleinkinder unter drei Jahren dürfen aus hygienischen Gründen nicht ins Wasser.
Kein Zutritt zum Jodbad für Kinder unter 16 Jahren.

Ungarn

Mit dem neuen EU-Mitglied Ungarn tritt eine stark expandierende Konkurrenz für die steirischen und burgenländischen Thermen auf den Plan. Spricht man heute noch oft berechtigt vom „Ostblockcharme" und „Krankenkassenimage" in den Thermalbädern der Magyaren, so steigt die Qualität der Warmbäder doch kontinuierlich. Denn statt auf die alten Klischees Marke „Puszta, Piroska und Paprika" will Ungarn in Zukunft voll auf den Wellnesstourismus setzen. Mit einem eigenen staatlichen Förderprogramm und der Gründung eines Wellness-Verbandes bemühen sich unsere Nachbarn intensiv um die Entwicklung einheitlicher Standards.

Das Land besitzt riesige Mineralwasservorräte: Insgesamt gibt es 1300 warme Quellen, von denen erst ein Drittel erschlossen ist. Gezielt haben die Heilbäder ihre Gesundheitsprogramme durch zeitgemäße Wellness-Komponenten bereichert und man muss anerkennen, dass diese Angebote inzwischen erstklassig sind. Das Preis-Leistungs-Verhältnis in diesem Bereich ist im Moment noch sehr günstig, wird sich aber im Laufe der Zeit sicher an das EU-Niveau anpassen.

In Westungarn, das von den Ausläufern des Alpenvorlandes und der Ungarischen Tiefebene geprägt ist, finden sich unweit der österreichischen Grenze einige bekannte und beliebte Heilbäder, deren Attraktion Bad Héviz mit dem größten natürlichen Thermalsee Europas ist. Über die wichtigsten von Ostösterreich rasch erreichbaren Thermalanlagen erfolgt hier ein Überblick.

Informationen:
Ungarisches Tourismusamt, 1010 Wien, Opernring 5/2. Stock;
Tel.: +43(1)585 20-1213; Fax: +43(1)585 20-1215;
E-Mail: htvienna@hungarytourism.hu; www.hungary.com.

Ungarn

Györ

Das auf eine mehr als 70-jährige Historie zurückblickende Warmbad Györ wurde im Oktober 2003 nach umfassender Modernisierung und Erweiterung als Heil- und Erlebnisbad wiedereröffnet. In einer gepflegten Parkanlage mit Blick auf die historische Altstadt gelegen, bietet es ein Thermalbad (vier Becken mit Temperaturen zwischen 29 und 38 °C) mit diversen Therapiemöglichkeiten, ein Erlebnisbad mit fünf Becken, Rutschen, Strömungskanal, Geysire, Wasserfall, Höhlen, Tauchbecken, Kinder- und Plantschbecken sowie zahlreiche Wellnesseinrichtungen, darunter einen Saunagarten, Whirlpool, verschiedene Massagen, Dampfbäder und Schönheitssalon. Für das leibliche Wohl sorgen gleich drei Restaurants, eine Bar, eine Poolbar und als süßer Ankerplatz eine Konditorei.

Die Raba-Quelle ist vor allem für die Behandlung von chronischen Erkrankungen des Bewegungsapparates und zur Linderung von gynäkologischen Beschwerden geeignet.

Györ (zu Deutsch: Raab, 130 000 Einwohner) ist die „Stadt, wo sich die Flüsse treffen". Hier – mitten in der Kleinen Tiefebene und gerade einmal 50 Kilometer von der ungarisch-österreichischen Grenze entfernt – kommen die Flüsse Mosoni-Duna (Mosoner Donau), Rába und Rábca zusammen. Die Altstadt bietet eines der schönsten, von Renaissance und Barock geprägten Stadtbilder Ungarns, für deren Rekonstruktion Györ den Europa-Preis für Denkmalschutz erhielt. Allein 170 Bau- und Kunstdenkmäler sind im Stadtgebiet offiziell registriert – die vielen Kirchen, Paläste, charakteristischen Eckbalkons und engen Gassen machen einen Stadtbummel lohnenswert.

Im Drei-Sterne-Hotel Klastrom (H-9021 Györ, Zechmeister u. 1; Tel.: +36(96)516-910; Fax: +36(96)327-030; E-Mail: sales@klastrom.hu; www.klastrom.hu), das in einem ehemaligen Karmeliter-Ordenshaus in der historischen Innenstadt gleich in der Nähe der Therme untergebracht ist, findet man in ehemaligen Mönchszellen eine empfehlenswerte Unterkunft.

Information i

Thermal- und Erlebnisbad Györ, H-9023 Györ, Fürdö tér 1;
Tel.: +36(96)514 900; E-Mail: info@gyortermal.hu; www.gyortermal.hu.
Öffnungszeiten
Tägl. 9.00–23.00 Uhr

Ungarn

Bad Bük (Bükfürdö)

Im Hügelland Westungarns, 45 km von Sopron und ca. 120 km von Wien oder Graz entfernt, befindet sich mit Bad Bük einer der beliebtesten, wenn auch mit seinen erst 40 Jahren Badetradition jüngsten Kurorte des Landes. Das 13 Hektar große Areal des 1962 eröffneten Heil- und Schwimmbades Bükfürdö mit seinen Winter- und Sommerbassins bietet zahlreiche Plantschmöglichkeiten für Jung und Alt und wurde in zweijährigen Bauarbeiten modernisiert und erweitert. Elf gedeckte, vier halbgedeckte und elf offene Pools (u. a. Erlebnis-, Sport-, Sprudel-, Kinder, Strand- und Rutschbecken) – alle mit Heil- und Thermalwasser gefüllt – stehen den Gästen zur Verfügung, es kommt hier allerdings eher das Gefühl der Massenabfertigung als ein Wohlfühlerlebnis auf. Badeaction und Abwechslung bieten das im Rekreationspark befindliche Erlebnisbad mit Sprudel- und Strömungsbereichen, einer Sauna und andere Attraktionen (Aufpreis!). Das Heilwasser schießt aus einer Tiefe von 1300 Meter mit einer Temperatur von 58 °C an die Oberfläche und hat einen hohen Gehalt an Kalzium, Magnesium und Fluor sowie Kohlensäure, was vor allem bei Erkrankungen des Bewegungsapparates hilft, die im angeschlossenen Physiotherapiezentrum behandelt werden. Am Gelände befindet sich auch ein drei Hektar **großer Campingbereich,** der ganzjährig 150 Stellplätze bietet und mit dem Heilbad direkt in Verbindung steht (Infos über die Therme), ebenso wie das neue Vier-Sterne-Wellnesshotel Répce Gold (Tel.: +36(94)358 140; Fax: +36(94)358 460; E-Mail: reserve@hotelrepcegold.hunguesthotels.hu; www.hunguesthotels.hu.

Die Stadt Bük selbst bietet einige Sehenswürdigkeiten wie das barocke Schloss Szapáry oder die schönen Herrenhäuser im barocken und klassizistischen Stil; Golfspieler können auf einem 18-Loch-Championship-Course ihre Runden drehen (9-Loch-Anlage in Bau).

Neues Prestigeprojekt der Gegend ist das luxuriöse 5-Sterne-Hotel Radisson SAS Birdland Resort, das mitten im Golfplatz liegt und über einen 3500 m² großen Wellnessbereich mit eigenen Thermalbecken verfügt (Radisson SAS Birdland Resort & Spa, H-9740 Bükfürdö, Golf út 4; Tel.: +36(94)55 87-00; Fax: +36(94)55 87-01; E-Mail: info.buk@radissonsas.com; www.buk.radissonsas.com).

Information   i

Büki Gyógyfürdö, H-9740 Bükfürdö, Termál krt. 2; Tel.: +36(94)358-660; Fax: +36(94)358-023; E-Mail: bgyrtkmo@matavnet.hu; www.bukfurdo.hu.
Öffnungszeiten
1. Apr.–31. Mai und 1. Sept.–30. Sept. 8.00–18.00 Uhr;
   1. Juni–31. Aug. 8.00–19.00 Uhr; 1. Okt.–31. März 8.00–17.00 Uhr

Heil- und Wellnessbad Sarvar

Hier finden Sie alles für einen unvergesslichen Erholungs-und Gesundheitsurlaub.

Grosszügige Badelandschaft (3600 m²) - Heilbeckens, Erlebnisbecken, Baby Planschbecken, im Sommer: Strandbecken, Wellenbecken, Kinderabenteuerbecken, Rutsche, Kopfsprungbucht
Einzigartige Saunalandschaft • Zahlreiche Kur-und Wellnessbehandlungen
• Fitness Zentrum • Schönheitssalon Gastgewerbeanlage • Internet • Solarium

...damit können sich unsere Gäste rundum wohl und betreut fühlen.

VitalMed Hotel Sarvar ★★★★

Das Hotel befindet sich in dem Gebäude des Heil-und Wellnessbades.
Die Hotelgäste haben freien Eintritt in die Bade- und Saunalandschaft.

Auf Wunsch schicken wir Ihnen gerne detaillierte Informationen über die aktuelle Angebote.

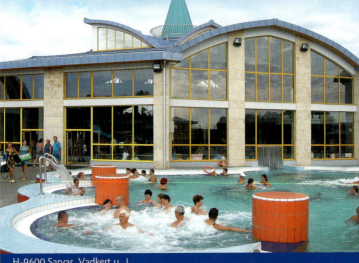

H-9600 Sarvar, Vadkert u. 1.
Tel.: 0036 95 523 600; Fax: 95/326 504; info@sarvarfurdo.hu; www.badsarvar.hu

Ungarn

Sárvár

Auf halbem Weg zwischen Sopron und dem Plattensee, ca. 150 km südöstlich von Wien, liegt die historische Kleinstadt Sárvár am Ufer der Raab.

Dem hiesigen Heilbadezentrum, das seit 1968 besteht, wurde ein neues Thermal- und Erlebnisbad hinzugefügt (Eröffnung Dezember 2002). Mit seiner Gesamtfläche von 55000 m² wird der zu den modernsten Bäderkomplexen Ungarns zählende Bau nun den Anforderungen aller Generationen gerecht und wartet mit 3600 m² Wasserfläche, einem Kurzentrum und Wellness-Dienstleistungen aller Art auf. Zwei Thermalbecken (36–38 °C), Erlebnisbecken, Babybecken, Saunalandschaft, Therapieabteilung und Fitnesscenter stehen das ganze Jahr zur Verfügung, zwischen Frühling und Herbst kommen noch Außenbecken mit Rutschen, Abenteuerbecken für Kinder, Babybecken, Spiel- und diverse Sportplätze hinzu. Familien werden hier besonders zufrieden sein – ein Wasserkindergarten steht für die ganz Kleinen offen, Restaurants, ein Beauty-Salon und verschiedene Animations- und Sportprogramme erfreuen Mama und Papa.

Direkt im Gebäude des Bades befindet sich das VitalMed Hotel Sárvár (H-9600 Sárvár, Vadkert u. 1; Tel.: +36(95)523 700; Fax: +36(95) 326 504; E-Mail: info@vitalmedhotel.hu; www.vitalmedhotel.hu), ein neues Vier-Sterne-Haus, dessen freundliche Zimmer sogar mit Internetanschluss ausgestattet sind.

Sárvár ist bekannt für sein seidenweiches Wasser, das die Haut glatt und geschmeidig macht und das schon Ludwig III. von Bayern schätzte. Das Bad befindet sich in der Nähe des 10 Hektar großen historischen Arboretums, wo zahlreiche Pflanzenraritäten und über 350 Baum- und Straucharten zu finden sind, gegenüber der fünfeckigen Renaissance-Burg der Familie Nádasdy, die die Stadt beherrscht.

Information   i

Sárvári Gyógyfürdö Kft., H-9600 Sárvár, Vadkert u. 1; Tel.: +36(95)523 600; Fax: +36(95)326 504; E-Mail: thermal@savarfurdo.hu; www.sarvarfurdo.hu.
Öffnungszeiten
Tägl. 8.00–22.00 Uhr; Sauna 8.00–21.30 Uhr

Ungarn

Héviz

Der Kurort Héviz ist nur etwa 6 km vom Plattensee und 180 km von Wien entfernt und besitzt mit dem größten natürlichen Thermalsee Europas eine Attraktion von internationalem Rang. Zwei schwefel-, radium- und mineralhaltige Quellen speisen den 4,7 Hektar großen und bis zu 35 m tiefen, natürlichen Heißwasserpool, dessen Wasser innerhalb von 48 Stunden völlig erneuert wird und dessen Temperatur im Winter nicht unter 23 °C sinkt und im Sommer bis zu 37 °C erreicht.

Bereits die Römer kannten die wohltuende Wirkung des Sees, von dessen Grund auch schwefelhaltiger Heilschlamm gewonnen wird, der vor allem für die Behandlung von Erkrankungen des Bewegungsapparates, bei rheumatischen Entzündungen und Gelenkschmerzen eingesetzt wird.

Héviz ist die älteste, größte und bekannteste Heilbadestätte des ganzen Landes und wurde schon im Jahre 1795 zum Kurbad ernannt. Bei der Errichtung des Seebades spielte Graf Georg von Festetics eine wesentliche Rolle: Er ließ an der Wende zum 19. Jahrhundert die ersten Badehäuser bauen – natürlich streng getrennt nach Damen und Herren. Ihre heutige Charakteristik mit dem hölzernen Seebad, den markanten Türmchen und dem langen Steg erhielt die Badeanstalt zu Beginn des 20. Jahrhunderts.

Rund um den See, der ganzjährig mit Lotusblüten bedeckt ist und von dem gespenstische, nicht immer wohlriechende Dämpfe aufsteigen, hat sich eine große Anzahl von Beherbergungsbetrieben angesiedelt, die heute großteils internationalen Standard bieten – allen voran das Vier-Sterne-Kurhotel Hetes Ház, das direkt am Heilsee unter jahrhundertealten Platanen steht und über ein eingenes Heilzentrum verfügt. (H-8380 Héviz, Dr. Schulhof Vilmos sétány 1; Tel.: +36(83)501 708; Fax: +36(83)340 587; E-Mail: heteshaz@spaheviz.hu; www.spaheviz.hu).

Außerdem: das Vier-Sterne Hotel & Spa Lotus Therme des Kärntner Bauunternehmers Robert Rogner. (Rogner Hotel & Spa Lotus Therme, H-8380 Héviz, Lótuszvirág utca, Pf. 80; Tel.: +36(83)500-590; Fax: +36 (83)500-591; E-Mail: info@lotustherme.com; www.lotustherme.com) Es steht zwar nicht direkt am See, die Hotelbadelandschaft erhält das Wasser jedoch von dort.

Information   i

St. Andreas Reha- und Kurklinik, H-8380 Héviz, Dr. Schulhof sétány 1; Tel.: +36(83)501-708; Fax: +36(83)340 587; E-Mail: info@spaheviz.hu; www.spaheviz.hu.
Öffnungszeiten
Hauptsaison 8.30–17.00 Uhr; Winter 9.00–16.00 Uhr

Ungarn

Kehidakustány

Etwa 10 Kilometer von Héviz entfernt liegt im malerischen Zala-Tal inmitten von Getreidefeldern, Wald und Weinbergen das kleine Dorf Kehidakustány mit nur 1100 Einwohnern. Dennoch verfügt es über ein neues Heilbad, das als Geheimtipp für all jene gehandelt wird, die den Trubel der großen Kurorte meiden möchten, obwohl es für ungarische Verhältnisse recht hohe Eintrittspreise verlangt.

Das Erlebnisbad Kehida Thermal (Wasserfläche 2600 m²) mit Wellenbad, Kinderbecken, Whirlpool-Insel, Poolbar und verschiedenen Rutschen, von denen die längste 94 Meter misst, wurde im Jahr 2003 eröffnet. Finnische Sauna, Aromakabinen, Dampfbad, Friseur, Kosmetik, Pediküre, Maniküre und Solarium komplettieren das Service.

Das Thermalwasser beinhaltet Kalzium, Magnesium und Hydrogencarbonat, ist schwefelhaltig und eignet sich besonders bei Erkrankungen des Bewegungsapparates und bei Nervensystemerkrankungen. Dem Bad angeschlossen ist eine Wellness- und Therapieabteilung, ein Hotel der 4-Sterne-Kategorie, das Restaurant Deák Ferenc, ein Café, und im Sommer ein zusätzliches Selbstbedienungsrestaurant.

Information   i

Kehida Thermal Kur- und Erlebnisbad, H-8784 Kehidakustány,
   Kossuth L. Str. 60; Tel.: +36(83)534 500; Fax: +36(83)534 524;
   E-Mail: info@kehidatermal.hu; www.kehidatermal.hu.

Ungarn

Zalakaros

Einer der jüngsten Kurorte der Region ist Zalakaros, dessen Heilbad von einer 96 °C heißen, schwefelhaltigen Thermalquelle gespeist wird. Das Kurstädtchen liegt am Kis-Balaton („kleiner Plattensee"), einem Naturschutzgebiet, in dem man mit etwas Glück sogar auf frei lebende Wasserbüffel treffen kann.

In einem 8 Hektar großen Park im Ortszentrum liegt das 1999 errichte Thermalbad Gránit, das mit 3500 m² Wasserfläche Unterhaltung für jede Altersgruppe bietet und als das **erste Erlebnisbad Ungarns** gilt. Innen gibt es drei Heilwasserbecken (37 °C) und drei Thermalwasserbecken (26–28 °C), im Freien ein Sportbecken, zwei Heilwasserbecken, zwei Thermalwasser- und ein Plantschbecken. Für Actionfreunde stehen ein Wellenbad, ein überdachtes Erlebnisbecken und ein Freiluferlebnisbecken zur Verfügung. Restaurants und Sportmöglichkeiten ergänzen das Angebot, zu dem allerdings keine Sauna gehört. Im angeschlossenen Kurzentrum werden vor allem Erkrankungen des Bewegungsapparates und chronische Frauenleiden behandelt.

Ein gutes Hotel am Platz ist das **MenDan Thermal Hotel** (vier Sterne), das eine eigene Thermalbadelandschaft, Saunapark, Beautyfarm und Kurabteilung bietet. (H-8749 Zalakaros, Gyógyfürdö tér 8; Tel.: +36(93)542-300; Fax: +36(93)542-254; E-Mail: sales@mendan.hu; www.mendan.hu.)

Im Sommer 2004 neu eröffnet wurde das exklusive und familienfreundliche Thermal- und Wellnesshotel **Karos SPA Superior** (vier Sterne) mit 223 vollklimatisierten Zimmern, Kinderbetreuungsprogramm, eigener Hoteltherme und einem 4000 m² großem Spa-Bereich mit allen Raffinessen. (Tel.: +36(83)506 271; Fax: +36(83)506 233; E-Mail: info@karos-spa.hu; www.karos-spa.hu.)

Information

Gránit Heilbad AG, H-8749 Zalakaros, Thermál u. 4; Tel.: +36(93)340-420; Fax: +36(93)340-318; E-Mail: thermalfurdo-zkaros@axelero.hu; www.zalakaros.hu.

Öffnungszeiten

Nov. bis Mai: 9.00–17.00 Uhr; Juni bis Okt. 8.30–18.00 Uhr

Slowenien

Zum südlichen Nachbarn ist es nicht weit – das merkt man am ehesten im Thermalkurort Bad Radkersburg, von dem aus es nur ein Katzensprung in das nächste Warmbad nach Radenci/Bad Radein ist. Denn nicht nur mildes Klima und Sonnenschein locken in den Süden, auch die zahlreichen Thermen zählen inzwischen zu den Markenzeichen des neuen EU-Mitglieds. Insgesamt 15 slowenische Kurorte und Heilbäder werben um Gäste, die nach Erholung oder Badespaß suchen – und immer häufiger auch fündig werden. Umfangreiche Investitionen in den Bau von Erlebnisbädern und Hotelanlagen mit hohem Qualitätsstandard sorgten in den letzten Jahren dafür, dass das Wellnessangebot in Slowenien heute zu einem der besten Europas gehört.

Der Kurtourismus, der im Osten auf das subpannonische Gebiet konzentriert ist, stellt die älteste Form des Tourismus im Land dar, der schon auf die Römer zurückgeht. Im ehemaligen Jugoslawien war es dann der Sozialtourismus, der die Arbeiter aus den Industriegebieten auf Erholung in die Kurorte schickte. Mit dieser Art von Massenabfertigung will der heutige Thermenurlauber natürlich nichts mehr zu tun haben. Individualität und Komfort stehen an oberster Stelle, obwohl noch einige Bäder und Hotels den tristen Charme der 70er-Jahre ausstrahlen.

Der erfahrene österreichische Thermenbesucher wird bemerken, dass viele Badeanlagen eigentlich so genannte Hotelthermen sind, die auch der Öffentlichkeit zur Verfügung stehen. Doch noch ist kein Ende des slowenischen Wellnessbooms in Sicht. Die Verantwortlichen wollen mit Fördermitteln der EU-Milliarden in den weiteren Ausbau der Thermalorte stecken – eine wachsende Konkurrenz, vor der die österreichischen Warmwasseroasen besonders wegen der günstigen slowenischen Preise zittern. Allgemeine Informationen zum Urlaubsland Slowenien: **Slowenisches Tourismusbüro,** 1010 Wien, Opernringhof 1/Stiege R/4. Stock; Tel.: +43(1)715 40 10; Fax: +43(1)713 81 77; E-Mail: info@slovenia-tourism.at; www.slovenia-tourism.si.

(Wegen der größeren Entfernung zur österreichischen Grenze nicht beschrieben, jedoch der Vollständigkeit halber erwähnt seien die Thermen von Portoroz und Strunjan an der slowenischen Adriaküste.)

Gesundheitsbad Radenci / Therme Banovci

Inmitten von Getreidefeldern und Weinbergen am Unterlauf der Mur liegt der traditionsreiche Kurort Radenci/Bad Radein nur 6 km von der österreichischen Grenze bei Bad Radkersburg entfernt.
Entdeckt wurden seine Mineralquellen 1833 und bereits 1869 begann das Mineralwasser Radenska mit den berühmten drei Herzen seinen Siegeszug durch Europa, bis es sogar der Kaiserhof in Wien und der Vatikan trank. Die klassizistische Kurhalle mit Trinkpavillon und Park lässt in Radenci noch die Atmosphäre vergangener Kurzeiten spüren. Im Jahre 1988 stieß man bei Bohrungen auch auf eine Thermalquelle und heute steht den BesucherInnen ein 1996 eröffnetes Thermalbad mit nahezu 1500 m² Wasserfläche zur Verfügung. Zehn Innen- und Außenbecken (Normalwasser und Thermalwasser) mit Temperaturen von 27 bis 36 °C und diversen Attraktionen, eine Saunalandschaft mit fünf verschiedenen Schwitzmöglichkeiten, ein SB-Restaurant, ein Beauty-Center und das **erste slowenische Ayurveda-Zentrum** verteilen sich über das Gelände, das mit einer Physiotherapieabteilung und vier Hotels (empfehlenswert: das Vier-Sterne-Hotel Izvir) direkt verbunden ist.

Vom leicht real-sozialistischen Charme der gesamten Anlage darf man sich nicht abschrecken lassen, will man diese preisgünstige Alternative zum steirischen Thermenland in Anspruch nehmen.

Radenci angeschlossen ist die nahe **Therme Banovci** mit der Feriensiedlung Zeleni Gaj, die vor allem für ihren Campingplatz mit Freikörperkulturteil bekannt ist – der erste FKK-Platz in Europa mit Thermalwasser. Auf dem vier Hektar großen Gelände befinden sich verschiedene Becken mit einer Wasserfläche von 1840 m², Wasserrutschbahn, Sauna, Restaurant sowie ein Hotel und eine Appartement-Siedlung.

Information

Gesundheitsbad Radenci, SI-9502 Radenci, Zdravilíško naselje 12;
  Tel.: +386(2)520 10 00; Fax: +386(2)520 27 23;
  E-Mail: prodaja.zdravilisce@radenska.si; www.radenska-zdravilisce.si.
  Öffnungszeiten
Therme: 9.00-21.00 Uhr; Fr, Sa, Fei bis 22.00 Uhr
Sauna: 12.00-21.00 Uhr; Sa, Fei 10.00-22.00 Uhr; So 10.00-21.00 Uhr

Terme Banovci, SI-9241 Veržej, Tel.: +386(2)51 31 400; Fax: +386(2)58 71 703;
  E-Mail: terme.banovci@radenska.si; ; www.radenska-zdravilisce.si.
  Öffnungszeiten
Therme: So bis Do 8.00-21.00 Uhr; Fr, Sa bis 22.00 Uhr
Sauna: So bis Do 12.00-22.00 Uhr; Fr, Sa 10.00 bis 22.00 Uhr

Slowenien

Therme 3000 in Moravske Toplice / Therme Lendava

Im Dreiländereck Slowenien-Österreich-Ungarn (95 km von Graz und 240 km von Wien entfernt) versteckt sich eine der slowenischen Hauptattraktionen für Familien und Actionfans: die Terme 3000. Aber auch das hier im Jahre 1960 bei Erdölbohrungen entdeckte **Thermo-Mineralwasser** stellt eine Besonderheit dar: Fließt es ungefiltert in die Becken, spricht man vom so genannten „schwarzen Wasser", weil es trübe ist und nach Petroleum riecht.

Der bei Groß und Klein beliebte Wasserpark, der im Jahre 2000 fertig gestellt wurde, ist ein **Thermalparadies der Superlative:** Die 22 Becken (innen und außen) ergeben eine Wasserfläche von 5000 m^2 – bestehend aus Thermalwasser, schwarzem Wasser und Süßwasser. Die Spaßklientel hüpft in die Sprungbecken, rauscht durch Stromschnellen, plantscht in Kinderbecken und saust über zwei Wasserrutschen (170 und 140 m) sowie eine „Free Fall"-Rutsche. Ergänzt wird der Badebereich durch Hydroluftliegen, Wasserfälle, Massagedüsen, Whirlpools, verschiedene Saunen, Solarien und eine Therapieabteilung.

Direkte Unterbringung am Thermengelände ist wahlweise in zwei Vier-Sterne-Hotels, einer Appartement-Siedlung, strohgedeckten Bungalows oder einem Campingplatz (ganzjährig geöffnet) möglich. Weiters befinden sich ein Sportpark (Tennis, Badminton, Volleyball, Handball, Basketball), ein Waldsportpfad, ein 9- bzw. 18-Loch-Golfplatz und ein Casino auf dem Areal.

Nur 20 km südöstlich von Moravske Toplice befindet sich in einer malerischen pannonischen Landschaft im größten geschlossenen Weinanbaugebiet Sloweniens die **Therme** der 800-jährigen Stadt **Lendava,** die über eine **einzigartige Heilquelle mit natürlichem Paraffin** verfügt. (Terme Lendava, SI-9220 Lendava, Tomšičeva 2a; Tel.: +386(2) 57 74 100; Tel.: +386(2)57 74 412; www.terme-lendava.si. Neben dem neuen Campingplatz, dessen Becken auch mit Paraffinwasser direkt von der Quelle gespeist wird, empfiehlt sich für anspruchsvollere BesucherInnen das moderne Vier-Stern-Komforthotel Elizabeta, 600 Meter von der Therme entfernt (Tel.: +386(2)577 46 00; E-Mail: elizabeta. termelendava@siol.net).

Information

Terme 3000, SI-9226 Moravske Toplice, Kranjčeva 12; Tel.: +386(2)512 22 00; Fax: +386(2)548 16 07; E-Mail: info@terme3000.si; www.terme3000.si.
Öffnungszeiten
Tägl. 9.00–21.00 Uhr; im Sommer 8.00–21.00 Uhr

Slowenien

Therme Ptuj

Die Therme von Ptuj/Pettau zählt zwar nicht zu den größten des Landes, ihre Umgebung ist jedoch besonders erwähnenswert: Die älteste Stadt Sloweniens – seit Jahrhunderten ein Schnittpunkt verschiedener Völker – verfügt über ein reiches Kultur- und Geschichtserbe. Als markantes Wahrzeichen thront über der Drau eine mächtige Burg, die im 12. Jahrhundert von den Erzbischöfen von Salzburg errichtet wurde. Der Aufstieg zu ihr durch die denkmalgeschützte Altstadt mit ihren Bürgerhäusern und spitzgiebeligen Dächern wird mit einem tollen Ausblick über ein Dächergewirr und die aufgestaute Donau belohnt.

Nicht versäumen sollte man auch eine multimediale Führung in dem sich zwei Kilometer unter der Stadt dahinziehenden Weinkeller, die darin erinnert, dass man sich nahe dem berühmten Weinbaugebiet Haloze befindet. Auch für GolferInnen ist Ptuj eine Reise wert, zählt sein 18-Loch-Platz doch zu einem der schönsten Sloweniens.

Die Therme befindet sich 1,5 km südlich von Ptuj in einem Appartementkomplex mit Bungalows und Campingplatz. Sechs Thermalfreibecken (28–33 °C) mit Wellenbad und Rutschen (darunter ein 160 m langer „lazy river"). Sechs Hallenbäder mit Whirlpool und Massagedüsen (28–33 °C), 85 m Wasserrutsche, Fitnessstudio, Saunas, Solarium und Dampfbad sowie acht Tennisplätze sind ein rundes Angebot, das demnächst mit der Eröffnung eines neuen Thermalparks mit Saunalandschaft und Vier-Stern-Hotel stark erweitert und modernisiert wird.

Das schwach mineralisierte Heilwasser hilft bei der Behandlung von rheumatischen, neurologischen und degenerativen Erkrankungen sowie geriatrischen Erscheinungen.

Information

Terme Ptuj, SI-2251 Ptuj, Pot v toplice 9; Tel.: +386(2)782 78 21;
Fax: +386(2)783 77 71; E-Mail: terme.ptuj@siol.net; www.terme-ptuj.si.
Öffnungszeiten
Tägl. 8.30–22.00 Uhr

Slowenien

Therme Zreče

Eingebettet in die südlichen Ausläufer der Alpen, inmitten eines ausgedehnten Ski- und Wanderareals, befindet sich der **Kurort Zreče**, der vor allem durch sportliche Angebote wie Reiten, Rad fahren, Tennis und durch mildes Mittelgebirgsklima punktet.

Man ist versucht, die 30 km südlich von Maribor gelegene Kleinstadt als das „slowenische Bad Kleinkirchheim" zu bezeichnen, denn auch hier lautet der Slogan „Von den Pisten in die Therme", obwohl die Dimensionen nicht ganz vergleichbar sind. Das eine halbe Stunde Fahrtzeit entfernte Skigebiet auf dem Berg Rogla (1517 m) bietet einen Viersessellift, Doppelsessellift und sieben weitere Aufstiegshilfen. Die Pisten können alle künstlich beschneit werden, auch 30 km Loipen, eine Half Pipe und eine Rodelbahn sind vorhanden. Bekannt ist die Rogla auch bei Leistungssportlern, die das im Jahre 1997 errichtete Olympiazentrum nutzen.

Die **Therme** umfasst innen und außen fünf Becken (26–35 °C) mit einer Wasserfläche von 1300 m², ein Saunazentrum (finnische, türkische, Dampf- und Infrarotsauna), Fitnessstudio und ein Therapiezentrum mit Fachambulanzen, das bei der Rehabilitation von Sportlern recht erfolgreich ist. Hinzu kommt das **thailändische Medizin-Zentrum Sawaddee**, das klassische Thai-Massagen oder andere Behandlungen zu äußerst moderaten Preisen anbietet.

Zur Therme gehören zwei Hotels (Dobrava 2000 mit vier Sternen, Dobrava mit drei Sternen), die einstöckigen, im Kurpark gelegenen Villen Therme und Appartements (alles über die Therme buchbar).

Nur 20 km westlich von Zreče befinden sich noch zwei weitere versteckte Thermal-Kleinode: **Dobrna** und **Topolsica**. Das Thermalbad Dobrna ist der älteste aktive Kurort Sloweniens und wegen seiner ruhigen Lage inmitten von Wiesen und Wäldern ideal für Erholung Suchende (www.terme-dobrna.si).

Der kleine Ort **Topolsica**, der im 18. Jahrhundert noch Bad Topolschitz hieß, verweist ebenso auf lange Kurtradition und naturbelassene Umgebung (www.t-topolsica.si).

Information

Terme Zrece, SI-3214 Zreče; Tel.: +386(3)757 60 00; Fax: +386(3)576 26 91; E-Mail: turizem@unior.si; www.unior.si.

Slowenien

Therme Čatež

Die Therme Čatez ist das meistbesuchte Heil- und Erholungszentrum Sloweniens und befindet sich 190 km von Graz und nur 30 km von der kroatischen Hauptstadt Zagreb entfernt mitten in der Natur am Zusammenfluss der Save und der Krka.

Die riesige Thermenanlage zählt mit ihren über 12 000 m² Wasserfläche zu den größten Thermenzentren Europas und hat alles, was das Herz von Wasserratten höher schlagen lässt. In der so genannten **Winterthermalriviera** befinden sich unter zwei Kuppeldächern Hallen- und Freibäder (beinahe 2000 m² Wasserfläche), Wasserfälle, Massageliegen, Strömungsbecken, Rutschbahn und Kinderschwimmbecken, ein Saunapark mit sieben verschiedenen Schwitzmöglichkeiten (u. a. mit Salzsauna, Kristallsauna mit Negativ-Ionen, Aquaviva-Sauna mit Farb- und Toneffekten), Restaurant und Bistro.

Die **Sommerthermalriviera,** die von Ende April bis Anfang Oktober geöffnet ist, umfasst zusätzlich gigantische 10 000 m² Wasserfläche, verteilt auf eine Poollandschaft von zehn Becken mit Rutschbahnen, Wasserfällen, Whirlpools, Massagedüsen, Stromschnellen, Wellenbad, künstlichem See und einer kleinen Pirateninsel.

Auf ausreichend Liegeflächen, beim Minigolf oder in einem der Gastronomiebetriebe kann man dann wieder auftrocknen. So ein (mitunter recht lautstarker) Massenbetrieb ist zwar nicht jedermanns Wellness-Sache, doch Aktive und Familien, die nichts gegen Action und Gesellschaft haben, finden hier sicher Abwechslung und Gleichgesinnte.

Übernachten kann man in den drei Thermenhotels, in Bungalows, einer Appartementanlage oder auf dem stets gut besuchten Campingplatz. Das riesige Freizeitareal bietet auch Gelegenheit zu Tennis, Squash, Bowling und Badminton, sogar ein Golf-Übungsplatz ist vorhanden und im Gesundheits- und Schönheitszentrum wird fachgerecht massiert, therapiert und verwöhnt.

Wer es lieber einsam mag, hat die Möglichkeit, im sieben Kilometer entfernten mittelalterlichen Schloss Mokrice abzusteigen, das neben Hotelzimmern, Weinkeller und einem 200 Jahre alten englischen Garten über einen 18-Loch-Golfplatz verfügt (Infos bei der Therme).

Information

Terme Čatež, SI-8251 Čatež ob Savi, Topliška cesta 35; Tel.: +386(7)493 50 00; Fax: +386(7)496 27 21; E-Mail: terme.catez@terme-catez.si; www.terme-catez.si.
Öffnungszeiten
Winterthermalriviera ganzjährig; Sommerthermalriviera: Ende Apr. bis Anfang Okt.

Rogaška Slatina / Therme Olimia

Rogaška Slatina (Rohitsch-Sauerbrunn), nur eine Autostunde von der österreichischen Grenze entfernt, entwickelte sich im Laufe seiner 400-jährigen Tradition zu einem sehr bekannten Kurort, der sogar als „Karlsbad südlich der Alpen" bezeichnet wird. Wären hier nicht einige moderne Hotelbunker, fühlte man sich ins 19. Jahrhundert versetzt: Ein klassizistisches Kurhaus und prächtige Jugendstilvillen waren einst Treffpunkt der Aristokratie, Erzherzog Johann und Kaiser Franz Joseph I. wandelten einst durch den gepflegten Kurpark.

Berühmt wurde Rogaška Slatina aber vor allem durch das **Mineralwasser Donat Mg** (Donatquelle), das durch seinen hohen Magnesiumgehalt einzigartig in Europa ist und vor allem für Trinkkuren Verwendung findet. Im Jahre 1998 wurde das **Thermalbad Rogaška Riviera** eröffnet, das aus einem Hallenbad mit Erlebnisbereich, Thermalbecken, Sportbecken und Massagebecken besteht (1260 m² Wasserfläche). Für Saunaliebhaber stehen finnische, türkische und Infrarotsauna und Solarien zur Verfügung, im Sommer ergänzen zusätzliche Freibecken und ausreichend Sonnenterrassen das Angebot. Neben einem Therapiezentrum, einem Beauty-Salon und einem Spielcasino sind der Therme mehrere Hotels angeschlossen, darunter das Grand Hotel Rogaška (ehemaliges Hotel Zdravilíški mit dem berühmten Kristallsaal, in dem schon Franz Liszt spielte), das Hotel Styria und das Hotel Strossmayer. Alle drei standen schon in der k. u. k Monarchie und erstrahlen nach ihrer Renovierung 2003 wieder in neuem Glanz (alle über die Therme buchbar).

Während Rogaška Slatina als klassischer Kurort mit dementsprechend Erholung und Ruhe suchendem Publikum zu bezeichnen ist, bietet das nur wenige Kilometer entfernte **Ferienzentrum Olimia** in dem kleinen Ort Podcetrtek am Fluss Sotla Unterhaltung für die ganze Familie. Der **Schwimmbäderkomplex Termalija** erstreckt sich über 2000 m² Wasserfläche mit Innen- und Außenbecken, deren Temperatur zwischen 28 und 35 °C beträgt. Abwechslung bringen Wasserfall, Massagedüsen und eine Gegenstromanlage. Die Schwimmhallen werden gegenwärtig vergrößert und in einen bunten Mantel aus Naturfarben eingehüllt. Jeder Raum soll dann für sich wirken und mit seiner Farbe, Musik und seinem Aroma alle Sinne ansprechen. Auch ein neues Saunazentrum sowie Massage- und Beautyabteilung mit Fitness und Solarium kommen hinzu (geplante Eröffnung September 2004).

Im **Thermalpark Aqualuna**, der in der Nähe des Campingplatzes liegt, werden Adrenalinjunkies auf den verschiedenen Rutschen großen Spaß haben, weiters gibt es dort ein **Märchenschloss** für die Klei-

Slowenien

nen und neue Freibecken. Am weitläufigen Thermengelände finden sich außerdem verschiedenste Sport- und Übernachtungsmöglichkeiten.

Information

Terme Rogaška, SI-3250 Rogaška Slatina, Zdraviliški trg 10; Tel.: +386(3)811 30 00; Fax: +386(3)811 37 32; E-Mail: marketing@terme-rogaska.si; www.terme-rogaska.si.
Öffnungszeiten
Tägl. 9.00–20.00 Uhr; Sa Nachtbaden bis 23.00 Uhr; Sauna 14.00–20.00 Uhr

Terme Olimia, SI-3254 Podcetrtek, Zdraviliška c. 24; Tel.: +386(3)829 70 00; Fax: +386(3)582 90 24; E-Mail: info@terme-olimia.com; www.terme-olimia.com.
Öffnungszeiten
Schwimmbäder Termalija: So bis Fr 8.00–21.00 Uhr; Sa 8.00–24.00 Uhr
Thermalpark Aqualuna (Ende April bis Sept.): Mo bis Fr 9.00–20.00 Uhr; Sa, So, Fei 8.00–20.00 Uhr

Slowenien

Dolenjske Toplice / Šmarješke Toplice

Eines der neuesten Wellnesszentren Sloweniens befindet sich in einem der ältesten Kurorte des Landes, in Dolenjske Toplice (Bad Töplitz). Im 70 km südöstlich von Laibach gelegenen Tal des smaragdgrünen Flusses Krka, auch „Tal der Thermen" genannt, wurde hier im Jahre 2003 die Thermenanlage Balnea eröffnet. Ihre drei Teile – **Laguna, Oaza und Aura** – lassen keine Wünsche offen: Der Wasserteil Laguna besteht aus Freibad, Kinderfreibad mit Seeräuberschiff, Hallenbad mit Massagebänken und Sprudelliegen, Kinderbecken innen und Whirlpool (Wasserfläche: 1600 m²).

In der Abteilung Oaze wird auf 460 m² in zwei finnischen Saunen, zwei Dampfbädern und einem japanischem Bad geschwitzt. Tropengarten, Whirlpool und FKK-Terrasse sind danach das ideale Entspannungsrefugium.

Der Bereich Aura ist ganz der Energie bzw. ihrer Gewinnung gewidmet und bietet ein umfangreiches Massageangebot, Aromatherapie, eine Ambulanz für alternative Medizin, Konditions- und Cardiotraining. Das hiesige Thermalwasser ist leicht mineralisiert und reich an Magnesium und Kalzium, was neben seinem Einsatz bei Beeinträchtigungen des Bewegungsapparates auch gute Heilerfolge bei Osteoporose erzielt.

Im Krkatal rund 20 km weiter flussabwärts trifft man bereits auf die nächste kleine Erholungsanlage: Der noch junge Kurort Šmarješke Toplice liegt inmitten von Wäldern, weitab von jeder Industrie, und strahlt kontemplative Ruhe aus (Thermalbad Šmarješke Toplice, SI-8220 Šmarješke Toplice; Tel.: +386(7)30 73 230; Fax: +386(7)30 73 107; E-Mail: booking.smarjeske@krka-zdravilisca.si; www.krka-zdravilisca.si). Seine beiden Vier-Stern-Hotels Smarjeta und Krka sind miteinander verbunden und haben eine gemeinsame Hoteltherme, die aus fünf Thermalschwimmbädern (zwei innen, drei im Kurpark), Sport- und Kinderbecken sowie einem in Holz gefassten Becken direkt über der Heilquelle besteht. Das neue Saunazentrum Vitarium bietet neben verschiedenen Schwitzstuben spezielle Entschlackungs-, Schlankheits-, Antizellulitis- und Antistressprogramme bzw. Kuren gegen schwere und müde Beine an.

Information   i

Thermalbad Dolenjske Toplice, SI-8350 Dolenjske Toplice; Tel.: +386(7)39 19 400; Fax: +386(7)30 65 662; E-Mail: booking.dolenjske@krka-zdravilisca.si; www.krka-zdravilisca.si.

Öffnungszeiten
Thermenanlage Balnea tägl. 9.00–21.00 Uhr; Fr, Sa Nachtbaden 20.00–23.00 Uhr
Sauna: 11.00–21.00 Uhr; Fr, Sa bis 23.00 Uhr

… Slowenien

Laško

Das alte Städtchen Laško, wenige Kilometer von der Kultur- und Industriestadt Celje/Cilli bzw. rund 130 km von Graz und Klagenfurt entfernt, liegt idyllisch eingebettet im Savinjatal, umgeben von waldreichen Hügeln. Es wurde schon zum Ende des 19. Jahrhunderts von Kaiser Franz Josef als gelegentlicher Sommerkurort erwählt, weshalb es in der Folge auch Kaiser Franz Josefs Bad genannt wurde. Heute bemüht es sich vor allem um Gäste, die unter Bewegungsschwierigkeiten leiden, und um Erholung Suchende.

Die kleine Altstadt mit Geschäften, Restaurants und Cafés, und die grüne Umgebung lassen hier auch keinerlei Stress aufkommen und laden zu gemütlichen Spaziergängen und Wanderungen ein. Zirka 800 Meter vom Ortszentrum entfernt befindet sich das Kurzentrum mit der Therme, Hotels und einem Kurpark.

Das Thermalbad umfasst eine moderne Badelandschaft mit Innen- und Außenbecken, Whirlpool, Kneippbecken, Kinderbecken und ein 500 m² großes **Saunadorf** mit acht verschiedenen Attraktionen (u. a. römisches Caldarium, türkisches Dampfbad, Kristallsauna und Sanarium), das als eines der schönsten Sloweniens gilt. Eine Therapieabteilung, ein Fitnesscenter, Ayurveda-, La Stone- und Shiatsumassagen sowie eine große Anzahl von verschiedenen Schönheits-, Fit- und Schlank-Programmen zu günstigen Preisen stehen zusätzlich zur Verfügung.

Information

Zdravilisce Laško, SI-3270 Laško, Zdraviliška cesta 4; Tel.: +386(3)734 51 11; Fax: +386(3)734 52 98; E-Mail: zdravilisce.lasko@eunet.si; www.zdravilisce-lasko.si.

Öffnungszeiten
Tägl. 9.30–22.00 Uhr; Sauna 12.00–22.00 Uhr

Slowenien

TERME LAŠKO
150 Jahre Tradition

Die Therme liegt mitten in Slowenien und ist keine 10 Minuten vom Ortskern entfernt. Wir möchten Sie einladen ins:

- **Hotel Vrelec****** mit 370 Betten
- **Hallen- und Außenthermalbad**, Whirlpool mit 18 Liegeplätzen
- **Saunalandschaft** mit reichem Angebot auf 500 m²
- **Fitness** mit Kardiolinie
- **Gesundheits- und Schönheitszentrum** mit Kosmetiksalon, verschiedenen Bädern, Pediküre und Massageräumen (Klassische-, Antizellulitis-, Aroma-, Reflexzonen-, Shiatsu-, Ayurvedamassage, Massage mit heißen Steinen ...).

Terme Laško, Zdraviliška cesta 4, 3270 Laško, SI ; Inf. 00386-3-7345-122
E-Mail: info@zdravilisce-lasko.si   www.zdravilisce-lasko.si

gesundheiterholungentspannung

A·V·I·T·A
THERMEN WELLNESS HOTEL
AN DER BURGENLANDTHERME BAD TATZMANNSDORF

Erholung von der schönsten Seite

www.avita.at ✆ +43(0)3353-8990-0

BURGENLANDTHERME
BAD TATZMANNSDORF

Wohlfühlen & Genießen

www.burgenlandtherme.at ✆ +43(0)3353-8990-0

What a feeling!

FELSEN THERME GASTEIN

Die neue Felsentherme Gastein – Topmoderne Erlebnistherme und Wellness-Oase!

Erleben Sie Sport, Wellness und Erholung pur in unserer neuen Felsentherme Gastein, die, saniert und erweitert, das Gasteinertal um eine Attraktion reicher macht! Die Felsentherme Gastein garantiert Ihnen ein einzigartiges Freizeiterlebnis. Sechs unterschiedliche Funktionsbereiche – Ruhetherme, Erlebnistherme, Außenthermen, Panorama-Wellness-Bereich, Fitnesszone und Wellness-Restaurant – bieten die perfekte Voraussetzung für Wellness, Fitness und Happiness.

Felsentherme Gastein – *What a feeling!*

Felsentherme Gastein   Bahnhofsplatz 5   A-5640 Bad Gastein
Tel.: 06434/22 23-0   www.felsentherme.com

Wolfgang Stix
IM REICH DER DÜFTE
Ätherische Öle und ihre Wirkung
176 Seiten, französische Broschur.
ISBN 3-85326-208-2

Wirkung und Duft aus Blüten und Kräutern: anregend, erfrischend, entspannend und heilend.

Die heilende Wirkung von ätherischen Ölen, also konzentrierten Kräuteressenzen, die wohltuenden Einfluss auf uns ausüben, ist in der europäischen Kultur der letzten Jahrhunderte großteils in Vergessenheit geraten. Dabei ist Aromatherapie eine seit Menschengedenken benutzte Therapieform für Körper, Geist und Seele.

In gut verständlicher Form, leicht lesbar und mit vielen praktischen Beispielen zur Anwendung werden in diesem Buch Wissenswertes, Anekdoten und Rezepte aus der Praxis vermittelt.

NP
Buchverlag